LES SALAUDS DE L'EUROPE

Du même auteur

Ces hommes qui ont fait l'euro. Querelles et ambitions européennes, en collaboration avec Thomas Klau, Plon, 1999.

Les Maîtres de l'Europe, en collaboration avec Yves Clarisse, Grasset, 2005.

Notre Europe, ouvrage collectif dirigé par Michel Rocard et Nicole Gnesotto, Robert Laffont, 2008.

Du Larzac à Bruxelles, entretiens avec José Bové, Le Cherche-Midi, 2011.

80 propositions qui ne coûtent pas 80 milliards, ouvrage collectif dirigé par Patrick Weil, Grasset, 2012.

Debout l'Europe ! Manifeste pour une révolution postnationale en Europe, Daniel Cohn-Bendit et Guy Verhofstadt, suivi d'un entretien avec Jean Quatremer, Actes Sud et André Versaille Éditeur, 2012.

Sexe, mensonges et médias, Plon, 2012.

Il faut achever l'euro. Tout ce que vous avez toujours voulu savoir sur l'euro (sans oser le demander), Calmann-Lévy, 2019.

JEAN QUATREMER

LES SALAUDS DE L'EUROPE

Guide à l'usage des eurosceptiques

CALMANN LEVY

COUVERTURE
Conception graphique : Coco Bel Œil
Photographie : Luis Díaz Devesa / Getty Images

ISBN 978-2-7021-6680-2

L'Union européenne, ce n'est pas le thème pour l'enthousiasme d'un jour, c'est le terme final de l'effort qui donne un sens à une vie ou fixe un objectif à une génération.

Raymond Aron,
« Discours aux étudiants allemands »,
1952.

Chapitre zéro

L'EUROPE, CET ASTRE MORT

Longtemps, j'ai cru en l'Europe. Longtemps, j'ai souhaité l'émergence des États-Unis d'Europe. Longtemps, j'ai pensé qu'elle était notre Terre promise, celle qui nous permettrait de dépasser les États-nations, ces fauteurs de guerre. Aujourd'hui, c'est fini. Je n'y crois plus. Elle n'a pas été inutile, mais son rôle historique est derrière elle. La construction communautaire, lancée en 1950, a épuisé son mythe fondateur qui était d'instaurer la paix sur le Vieux Continent. Soixante-dix ans après la fin de la Seconde Guerre mondiale, vingt-sept ans après l'effondrement du mur de Berlin et du communisme, la guerre est devenue inimaginable entre les peuples d'Europe. C'est son succès et il faut une sacrée dose de mauvaise foi pour le lui contester, même s'il est vrai que l'OTAN et les États-Unis l'ont bien aidée.

Mais pour le reste, qu'a fait l'Union européenne si ce n'est beaucoup promettre et peu tenir ? Aujourd'hui, on ne peut que constater qu'elle est dénuée de toute justification et incapable d'offrir un projet d'avenir, si ce n'est de répéter en boucle, et sans grande conviction, son mantra, « l'Europe, c'est la paix ». Pour le reste, elle se réduit à un carcan bureaucratique étouffant les démocraties et à un carcan idéologique ordolibéral étouffant les économies nationales, le tout tenu serré par une Allemagne à laquelle ses partenaires-vassaux ont délégué le pouvoir. Par peur de déplaire à l'allié américain à qui elle a sous-traité sa sécurité, elle se complaît dans son rôle de nain politique : l'Union, sur la scène mondiale, c'est le plus grand dénominateur commun des faiblesses et des lâchetés nationales. Le « doux monstre de Bruxelles[1] », qui impose le bien européen à coups de normes rigides et souvent idiotes, est devenu le principal destructeur, non seulement de l'idéal européen, mais aussi de la démocratie. Par une sorte de retournement historique, elle en vient même, par son existence, à menacer la paix, le réveil du nationalisme et des vieilles haines xénophobes recuites le démontrant jour après jour. Car les peuples se sont détournés de cette Europe impotente dont l'existence se suffit à elle-même. Impuissants à contrôler une machine devenue folle, ils se tournent vers les partis extrémistes de tout bord qui seuls semblent capables non pas de réformer ce qui ne l'est plus, mais d'y mettre tout simplement fin. Ils veulent sortir d'un rêve qui s'est transformé en cauchemar. Comme le dit Wim Wenders, « l'idée européenne est incontestée, mais l'idée est devenue l'administration et les gens prennent l'administration pour l'idée ».

1. L'expression est de Hans Magnus Enzensberger, poète et essayiste allemand né en 1929. *Le Doux Monstre de Bruxelles ou l'Europe sous tutelle*, Gallimard, 2011.

Un « Brazil » européen[1]

Bruxelles, la capitale de l'Europe, incarne à la perfection ce véritable « Brazil » qu'est devenue l'Union : un enfer bureaucratique qui cultive l'opacité et suinte l'hostilité à l'égard de tout ce qui est humain. Le « quartier Schuman », le quadrilatère européen où se trouvent les institutions communautaires, se résume à une succession d'immeubles de bureaux sans âme, traversés de longs couloirs aux couleurs incertaines, ponctués de portes à l'infini derrière lesquelles s'activent des bureaucrates parfaitement protégés de l'extérieur par une sécurité paranoïaque. Une bulle où les eurocrates vivent entre eux, loin du monde réel, qui est même devenue hostile aux journalistes pourtant supposés chanter les louanges de ce « phare lumineux de l'humanité » qu'est censée être l'Union : scrutés d'un œil revêche par des agents de sécurité qui voient dans les porteurs de carte de presse de potentiels agents infiltrés de Daech, fouillés à chaque aller et retour, cantonnés dans des salles de presse obscures, loin des femmes et des hommes qui exercent le pouvoir, ils sont vus comme des ennemis du système depuis qu'ils osent interroger le dogme européen, c'est-à-dire depuis qu'ils exercent leur métier. Il est loin le temps de la convivialité, où l'on pouvait se promener librement dans les institutions, discuter avec un commissaire ou

1. Du titre du film de science-fiction de Terry Gilliam sorti en 1985, qui décrit un monde totalitaire régi par une bureaucratie impitoyable.

un eurocrate au hasard d'une rencontre, où les institutions n'avaient rien à cacher. L'Union se renferme dans une hostilité de forteresse assiégée, car elle sait qu'elle ne fait plus rêver.

Sur ses bâtiments figurent des sigles mystérieux manifestement destinés à égarer soit les espions étrangers soit, plus vraisemblablement, le citoyen : COMP, MOVE, MARE, TRADE, ECFIN, TAXUD, DIGIT, SCIC, RDT, CNECT, GROW, EEAS… Il s'agit en fait des directions générales de la Commission (il y en a trente-trois), l'exécutif européen, soit l'équivalent de nos ministères nationaux. Quand un être humain normal dit ministère du Transport, l'Union dit MOVE ; ministère de la Recherche, RDT ; ministère de la Mer, MARE ; ministère des Finances, ECFIN ; ministère de l'Industrie, GROW ; ministère des Affaires étrangères, EEAS, etc. Car l'Union aime les acronymes, surtout en anglais : COMP, c'est *competition*, donc concurrence ; TRADE, c'est *trade*, donc commerce ; NEAR, c'est *near*, donc voisinage et élargissement ; DIGIT, c'est *digital*, donc numérique, etc. Mais pas toujours : pour des raisons mystérieuses, la santé a résisté à l'anglicisation et s'appelle SANTE tout comme le secrétariat général, SG.

L'amour du sigle atteint des sommets avec les dizaines d'agences spécialisées dépendantes de la Commission réparties dans les vingt-huit États membres afin de rapprocher le citoyen de l'Union. C'est réussi ! Qui sait ce qu'est l'ACER, le CdT, l'ORECE, l'EU-OSHA, l'EU-LISA, l'EASA à ne pas confondre avec l'EASO, l'ABE, l'ECDC, l'EEA, le GSA, l'EFSA, l'AEAPP, l'EMSA, l'EMA, l'EMCDDA,

Europol, Eurojust, l'ENISSA, l'ETF, le FRA, le CRU, etc. ? Le citoyen curieux voudra peut-être savoir ce qu'est le GSA, un sigle *a priori* amical : il ne sera pas déçu, le site internet de la Commission expliquant qu'il s'agit de « l'Agence du GNSS européen »... Un tourbillon d'eurojargon, un océan d'organes plus obscurs les uns que les autres qui découragent même l'eurocrate le plus zélé. Alors le citoyen...

Il est fascinant de se promener sur le site de la Commission qui est censé être l'interface entre l'Union et les citoyens de vingt-huit pays parlant vingt-quatre langues : tout est fait pour la rendre incompréhensible au commun des mortels. Afin de tromper leur monde, les pages d'accueil de son site web sont certes rédigées dans les langues officielles de l'Union, mais derrière, la plupart des documents sont disponibles uniquement en anglais ! Aujourd'hui, 80 % de ce que produisent les institutions sont rédigés dans cette langue des clercs inaccessible et seul le Parlement européen respecte à peu près la diversité linguistique. Il y a des précédents historiques où les citoyens étaient dirigés dans une langue qu'ils ne comprenaient pas : les empires où une nation impose sa culture aux peuples conquis...

Cette bulle européenne défiant l'entendement est cependant proche de l'éclatement depuis que le 23 juin 2016 les Britanniques ont voté par référendum en faveur du Brexit, c'est-à-dire pour une sortie de l'Union qui devrait être effective courant 2019. Du même coup, ils ont rendu obsolète le but fondateur de l'Europe, celui de construire une « Union sans cesse plus étroite entre les peuples d'Europe » qui figure dans le préambule des traités européens. Des pays fondateurs comme l'Italie ou les Pays-Bas, s'ils organisaient une telle consultation, suivraient sans aucun doute. En France, seuls les partis situés aux extrêmes de l'échiquier politique (le Front national, Debout la France et le Parti de gauche) proposent pour l'instant une telle consultation, mais aucun parti de gouvernement n'est prêt à mourir pour l'idée européenne tant elle est contestée. L'Autriche et les pays nordiques sont encore moins euro-enthousiastes et ne restent dans l'Union qu'à contrecœur, essentiellement pour avoir accès au marché unique. À l'Est, on reste favorable à l'Europe, mais par intérêt bien compris, le budget communautaire leur versant chaque année l'équivalent de 4 % de leur PIB. Le jour où l'argent se tarira, qui peut douter que la Pologne, la Hongrie ou la Tchéquie, qui ont du mal à accepter d'être passées de la domination de Moscou à celle de Bruxelles, claqueront la porte ? Au fond, seuls quelques pays du sud de l'Union (Grèce, Espagne et Portugal) restent profondément attachés à l'idée européenne perçue comme un rempart contre les dictatures fascistes sous le joug desquelles ils ont longtemps vécu. Et bien sûr l'Allemagne qui non seulement a connu le nazisme et est donc vaccinée contre le nationalisme, mais domine totalement l'Europe et en tire un profit politique et économique que les conquêtes territoriales passées n'ont pu lui apporter. Comme le constate le président américain, Donald Trump, l'Europe « est un instrument pour l'Allemagne, c'est la raison pour laquelle je pense que la Grande-Bretagne a eu bien raison d'en sortir[1] ».

---

1. Entretien au *Times* et au *Bild Zeitung*, 15 janvier 2017.

Des ronds-points européens

Attention : il ne s'agit pas de dire, comme le font les europhobes les plus fanatiques, style UKIP, le parti antieuropéen britannique de Nigel Farage, que l'Union n'a strictement rien apporté aux citoyens. Ce serait excessif. Il faut, par exemple, se souvenir de ce que représentait en heures perdues le simple fait de franchir les nombreuses frontières européennes, tant pour les êtres humains que pour les marchandises. Ce n'est pas un hasard si le travail transfrontalier a explosé depuis qu'on a supprimé les contrôles aux frontières. Qui rêve de passer à nouveau quatre heures coincé par une barrière, à remplir des tonnes de papiers, pour des contrôles qui ne servent pas à grand-chose ? Personne, pas même le Front national, ne propose d'ériger de nouveaux rideaux de fer. Ceux qui voyagent apprécient qu'il soit devenu aussi simple de se déplacer en Europe qu'à l'intérieur de son pays, que la même monnaie soit en vigueur dans dix-neuf États membres, ce qui facilite les échanges et évite que les banques s'engraissent à coups de commissions plus ou moins cachées, que les normes techniques et sanitaires soient harmonisées, ce qui permet d'acheter tout ce qu'on veut à l'étranger et de le ramener chez soi, que l'usage du portable ne soit plus surtaxé dès lors qu'on se trouve dans un autre pays européen, que remettre un délinquant recherché à un autre pays soit devenu aussi simple que de poster une lettre grâce au mandat d'arrêt européen, qu'une partie des droits ait été harmonisés ce qui facilite non seulement le commerce, mais aussi la mobilité des personnes, qu'Erasmus permette aux jeunes d'étudier dans un autre pays, ou encore que les fonds structurels (aides régionales) aient permis aux ronds-points à l'anglaise de recouvrir la totalité du territoire européen… Je plaisante, là, mais on ne peut nier que la solidarité financière entre riches et pauvres a permis un réel développement des régions européennes les plus défavorisées. La liste des petits succès européens est longue, mais elle ne suffit pas à camoufler les grands échecs.

Car si la suppression des frontières ou la baisse du prix du *roaming* téléphonique sont importantes pour ceux qui voyagent, c'est-à-dire une petite minorité de privilégiés, la grande masse des citoyens ne voit pas la valeur ajoutée d'une Union qui n'apporte pas de bien-être économique, qui ne protège pas, qui ne permet pas de peser dans le monde. Sur ce dernier point, l'aphorisme de Henry Kissinger, le secrétaire d'État de Richard Nixon, qui demandait, il y a quarante ans, « l'Europe ? Quel numéro de téléphone ? », n'a pas perdu de son actualité.

L'heure n'est-elle pas au retour des souverainetés nationales, celles qui garantissent que l'on est gouverné au plus près de ses intérêts par des dirigeants démocratiquement élus et responsables devant leurs peuples ? L'Union, c'est exactement le contraire : une construction non démocratique qui s'est faite dans le dos des peuples, si ce n'est contre eux, par la volonté d'une petite élite persuadée d'œuvrer pour le bien commun. Mais attention : ma critique n'a rien à voir avec celle des souverainistes qui croient que l'État-nation (une notion étroitement française) est l'horizon indépassable de l'humanité. Je constate simplement que le dessein d'origine a été oublié et que les tièdes compromis entre les intérêts divergents des États ont abouti à créer un monstre qui se mêle de tout pour un résultat plus que médiocre, un monstre ingouvernable et incontrôlable. L'Union est devenue au fil du temps davantage un problème qu'une solution. Quelque chose a mal tourné, sans doute avec le traité de Maastricht de 1992, qui avait la prétention de répondre à l'effondrement du communisme par une Europe plus intégrée et donc plus forte, mais a accouché d'une Union dysfonctionnelle et a-démocratique que les traités suivants (Amsterdam en 1997, Nice en 2001 et Lisbonne en 2007) ont rendu encore plus impotente. La course à l'élargissement, l'Union étant passée de douze à vingt-huit États membres en une quinzaine d'années seulement, n'a fait qu'aggraver le mal de l'ingouvernabilité, devenu aujourd'hui totalement incurable, en affaiblissant la volonté de vivre ensemble : quoi de commun entre la Lettonie et le Portugal ?

Vice de construction

Ce n'est pas un hasard si le qualificatif d'« UERSS » fait florès sur les réseaux sociaux, une référence à la défunte URSS gérée d'une main de fer par Moscou. L'ambassadeur américain pressenti à Bruxelles, Ted Malloch, un proche du président Donald Trump, a d'ailleurs repris à son compte, le 26 janvier 2017, cette comparaison en précisant que l'Union est une

« organisation supranationale, non élue, mal dirigée par des bureaucrates et qui n'est franchement pas une vraie démocratie ». Certes, par nature Bruxelles est aussi lointaine pour un agriculteur de l'Auvergne que Washington pour un éleveur du Montana, mais au moins ce dernier vote pour élire le président américain, le Sénat et la Chambre des représentants, tout comme il vote pour désigner le gouverneur et le Congrès de son État. En Europe, rien de tel : l'agriculteur auvergnat n'a de prise que sur le Parlement européen, toutes les autres institutions ne dépendant pas de lui, mais des États. L'Union, c'est une démocratie indirecte au mieux, une technocratie au pire, comme si l'Europe était une chose trop sérieuse pour la confier aux peuples.

Ce vice de construction se ressent dans la façon dont ils sont tenus à l'écart des réformes des traités européens, la Constitution de l'Union. Et lorsqu'un État commet « l'erreur » de consulter par référendum ses citoyens, malheur à ceux qui ne décident pas dans le « bon sens ». Du non danois à Maastricht en juin 1992 au double non franco-néerlandais de 2005 au Traité constitutionnel européen (TCE), Bruxelles a toujours réussi à contourner les résultats qui ne lui convenaient pas. Maastricht est en vigueur et le TCE est devenu par un tour de passe-passe le traité de Lisbonne adopté sans l'aval des citoyens qui l'avaient rejeté… Et la messe est loin d'être dite pour le Brexit ! Rien ne garantit qu'au final on ne reviendra pas sur la décision du peuple britannique au nom, bien sûr, de son intérêt. On n'arrête pas le train européen !

Pour les élargissements, qui modifient tout aussi profondément qu'un nouveau traité la substance de l'Union, c'est encore pire ! Sachant parfaitement que les peuples n'étaient pas favorables à l'ouverture à l'Est, il n'est venu à l'idée de personne de les consulter. La seule fois, dans l'histoire, où l'on a demandé leur avis aux citoyens, c'est en France, en 1972, pour confirmer l'adhésion de la Grande-Bretagne, de l'Irlande et du Danemark. Depuis rien. Les dix adhésions de 2004 (suivies de celles de la Bulgarie et de la Roumanie en 2007 et de la Croatie en 2014) ont seulement été ratifiées par les parlements nationaux. C'est pourtant à ce moment-là que l'Union a perdu une grande partie de l'opinion publique des pays d'Europe de l'Ouest, celle-ci ne se reconnaissant plus dans cet ensemble boursouflé, chacun ayant parfaitement perçu qu'en dehors de Chypre et de Malte, aucun de ces nouveaux membres n'était un État de droit et une économie de marché fonctionnels. Le double non franco-néerlandais de 2005 s'explique largement par cet élargissement imposé au forceps par Bruxelles qui a refusé la proposition française d'adhésions graduelles afin que le corps social puisse les digérer, comme cela avait toujours été fait jusque-là.

« Bruxelles », c'est qui, c'est quoi ? Beaucoup de personnes non-élues qui n'ont aucuns comptes à rendre devant les citoyens. D'ailleurs qui les connaît en dehors de la bulle bruxelloise ? Qui sait que Donald Tusk, un ancien Premier ministre libéral polonais, est depuis 2014 président du Conseil européen, l'enceinte qui réunit les vingt-huit chefs d'État et de gouvernement ? Celui qui a été nommé par ses pairs n'est quasiment jamais dans les médias, notamment français, car il ne parle que polonais et un anglais basique. Son prédécesseur (2009-2014), Herman Van Rompuy, lui aussi ancien Premier ministre conservateur, mais de Belgique, était tout aussi absent de l'écran radar des médias. Il faut dire que, comme l'a si bien noté l'eurodéputé et patron du UKIP, Nigel Farage, il n'avait pas plus de charisme qu'une « serpillière humide », même s'il était plus doué en langues que Tusk. Et comment lui donner tort ? Valéry Giscard d'Estaing, qui avait imaginé cette nouvelle fonction dans son projet de Constitution européenne, devenu le traité de Lisbonne, voulait en faire la préfiguration d'une sorte de président des États-Unis d'Europe, une figure publique représentant l'Union sur la scène intérieure et extérieure. C'est loupé : c'est un simple secrétaire général qui prépare les ordres du jour et organise les travaux, un homme de l'ombre qui mérite de le rester.

Des médiocres à tous les étages

L'institution qu'il préside, le Conseil européen, souffre d'un déficit de légitimité et de reconnaissance. Qui sait qu'il s'agit là de l'organe suprême de l'Union, d'une « présidence collective » exercée par les vingt-huit chefs d'État et de gouvernement ? Peu de gens, la majorité pensant que le pouvoir européen, c'est la Commission. Le rôle du Conseil est difficile à comprendre puisqu'il se réunit à huis clos, prend ses décisions selon des procédures secrètes, n'adopte pas directement les lois européennes, mais donne des instructions que les autres institutions sont politiquement, si ce n'est juridiquement, tenues de suivre. En fait, il ressemble étrangement au bureau politique de la défunte URSS. Certes, à sa différence, tous les chefs d'État et de gouvernement sont élus et ont des comptes à rendre devant leur parlement national (sauf en France où le président n'est responsable devant personne), mais ils ne l'ont absolument pas été pour siéger au Conseil européen. Celui-ci, en tant que collectif, détient un pouvoir qu'aucun citoyen ne lui a confié. C'est le Raspoutine de l'Europe.

Pire : la qualité de cet organe, qui désormais intervient dans tous les détails de la vie européenne, dépend largement de celle des chefs qui y siègent et notamment du couple franco-allemand. Or, force est de constater que seule la médiocrité des demi-solutions en émane désormais : l'attelage Mitterrand-Kohl (1982-1995), qui voyait loin, est bien derrière nous. Chirac-Schröder, qui se détestaient, Sarkozy-Merkel, qui se méfiaient l'un de l'autre, Hollande-Merkel, qui n'ont rien à se dire, autant de couples qui sont incapables de voir grand. Et que dire de leurs partenaires, quasiment tous en situation de faiblesse politique chez eux, de l'Italien Paolo Gentiloni à l'Espagnol Mariano Rajoy, en passant par le Néerlandais Mark Rutte, le Portugais António Costa, le Grec Alexis Tsipras, l'Autrichien Christian Kern… Aucune personnalité d'envergure ne sort du lot, si ce n'est, par défaut, celle d'Angela Merkel, la chancelière allemande.

Il suffit de voir dans quel état de panique cet aréopage distingué a géré en dépit du bon sens la crise de la zone euro entre 2010 et 2012, entraînant les uns après les autres les pays dans le gouffre, dont la Grèce n'est toujours pas sortie sept ans après ! Et cela se paye par des centaines de milliers de vies brisées. Les « chefs », comme on les surnomme à Bruxelles, s'occupent de questions infiniment trop techniques pour eux, les autres institutions, et notamment le Conseil des ministres qui est seul habilité à adopter des lois européennes en accord avec le Parlement européen, étant incapables, par manque de courage politique, de prendre des décisions qu'ils renvoient donc à un sommet lui-même dysfonctionnel... Bref, la médiocrité des dirigeants européens aboutit à une paralysie de l'ensemble de la machine européenne.

Le Conseil des ministres, qui réunit les ministres compétents selon les sujets abordés (agriculture, affaires intérieures, affaires étrangères, transports, etc.), n'est pas plus démocratique que le Conseil européen. Il délibère en secret et il n'a de compte à rendre à personne : la responsabilité de chaque ministre devant son parlement ne remplace pas la responsabilité collective. Dans certains pays, comme en France, les ministres peuvent même ne pas être élus. Là aussi, on est dans une démocratie au second degré, ce qui renforce le sentiment de dépossession que ressentent les citoyens. Imaginez une Assemblée nationale composée uniquement de personnes désignées par l'exécutif et vous avez le régime du Consulat (1799-1804). C'est ainsi que fonctionne l'Europe.

Caution démocratique

Alors bien sûr, tout le monde brandit le Parlement européen comme caution démocratique de l'ensemble puisqu'il est élu au suffrage universel depuis 1979. Mais voilà, outre que la participation électorale ne cesse de baisser (de 62 % en 1979 à 42,6 % en 2014), les députés n'ont d'européen que le nom puisqu'ils sont élus dans le cadre national. En réalité, ce sont vingt-huit parlements nationaux qui siègent ensemble à Bruxelles et à Strasbourg (car il y a deux sièges, même trois en ajoutant le Luxembourg où se trouve une partie de son administration). En outre, ils sont élus à la proportionnelle sur des listes concoctées par les partis, ce qui, dans des pays comme la France ou la Grande-Bretagne, coupe tout lien avec les citoyens : si on connaît le député de sa circonscription, qui connaît « son » député européen ? En outre, ce ne sont même pas les partis européens qui composent les listes, mais leurs composantes nationales et elles privilégient ceux qui ont su plaire au détriment de ceux qui ont accompli un vrai travail à Bruxelles et à Strasbourg. Quoi d'étonnant dès lors que les logiques nationales l'emportent souvent sur les logiques politiques ? Quand sur certains textes, on voit les députés allemands voter comme un seul homme pour ou contre, de l'extrême droite à l'extrême gauche, comment ne pas ressentir un malaise ?

Pire, le poids de chaque député est différent d'un pays à l'autre, ce qui leur enlève toute légitimité : il faut douze fois plus de citoyens pour élire un député en France qu'à Malte ! On est loin, très loin du principe de base de toute démocratie : « un Homme, une voix ». Enfin, non seulement le Parlement n'a pas l'initiative des lois, qui appartient à la seule Commission, mais le scrutin proportionnel empêche les majorités claires, ce qui contraint la gauche et la droite à gouverner ensemble, interdisant *de facto* toute alternance. On comprend que les électeurs restent chez eux plutôt que de participer à cette farce démocratique ! Et que dire de la procédure législative où le Parlement élu au suffrage direct a le même poids (et ce, depuis peu de temps) que le Conseil des ministres qui est, au mieux, élu au suffrage indirect ?

Moloch bureaucratique

Reste la Commission, celle que le chancelier Helmut Kohl, peu suspect d'europhobie ou d'euroscepticisme, a qualifiée de « Moloch bureaucratique » en 1992, au lendemain de la signature du traité de Maastricht. Un diagnostic qui, vingt-cinq ans plus tard, n'a pas pris une ride. Loin de gagner en légitimité, elle est même devenue l'incarnation du mal européen. Est-ce un hasard si elle est présidée par Jean-Claude Juncker, qui fut le Premier ministre (chrétien-social) d'un paradis fiscal, le Luxembourg, et qui, durant les vingt ans passés à la tête de son petit pays, a permis à des centaines d'entreprises d'échapper à l'impôt comme l'a révélé le scandale du LuxLeaks en novembre 2014 ? Un homme fatigué, usé, alcoolique, qui donne une image désastreuse de l'Europe. Il est devenu une bénédiction pour les europhobes qui en ont fait le symbole des dérives européennes.

Pour le coup, on ne peut même pas accuser les chefs d'État et de gouvernement d'être responsables de ce choix malheureux : Juncker est le pur produit du système communautaire. En effet, lors des élections de 2014, le Parlement européen a imposé que la tête de liste qui a remporté le scrutin soit nommée président de la Commission. Or, les têtes de liste sont choisies par les partis européens, le Parti populaire européen (démocrate-chrétien) en l'occurrence, en réalité quelques caciques de la CDU-CSU allemande et de leurs supplétifs espagnols du PP. Pouvait-il ignorer qui il nommait ? En aucun cas. Cela étant, si les partis européens ont failli, on ne peut pas dire que les chefs d'État et de gouvernement, quand ils étaient libres de désigner qui ils voulaient à la tête de l'exécutif européen, aient mieux fait, à l'exception de Jacques Delors (1985-1994), l'ancien ministre des Finances de François Mitterrand, dont personne n'imaginait, pas même Margaret Thatcher, qu'il réussirait à pousser si loin l'intégration européenne. Après son départ, ils se sont jurés qu'on ne les y reprendrait plus et se sont employés à trouver les personnalités les plus pâlottes possible.

Après le Luxembourgeois Jacques Santer (1995-1999), qui a dû démissionner en mars 1999, après que l'auteur de ces lignes eut révélé que la commissaire française Édith Cresson avait distribué des emplois fictifs au sein de l'administration européenne à ses proches, cela a été au tour de Romano Prodi, « l'homme qui parle toutes les langues, mais dont on n'en comprend aucune », selon l'expression d'Hubert Védrine[1],

1. Ministre des Affaires étrangères entre 1997 et 2002.

puis du catastrophique et ultralibéral José Manuel Durão Barroso, l'ancien Premier ministre portugais. Il a été tellement mauvais que les États l'ont maintenu en poste pendant dix ans (2004-2014). Pour mémoire, c'est lui qui a essayé d'imposer la fameuse directive Bolkestein libéralisant les services contre la volonté d'un pays comme la France. C'est lui qui s'est fait manipuler par le lobby du tabac – qui se sentait menacé par un projet de directive – et a viré, en 2012, le commissaire à la santé, le Maltais John Dalli. C'est encore lui qui a refusé de réglementer les activités de ses amis banquiers. Barroso a d'ailleurs été récompensé de sa servilité à l'égard des marchés : en juillet 2016, l'ex-président de la Commission a annoncé qu'il avait été recruté par la banque d'affaires américaine Goldman Sachs qui a eu un rôle majeur dans la création de produits toxiques ayant entraîné, en 2007, la plus grave crise économique depuis 1929. Réaction de l'Union ? Néant. Comme une mafia, elle protège ses membres. Il faut vraiment pousser le bouchon très loin, comme Édith Cresson, pour être sanctionné[1].

Les eurocrates au pouvoir

Si le président de la Commission a désormais un vernis vaguement démocratique, ce n'est pas le cas de ses commissaires. Il n'a aucune influence dans leur

1. Et encore la Cour de justice européenne a refusé de la priver d'une partie de sa retraite en estimant que la démission était amplement suffisante.

nomination, même s'il est à peu près libre de leur attribuer tel ou tel portefeuille : chaque pays a droit à son « représentant », généralement une ancienne gloire locale ou un adversaire politique dont on veut se débarrasser tant il est vrai qu'« à Bruxelles, personne ne vous entend crier[1] »... Autant dire que la laisse est courte entre le commissaire soi-disant indépendant et sa capitale. Certes, les vingt-sept commissaires sont auditionnés par le Parlement européen qui doit les confirmer. En réalité, ce sont les équilibres politiques qui déterminent l'obtention d'un blanc-seing ou un refus plutôt que leurs compétences réelles. Résultat, la Commission est en grande partie composée de tocards grassement payés (25 000 euros par mois, plus 41 000 euros pour frais d'installation, plus 900 euros par mois par enfant, plus des indemnités diverses) qui n'ont pas grand-chose à faire s'ils ont un portefeuille mineur : personne ne conteste qu'il n'y a pas de travail pour vingt-huit personnes. Jacques Delors estimait ainsi qu'une Commission à quinze était un maximum absolu. Un commissaire présent trois jours par semaine, c'est fréquent, sans compter ceux qui rentrent tous les soirs dans leur ville, comme Pierre Moscovici, le commissaire français, qui est plus souvent dans le Thalys que dans son bureau... Enfin, et c'est la cerise sur le gâteau de ce simulacre de démocratie, le commissaire maltais dispose d'une voix comme son homologue allemand ou français. Les décisions, au sein du collège, se prenant à la majorité simple, que pèsent les quatre commissaires des grands

1. Titre d'un épisode de la série télévisée danoise « Borgen ».

pays (Allemagne, France, Italie et Royaume-Uni) face à leurs vingt-quatre collègues ? Neutre, la Commission ? Quelle blague !

En théorie, elle est responsable devant le Parlement européen. Mais la procédure de censure est particulièrement lourde : il faut réunir deux tiers des suffrages représentant au moins la moitié des membres du Parlement. Depuis l'origine, seules huit motions de censure ont été soumises au vote et aucune n'a été adoptée. Certes, la Commission Santer a démissionné, mais par peur d'une censure qui n'a donc jamais été votée et qui ne l'aurait peut-être pas été. Dans un système de grande coalition, une majorité des deux tiers des voix est quasiment impossible à atteindre, ce qui rend *de facto* la censure théorique.

Quand on parle des institutions européennes, il ne faut surtout pas oublier les 56 000 fonctionnaires qui y travaillent, car le pouvoir à Bruxelles, ce sont en réalité les eurocrates. La puissance des services est telle, notamment à la Commission (33 000 personnes), que les commissaires les plus politiques deviennent très vite les marionnettes des fonctionnaires qui sont les seuls à maîtriser la complexité et les subtilités de la machine et ont toujours un argument juridique pour justifier que seules des politiques ultralibérales puissent être appliquées. À Bruxelles, même Jean-Luc Mélenchon deviendrait vite un libéral pur jus… L'Allemand Martin Selmayr, chef de cabinet de Juncker, a tombé le masque en se faisant nommer, en violation de toutes les règles européennes, secrétaire général de la Commission, la fonction la plus importante de l'exécutif. Il cumule ce poste avec celui de chef de cabinet et de sherpa du président (négociateur international). Une concentration du pouvoir sans précédent qui fait de Selmayr le vrai président de la Commission. Et aucun commissaire n'a osé s'opposer à son coup d'État. Les eurocrates peuvent d'ailleurs compter sur le soutien indéfectible de la Cour de justice européenne, toujours prompte à étendre les compétences de l'Union au nom du bien commun, une Cour elle aussi composée de juges nommés discrétionnairement par les États et qu'absolument personne ne connaît, à la différence des membres de la Cour suprême américaine ou de la Cour constitutionnelle allemande. Il faut dire qu'ils ne sont pas neuf comme à Washington, mais vingt-huit, un par État de l'Union, sans compter les cinquante-six juges du Tribunal de première instance…

Le tableau de ce trou noir démocratique qu'est l'Union ne serait pas complet sans parler de la zone euro. Là, aucun parlement, quel qu'il soit, ne peut venir mettre son nez dans ce qui se décide à Bruxelles et qui concerne pourtant directement les citoyens des pays ayant adopté la monnaie unique. En effet, la surveillance des déficits et de l'endettement ainsi que la définition de la politique économique (protection sociale, salaires, emplois, retraites, dépenses d'investissement) sont de la responsabilité de la seule Commission, dont la légitimité est pour le moins sujette à caution, et de l'Eurogroupe, une instance informelle réunissant les ministres des Finances de la zone euro, qui approuve ses décisions. Là, les faux-semblants démocratiques n'ont même plus cours, alors que l'on touche au cœur des souverainetés nationales ! Les révolutions se sont faites justement pour permettre aux parlements élus par les citoyens de voter les impôts et les dépenses, une compétence dont ils sont désormais dépossédés par des instances qui ne rendent de comptes à personne et qui décident dans l'opacité la plus totale.

Les « talibans » du marché

Le « doux monstre de Bruxelles » ne posait guère de problème quand l'Europe balbutiait, il y a soixante ans, lorsqu'elle ne s'occupait que de droits de douane, d'agriculture ou de boîtes de conserve. Mais ses compétences se sont accrues au fil des ans jusqu'à envahir notre quotidien. Et là, ce qui était acceptable, une technocratie supranationale, ne l'est plus du tout, d'autant qu'elle ne peut pas se prévaloir de ses résultats. Force est de constater que l'Union aligne les demi-succès au mieux, les échecs au pire.

Ainsi, son grand œuvre, le marché unique, devait apporter le bonheur économique et le plein-emploi en supprimant les frontières intérieures et donc les obstacles aux échanges commerciaux et humains. On attend encore : il n'a pas empêché la désindustrialisation et s'est surtout traduit par une concurrence fiscale et sociale sans frein. Grâce à lui, les entreprises ont pu délocaliser à la fois leurs profits là où les impôts sont les moins élevés et leur production là où les travailleurs sont les moins protégés. Mieux, en inventant le détachement des travailleurs, la Commission leur a permis de faire appel à une main-d'œuvre de pays dont le coût social est parfois inférieur de moitié à celui de l'Allemagne ou de la France ! Le summum de cette idéologie a été atteint avec le projet de directive Bolkestein de 2004 qui visait en fait à déréglementer totalement le secteur des services et à permettre, par exemple, à un plombier polonais de venir exercer en France sans avoir à respecter la réglementation locale. Pour l'Union, toute barrière, même si elle obéit à une bonne raison, doit être abattue, quel qu'en soit le prix à payer. Le dogme avant tout et le dogme, c'est l'absence de frontière.

Et que dire de l'euro ? Lancée en fanfare en 1999, la monnaie unique, qui devait elle aussi doper la croissance et protéger les Européens contre les chocs extérieurs, n'a pas rempli son rôle, comme l'ont montré la crise financière et économique de 2007-2008, puis la crise de la zone euro de 2010-2012. La Grèce, l'Irlande, le Portugal, Chypre et l'Espagne en ont payé le prix fort et, alors que les États-Unis sont sortis depuis longtemps de la récession, la zone euro doit se contenter dix ans plus tard d'une croissance souffreteuse et vivre avec un chômage de masse. Les contraintes budgétaires et l'austérité semblent être le seul horizon que promet Bruxelles. Depuis le lancement de l'euro, la France est en déficit commercial alors que l'Allemagne accumule les excédents dans des proportions sans précédent. L'euro, qui peut le contester, a appauvri la France et tous les pays du Sud, mais a bénéficié plus que de raison à l'Allemagne.

Engluée dans une idéologie ultralibérale et libre-échangiste promue par la Commission, l'Union refuse par principe d'offrir une protection aux citoyens européens alors qu'elle a été fondée sur le principe de la préférence communautaire (c'était ça l'union douanière entre les Six). L'Europe est devenue l'idiot utile de la globalisation et le reste du monde en profite : la Chine, par exemple, fait librement ses courses chez nous, en manipulant sa monnaie, en ignorant les normes environnementales et sociales, en contrôlant les investissements étrangers sur son sol, en exigeant des transferts de technologie sans que l'Europe soit capable de lui imposer la moindre réciprocité. Résultat : en vingt ans, elle est en passe de devenir la première puissance mondiale, et ce, principalement sur le dos des Européens.

Les États-Unis, eux, savent se défendre : leur législation antidumping est appliquée sans état d'âme, alors qu'en Europe on attend que les usines ferment pour frapper les produits chinois de droits de douane. Ils ne reculent pas devant le protectionnisme en interdisant par exemple aux étrangers de prendre le contrôle de leurs compagnies aériennes ou de leurs ports. De même, le *Buy American Act* de 1933 est toujours en vigueur et oblige les collectivités publiques à se fournir auprès d'entreprises américaines. Leurs marchés publics sont fermés aux étrangers à 70 % alors que ceux des Européens sont ouverts à 90 %. Le marché unique permet aux entreprises non européennes d'installer une filiale dans un seul État membre pour avoir accès à l'ensemble des marchés nationaux de l'Union alors qu'outre-Atlantique, il faut demander l'autorisation à chaque État fédéré… Les États-Unis ne sont pas les seuls à agir ainsi : le Canada, la Corée du Sud ou le Japon font de même. Mais, selon Bruxelles, il faut se montrer exemplaire pour que les autres pays suivent. La démonstration n'en a jamais été faite et, en attendant, le chômage et la pauvreté s'étendent dans l'indifférence de l'Union.

La haine de l'État national

De même, la politique de concurrence « libre et non faussée », appliquée fanatiquement par des fonctionnaires hors sol, a empêché l'émergence de champions nationaux et européens capables de rivaliser avec les géants mondiaux. Ainsi, encore une fois, les Américains, qu'on ne peut pas soupçonner de dirigisme, se sont parfaitement accommodés du monopole de fait des GAFAM (Google, Apple, Facebook, Amazon, Microsoft) et les Chinois n'ont pas hésité à construire une « Grande Muraille numérique » pour permettre le développement d'entreprises aujourd'hui capables de concurrencer les sociétés américaines. Pour Bruxelles, au contraire, « *small is beautiful* ». Les « talibans » bruxellois du libre marché ont même interdit toute politique industrielle, car tout ce qui ressemble à une intervention de l'État dans l'économie (y compris les aides d'État) est considéré comme une atteinte aux fondements de l'Europe ! L'État, vu de Bruxelles, c'est le mal absolu, alors que le marché, lui, c'est l'incarnation du bien. C'est au nom du libre marché, par exemple, que la Commission a longtemps freiné toute réglementation des marchés financiers jusqu'à la catastrophe de 2007…

Et quand la Commission se décide enfin à faire de la politique industrielle, parce que quelques commissaires plus éclairés que d'autres en ont compris l'intérêt (comme les conservateurs Loyola de Palacio [Espagne] ou Jacques Barrot [France]), c'est souvent catastrophique, car les eurocrates font tout pour la saboter. L'affaire du GPS européen, Galileo, qui accuse dix ans de retard, est exemplaire. Après avoir essayé d'imposer un partenariat public-privé (PPP), la Commission a dû y renoncer, aucune entreprise n'investissant à cinquante ans, et faire appel au budget européen. Puis, au nom de la libre concurrence, elle a décidé de confier, en 2010, à une petite entreprise allemande (OHB-System) la construction des satellites, alors que tous les spécialistes savaient que cette société était incapable de produire dans les temps les satellites nécessaires en lieu et place de l'allemand Astrium ou du leader européen des constellations de satellites, le français Thales Alenia Space. Mieux, alors qu'il s'agit d'un programme stratégique, elle a confié l'essentiel des lancements aux Russes, après avoir envisagé d'utiliser des lanceurs chinois encore moins chers, et non à Arianespace ! Imagine-t-on les Américains demander à Moscou ou à Pékin d'assurer le lancement de leurs satellites ? Comment s'étonner que les grands travaux que Jacques Delors, l'ancien président de la Commission, voulait lancer en 1993 soient restés dans les cartons ? Au fond, les seuls succès de politique industrielle européenne se sont faits en dehors de l'Union, sur la base d'une coopération volontaire entre les États : Arianespace pour les lanceurs ou Airbus dans l'aéronautique. Triste constat de l'incapacité ontologique de l'Europe à admettre que l'État a un rôle à jouer dans l'économie. Même la Grande-Bretagne, à la suite du Brexit, a décidé de renouer avec le keynésianisme en prenant conscience des dégâts causés par trente ans de thatchérisme… On attend encore le signal qui réveillera Bruxelles.

Il faut bien comprendre qu'à la Commission, tout est subordonné au marché qui est le principe cardinal de la construction communautaire. Ce n'est qu'à contre-cœur qu'elle intervient pour contraindre les entreprises. Si cela ne tenait qu'à la Commission, il y a longtemps que l'on cultiverait des OGM partout, que l'on importerait du bœuf aux hormones ou du poulet lavé à l'eau de Javel. L'affaire de la vache folle, qui a éclaté en 1996, en a fourni une démonstration éclatante : alors qu'elle savait depuis 1990 qu'il y avait un risque de transmission à l'homme de la maladie de la vache folle (ESB) apparue en Grande-Bretagne deux ans plus tôt, elle a orchestré une campagne de désinformation pour le dissimuler. Et ce afin, d'une part, de ne pas perturber le marché de la viande bovine et, d'autre part, de ne pas se fâcher avec le Royaume-Uni qui aurait souffert d'un embargo alors qu'elle avait besoin de Londres pour achever le grand marché de 1993… La santé après le marché. À chaque fois que la Commission a été confrontée à un choix entre les deux termes de l'équation, elle a privilégié le second : on l'a vu pour les phtalates, les piles au cadmium ou les perturbateurs endocriniens… C'est tout le problème d'une Commission taillée pour les entreprises que l'on a chargée sur le tard de la protection de la santé humaine ou de l'environnement.

Le libéralisme bureaucratique

Et ne parlons même pas des succès de politique économique de l'Union. Faut-il rappeler qu'en 2000, lors du sommet de Lisbonne, elle s'était donné dix ans pour devenir « l'économie de la connaissance la plus compétitive du monde », notamment en mettant l'accent sur l'éducation ? La seule partie de cet ambitieux programme qui a vu le jour, c'est celle qui a abouti à une régression sociale généralisée : les retraites ont été rognées, le marché du travail « assoupli » (entendez précarisé) les services publics privatisés par pans entiers, autant de recettes ultralibérales censées relancer l'économie. Mais le chômage se porte toujours aussi bien.

Cette constance dans l'échec, cette capacité à se faire détester peut être attestée par les paysans. Pourquoi sont-ils en majorité europhobes alors que l'Union a été fondée en grande partie pour eux ? La politique agricole commune (PAC) devait leur permettre de renforcer leur compétitivité afin de faire face au choc de l'ouverture des frontières intérieures puis extérieures. Non seulement la PAC s'est transformée en enfer bureaucratique pour ceux qui bénéficient des aides européennes – qui représentent encore environ 38 % d'un budget communautaire s'élevant à 145 milliards d'euros par an –, mais ce sont essentiellement les plus gros producteurs et les industries agroalimentaires qui en bénéficient : 80 % des aides vont à 20 % des exploitations et toutes les réformes qui se succèdent à un rythme rapide n'y ont rien changé. En outre, elle n'a pas su empêcher l'effondrement de la population rurale : en France, en cinquante ans, le nombre d'agriculteurs est passé de 4 millions à 900 000, la surface agricole a diminué de 20 % et l'agriculture ne représente plus que 1,5 % du PIB contre 3,6 % en 1980. Une tendance qui est la même partout en Europe où on ne compte plus le nombre de suicides de paysans poussés au désespoir.

Le pire est que l'ultralibéralisme de l'Union va de conserve avec une bureaucratie extrême : l'Union a inventé le « libéralisme bureaucratique », une gageure ! Donald Trump, le président américain, la qualifie très justement de « consortium bureaucratique ». Aucun domaine n'échappe à sa furie régulatrice, de la courbure des bananes à la composition des tétines en passant par la contenance des chasses d'eau, la puissance des aspirateurs, la taille des rétroviseurs des tracteurs agricoles, l'expérimentation animale, le passage à l'heure d'été, les dates de la chasse à la tourterelle, le confort des poules, les conditions de transport des porcs et des vaches, les méthodes de fabrication et de conservation des fromages, la hauteur maximale des échelles que peuvent escalader les mineurs au travail, on en passe et des meilleures… Qui n'a pas été révulsé en découvrant que l'Union a cette capacité à se mêler de l'infiniment petit et à négliger l'essentiel ?

Delenda Europa !

Aucun citoyen ne peut ignorer que l'Union a échoué à prévenir le terrorisme islamiste ou l'afflux sans précédent de migrants et de réfugiés, pourtant parfaitement prévisibles : la crise en Syrie date de 2011, des millions de réfugiés se trouvent dans les pays périphériques ou à l'intérieur du pays et l'on sait que plusieurs milliers de jeunes musulmans européens sont partis combattre sur place au côté de l'État islamique. L'espace de libre circulation Schengen, lancé en 1995, dont elle était si fière, s'est révélé être une passoire dont ont su profiter terroristes et migrants.

Incapable de contrôler ses frontières, Bruxelles s'est révélée tout aussi désarmée face à la déstabilisation de son voisinage immédiat. Mieux, par ses maladresses, elle y a parfois directement concouru, comme cela a été le cas en Ukraine. Une fois la crise déclenchée, l'Union a une nouvelle fois montré qu'elle ne pesait rien dans le monde réel et la Russie est venue lui rappeler brutalement qu'elle reste un nain politique et diplomatique. Les Européens n'ont collectivement pas fini de payer leur décision de confier en 1949 leur défense aux États-Unis *via* l'OTAN, ce qui leur interdit toute autonomie. L'élection de l'isolationniste Donald Trump en 2016 les laisse Gros-Jean comme devant, celui-ci se désintéressant désormais d'eux.

Un triste bilan. Cet astre mort qu'est devenue l'Union n'a plus de raison d'être, il n'apporte plus aucune chaleur, bien au contraire. Elle est un problème en elle-même. Il est temps de redonner leur liberté aux nations européennes qui ont été la source de la grandeur du Vieux Continent. Il faut libérer les énergies au lieu de les entraver ! « *Delenda Europa !* », aurait dit Caton l'Ancien. Le Brexit marque le début de la fin : « D'autres pays sortiront, pronostique Donald Trump. Maintenir l'Europe une ne va pas être aussi facile que beaucoup de gens le pensent[1]. »

---

1. Interview déjà citée.

PROLOGUE

Prenons le risque de décevoir ceux qui espéraient un long plaidoyer europhobe d'un journaliste qui connaît la machine de l'intérieur depuis vingt-cinq ans et qui était jusque-là répertorié comme pro-européen, au point qu'Hubert Védrine, l'ancien ministre des Affaires étrangères de Lionel Jospin, m'a qualifié, en 2011, d'« ayatollah du fédéralisme ». Non seulement, je crois toujours que le projet communautaire est l'une des plus belles aventures humaines que nous a offertes l'après-guerre, mais je reste persuadé qu'il s'agit d'une nécessité si nous voulons préserver nos valeurs et notre modèle dans le monde qui s'annonce.

Dans l'histoire, « les Européens ont forgé plusieurs utopies atroces, des paradis théoriques transformés en enfers bien concrets », mais l'Union reste la seule « utopie raisonnable » comme le souligne très justement Javier Cercas[1]. Elle n'est pas un empire, elle ne vise à imposer ni la domination d'un pays sur un ou

1. Discours prononcé par Javier Cercas, écrivain espagnol, lors de la remise du prix du livre européen à Bruxelles, le 7 décembre 2016, pour son ouvrage *L'Imposteur*.

plusieurs autres, ni une idéologie, mais au contraire de permettre à des États pluricentenaires qui se sont tous fait la guerre au fil des siècles de coopérer en partageant volontairement leur souveraineté dans certains domaines, de régler leurs conflits d'intérêts par la norme plutôt que par le fer et le sang. Une coopération acceptée sans contrainte aucune, sans menace extérieure, une coopération entre démocraties, sans équivalent dans l'histoire et dans le monde présent.

Si la tentation du « *small is beautiful* », du cocon national que l'on imagine à l'abri de ses frontières, comme une Suisse fantasmatique riche et repue, est compréhensible, il faut avoir été en Chine ou en Inde, avec leurs 2,5 milliards d'habitants, pour comprendre que la France ou l'Espagne n'existent tout simplement pas au sens géopolitique et qu'aucune frontière ne permettra de s'isoler du monde, sauf à dépérir[1]. On peut prendre le problème dans tous les sens, les pays, quels qu'ils soient, ont tous besoin de vendre et d'acheter hors de leurs frontières, d'emprunter de l'argent sur les marchés, d'attirer chez eux la main-d'œuvre et les cerveaux dont ils manquent. D'ailleurs, la puissance américaine s'est nourrie de l'échange, l'URSS est morte de sa fermeture, la Chine n'a dû son développement qu'à son ouverture. Et ceux qui fixent les termes de l'échange ne sont jamais les plus faibles. La France, toute puissance nucléaire qu'elle soit, dépend infiniment plus de la Chine que la Chine ne dépendra jamais d'elle. « Le protectionnisme intelligent », tant

1. Je recommande chaudement la lecture de la trilogie de Philippe Curval, *L'Europe après la pluie*, La Volte, 2016.

vanté par le Front national ou le Front de gauche, les deux extrêmes se rejoignant dans leur europhobie, ne veut rien dire : toute mesure de protection entraînera des rétorsions et un pays de 67 millions d'habitants est infiniment plus vulnérable qu'un État d'un milliard. Dire le contraire, c'est tout simplement vendre du rêve. La France ne compte, tout comme les autres pays européens, que parce qu'elle fait partie d'un ensemble continental.

Pour les puissances-continents du XXIe siècle que sont la Chine, l'Inde, les États-Unis, la Russie ou le Brésil, seules comptent les puissances-continents et non pas les États-nations dont ils n'ont que faire. Soyons plus précis : à une Europe unie, ils préfèrent une Europe divisée, car tellement plus facile à soumettre. Ce n'est pas un hasard si Donald Trump souhaite sa disparition, lui qui veut redonner aux États-Unis leur « grandeur » passée. Naturellement, on peut sauter sur sa chaise comme un cabri en criant « l'État-nation, l'État-nation, l'État-nation ! », mais cela n'aboutit à rien, pour paraphraser le général de Gaulle qui, en 1965, visait l'Europe. Le monde a changé en cinquante ans, l'Occident n'est plus et ne sera plus jamais le centre du monde et regretter le temps passé ne sert à rien : le Général poursuivait son aphorisme en constatant qu'on « ne fait pas de la politique autrement que sur des réalités, il faut prendre les choses comme elles sont ».

Un G7 sans pays européen

La réalité est brutale : comme le répète souvent Jean-Claude Juncker, « au début du XXe siècle, 20 % de la planète était européenne, aujourd'hui entre 7 et 11 % et à la fin de notre siècle, 4 % ». Pis : si « l'Union représente encore 30 % de la richesse économique du monde, déjà 80 % de la valeur ajoutée mondiale se trouve hors de l'Union, et notre part relative dans le PIB mondial est en chute libre ». D'ici dix à vingt ans, plus aucun des pays européens du G7, le club des pays industrialisés les plus riches, n'en fera partie. L'enjeu de la construction communautaire, c'est notre survie et la survie de notre conception de la démocratie et de la liberté. Ainsi que le disait Raymond Aron, l'Union, « plus encore qu'une entité économique, incarne une tradition et une idée : c'est pour protéger leurs libertés, celle des personnes et celles de l'esprit, que les Européens ont décidé de s'unir. Toute victoire de la liberté est une victoire pour l'Europe[1] ».

Défendre le projet européen parce que c'est un projet de paix et non pas de conquête et d'asservissement, être passionnément européen, car l'Union rime bien plus avec libertés et démocratie que les États-Unis, constater la nécessité de la construction communautaire dans le monde du XXIe siècle à l'heure où les défis, notamment climatiques, sont globaux,

1. « L'Europe, avenir d'un mythe », conférence au Sénat du 13 mai 1975.

ne signifie pas pour autant que l'on doive s'extasier sur tout ce qui a été accompli. L'Union n'est pas à prendre ou à laisser. On a le droit, voire le devoir d'être critique, comme on l'est à l'égard de toute construction humaine. À l'instar de tous les Français, je défends la France, tout en étant critique de ses gouvernements et des politiques qu'ils mènent. Mais ni vous ni moi ne voulons détruire la République française pour autant, alors que les eurosceptiques considèrent que la remise en cause des politiques menées par l'Union passe par sa destruction ou par une sortie du club style Brexit !

Un nihilisme d'autant plus étrange que l'histoire des deux derniers siècles nous a appris, avec une violence jamais atteinte, qu'il ne débouchait jamais sur quelque chose de meilleur. Ainsi, la Révolution française, tant vantée dans notre pays, a accouché d'une dictature bonapartiste qui a entraîné l'Europe dans des guerres sans fin, puis de la Restauration suivie d'un nouvel Empire et, enfin, en 1870, d'une République qui n'est devenue vraiment démocratique qu'en 1944 avec le droit de vote des femmes. À cette aune, on peut vraiment se demander si le couperet de la guillotine a servi la France ou l'a au contraire entraînée vers l'abîme. Le « choc salutaire », la « table rase », la « révolution », cela n'a jamais fonctionné, bien au contraire. Alors, pourquoi vouloir appliquer à l'Europe un tel traitement ?

L'Union, il faut en avoir conscience, fait rêver le monde entier, à défaut des Européens, car en dépit de ses difficultés, elle reste un espace de paix, justement récompensé d'un prix Nobel en 2012[1], et une zone de prospérité sans équivalent dans l'histoire. Oui, il y a du chômage, oui, il y a de la misère, mais il s'agit d'un problème de répartition interne des richesses et pas d'un problème européen contrairement à ce que veulent faire croire certains histrions à la recherche de boucs émissaires. Et, même si cela choque de le dire, il faut avoir à l'esprit que la condition d'un chômeur en France est infiniment supérieure à celle d'un employé d'une « usine monde » en Chine. On oublie que l'Europe et ses 500 millions d'Européens concentrent 50 % des dépenses sociales d'une planète de 7 milliards d'habitants.

Demi-vérités

Dans le chapitre zéro, j'ai condensé la majorité des critiques contre l'Europe que l'on entend depuis le traité de Maastricht de 1992. J'ai laissé de côté celles de certains cerveaux enfiévrés pour qui l'Europe serait un complot américano-nazi-pétainiste, si ce n'est martien, et qui clament « Frexit, Frexit, Frexit » tels des cabris pour paraphraser le général de Gaulle… Passons. Les critiques que j'ai exposées, j'en partage une bonne part : si l'euroscepticisme prospère, c'est parce que rien de ce que j'ai écrit n'est totalement faux, mais rien n'est totalement vrai non plus. C'est bien là le problème.

1. Le Heidelberg Institute for International Conflict Research (HIIK) a recensé en 2015 dans le monde 409 conflits dont 223 avec des affrontements violents.

L'euroscepticisme prend sa source dans ces demi-vérités et dans l'absence de mise en perspective.

Il faut avoir en permanence à l'esprit, lorsqu'on la juge, que l'Union est jeune (soixante-deux ans en mars 2019) et qu'elle n'a pas été conçue d'un coup comme une construction d'ensemble parfaite qui aurait réponse à tout, car c'était impossible. La comparer à la création des États-Unis d'Amérique n'a pas grand sens : les treize États d'origine n'avaient pas derrière eux des centaines d'années d'histoire et de conflits, des cultures politiques, diplomatiques, juridiques aussi différentes que celles des Vingt-Huit, sans même parler de l'absence de langue commune (on en parle vingt-quatre dans l'Union, sans compter les langues régionales comme le catalan).

L'Union est le résultat d'une succession de traités, de compromis souvent insatisfaisants entre les intérêts contradictoires des États. C'est vrai qu'elle est toute de guingois, comme si de multiples architectes avec des vues contradictoires s'étaient succédé sur le chantier. L'Union est imparfaite, c'est une évidence, il reste beaucoup à faire. Les jugements portés sur elle ne peuvent faire abstraction de cette histoire complexe : les coups de menton de politiciens expliquant qu'ils sont capables de construire une Europe parfaite, comme s'ils étaient seuls à la faire ou qu'elle attendait tremblotante qu'un homme ou une femme providentiels s'intéresse à elle, voilà qui concourt à susciter de la méfiance chez les citoyens. Car cela est tout simplement impossible et la déception sera au bout du chemin, alimentant encore plus l'euroscepticisme : la construction communautaire est un processus lent, complexe, fragile, qui passe par l'accord de tous les États, ce qui implique des compromis parfois byzantins, et l'approbation des opinions publiques.

Les salauds de l'Europe

De même, passer son temps à blâmer Bruxelles, alors que les États en sont partie constituante, cela fait aussi le lit des eurosceptiques. La communautarisation des échecs nationaux et la nationalisation des succès européens, voilà qui tue plus sûrement l'idée européenne que tous les eurocrates ultralibéraux réunis. Mais ces derniers ont aussi leur responsabilité dans la défiance dont souffre l'Union, notamment en faisant de toute critique des politiques européennes des critiques de l'Europe elle-même… La tendance est forte, notamment au sein des partis de rejet (je préfère ce terme à celui de « populistes » qui donne à croire qu'eux seuls sont proches du peuple), de faire de l'Europe, mais aussi de la mondialisation, le facteur explicatif de tous les problèmes nationaux : supprimons l'Europe, tout ira mieux ! Solution simple à des problèmes complexes. L'Union a les épaules d'autant plus larges que personne n'est là pour la défendre. Rappelez-vous : durant toute la crise de la zone euro, les europhobes ont expliqué qu'un euro faible et une banque centrale accommodante qui agirait comme l'a fait la Réserve fédérale américaine en rachetant à tour de bras la dette publique pour faire baisser les taux d'intérêt résoudraient les problèmes économiques de la zone euro. Or, depuis 2015, l'euro est faible et la Banque centrale européenne a ramené ses taux d'intérêt à zéro et les taux à moyen et long terme auxquels empruntent les États à moins de 2 % et pourtant la croissance reste atone ! Tout simplement parce que beaucoup de pays répugnent à faire les réformes de fond qui seules permettraient de relancer la machine. Belle erreur d'analyse. Mais qu'importe : quand ce n'est pas la faute de l'Europe, c'est néanmoins de sa faute.

Ceux qui sont en train de tuer l'Europe, ce sont les élites nationales et européennes, celles qui ont fait de l'Europe une postdémocratie où les citoyens sont tenus à l'écart, celles qui décident à Bruxelles de politiques qu'ils n'assument pas dans leur capitale, celles qui refusent d'expliquer la réalité de cette construction, celles qui croient que l'idéologie est la réalité. Mais ce sont aussi les démagogues, du Front national au Mouvement 5 étoiles en passant par l'UKIP, l'AfD allemand ou le PVV néerlandais, qui ont trouvé dans l'Europe un exutoire facile aux angoisses de l'époque et un fonds de commerce électoral qui va souvent de pair avec la xénophobie. Des démagogues qui mentent sans retenue, déforment les faits, attisent les haines et qui ne trouvent personne pour leur répondre, puisque rares sont ceux qui assument l'Europe – Emmanuel Macron, le chef de l'État français depuis mai 2017, est une exception dans ce paysage dévasté.

Les salauds de l'Europe, ce sont eux ; eux qui détruisent l'idée européenne que Barack Obama, le président américain sortant, a vantée : « Ce continent, au XXe siècle, était constamment en guerre. Les gens y mouraient de faim. Les familles y étaient séparées et maintenant des gens tentent désespérément de venir ici précisément en raison de ce que vous avez accompli […], une Union européenne avec plus de 500 millions de personnes parlant vingt-quatre langues dans vingt-huit pays, dont dix-neuf avec une monnaie unique, constitue l'une des plus grandes réalisations politique et économique des temps modernes. » On chercherait, en vain, un dirigeant européen capable de délivrer un tel plaidoyer en faveur du projet communautaire. C'est pourquoi il a fallu que ce soit un « outsider, quelqu'un qui n'est pas européen, pour vous rappeler ce que vous avez accompli » qui s'en charge[1].

Je vais reprendre, dans les chapitres suivants, les principales critiques adressées à l'Union afin de démêler le vrai du faux. La critique de l'Europe doit être solide et argumentée pour la changer, pas injuste ou complotiste.

1. Discours prononcé à Hanovre le 25 avril 2016.

Chapitre I

« L'EUROPE S'EST FAITE DANS LE DOS DES PEUPLES »

La construction communautaire, c'est le projet d'une élite voulu par les États-Unis et imposé à des peuples que l'on a refusé de consulter. On peut effectivement chercher la trace, en France ou ailleurs, d'un quelconque référendum sur le traité de Rome de 1957, fondement de l'Union actuelle, ou sur son ancêtre, le traité de 1951 créant la Communauté européenne du charbon et de l'acier (CECA). D'ailleurs, ses concepteurs s'en vantent : « L'œuvre accomplie fut celle d'une minorité sachant ce qu'elle voulait », affirme, sans y voir la moindre malice, le Belge Paul-Henri Spaak, ministre des Affaires étrangères au moment de la conclusion du traité de Rome. Bref, l'Europe est un projet inspiré par l'étranger qui s'est fait sans les peuples. Comment s'étonner qu'aujourd'hui ils se vengent en la rejetant ?

*

Disons-le tout net : cet argument, développé par les eurosceptiques, est en partie fondé. Personne ne conteste que l'unification politique du continent n'a pas été portée par un irrésistible mouvement populaire. Mieux, aucun gouvernement n'a même jamais pensé consulter les citoyens lorsque la construction communautaire a été lancée dans les années 50. Mais faut-il y voir pour autant un « complot contre les peuples », comme le dénoncent les démagogues les plus virulents ? Ce serait faire fi de l'histoire. Affirmer, soixante-dix ans plus tard, que les acteurs de l'époque avaient plusieurs options à leur disposition et qu'ils ont délibérément choisi celle qui écartait les citoyens relève à tout le moins du contresens historique et plus certainement du mensonge ou des « faits alternatifs », selon l'expression en vogue dans l'administration Trump.

La crise de 1929 enterre les « États-Unis d'Europe »

Un détour par le passé est nécessaire pour comprendre pourquoi et comment a été lancée l'intégration européenne et pourquoi elle est bel et bien le produit de la volonté d'un petit groupe de politiques et de hauts fonctionnaires[1].

L'idée européenne est ancienne, mais elle n'a jamais prospéré parce que les conditions diplomatiques et nationales n'étaient pas réunies. Ainsi, dès janvier 1925, le président du Conseil des ministres français, le radical

1. Deux références pour approfondir l'histoire de la construction communautaire : Pierre Gerbet, *La Construction de l'Europe*, Imprimerie nationale, 1983, rééd. Armand Colin, 2007 ; Bino Olivi et Alessandro Giacone, *L'Europe difficile*, Gallimard, coll. « Folio histoire », 2007.

Édouard Herriot, déclare, dans un discours au Sénat : « Mon plus grand désir est de voir un jour apparaître les États-Unis d'Europe. » Mais il est renversé en avril et on en reste là. En septembre 1929, trois ans avant l'avènement des nazis en Allemagne, Aristide Briand, ministre des Affaires étrangères, relance, avec moult précautions, l'idée d'une fédération européenne centrée sur l'économie devant la Société des Nations (SDN) à Genève. Mais, un mois plus tard, la crise de 1929 emporte cette belle idée, aucun État européen n'étant en réalité prêt à partager la moindre parcelle de souveraineté. Les Britanniques avaient d'ailleurs répondu à Briand qu'on pourrait en discuter, mais pas avant 1939… Dans les dix ans qui suivent, l'Europe se morcelle même comme jamais : les États se referment sur eux-mêmes en généralisant le contrôle des changes, en augmentant les droits de douane et autres contingents d'importation, etc. À partir de 1935, comme avant 1914, des blocs d'alliances se mettent à nouveau en place : alliance franco-polono-tchécoslovaque, axe Berlin-Rome, pacte germano-soviétique. Tout est prêt pour une nouvelle explosion de l'Europe.

Le second conflit mondial, le plus dévastateur que l'humanité ait connu, relance l'idée d'unification politique du Vieux Continent. À la fois dans les États européens, dont une grande partie a été totalement dévastée, mais aussi aux États-Unis, où on a la ferme intention de ne pas intervenir une troisième fois pour les sauver. Et le seul moyen d'y parvenir, c'est à la fois de l'aider à se reconstruire (ce sera le plan Marshall) et de construire une Europe politique et économique afin que les États règlent leurs conflits d'intérêts par le droit plutôt que par le fer et le feu. Les Américains savent parfaitement que leur seule présence ne sera pas suffisante pour empêcher de futurs conflits et que la paix doit être consolidée par les Européens eux-mêmes. En outre, face à la menace soviétique qui se précise, il est nécessaire qu'ils fassent front ensemble, ce qui implique de réintégrer le plus vite possible l'Allemagne dans le concert des nations. Cela ne pourra se faire sans que celle-ci fasse partie d'un ensemble politique démocratique et libéral garantissant qu'elle ne renouera pas avec ses vieux démons hégémoniques et militaristes. À l'image des États-Unis, il fallait que les États européens s'unissent au sein d'une fédération. La maturation se fait très rapidement. En mars 1947, juste avant que ne soit lancé le plan Marshall, en juin, le Congrès américain vote une résolution dans laquelle il se déclare « favorable à la création des États-Unis d'Europe dans le cadre des Nations unies ». Dès lors, l'unité politique du Vieux Continent, du moins sa partie non occupée par les Soviétiques, devient l'un des objectifs de la politique américaine. Et le restera jusqu'à l'élection de Donald Trump à la présidence des États-Unis, le 9 novembre 2016.

Churchill à la manœuvre

En Europe, le Britannique Winston Churchill, l'un des vainqueurs de la Seconde Guerre mondiale, tout juste renvoyé dans l'opposition par son peuple fatigué par tant de sacrifices, donne le départ d'une campagne d'opinion en faveur de l'unité européenne. À Zurich, le 19 septembre 1946, il lance un vibrant appel : « Si les pays européens parvenaient à s'unir, leurs 300 à 400 millions d'habitants connaîtraient, par le fruit d'un commun héritage, une prospérité, une gloire, un bonheur qu'aucune borne, aucune frontière ne limiterait. Il faut que la famille européenne, ou tout au moins la plus grande partie possible de la famille européenne, se reforme et renoue ses liens, de telle manière qu'elle puisse se développer dans la paix, dans la sécurité et dans la liberté. Il nous faut ériger quelque chose comme les États-Unis d'Europe. Le premier pas à accomplir est la constitution d'un Conseil de l'Europe. Pour mener à bien cette tâche urgente, la France et l'Allemagne devront se réconcilier. »

Pour apprécier le caractère visionnaire de cet appel et son courage politique, il ne faut pas oublier dans quelles circonstances il est lancé : l'Europe est à genoux et les soubresauts du conflit sont loin d'être terminés. Les choses ne sont pas revenues, comme par miracle, à la normale le 9 mai 1945 : infrastructures en ruine, campagnes dévastées, déplacements massifs de population, retour des déportés, règlements de comptes, massacres, pogroms, famines, etc., tel est le quotidien de l'Europe au lendemain de la chute du nazisme[1]. On a du mal à imaginer aujourd'hui le chaos total de l'après-guerre qui aurait été infiniment pire sans l'aide alimentaire et financière massive des Américains : l'Europe n'émergera vraiment de la barbarie

1. Voir Keith Lowe, *L'Europe barbare, 1945-1950*, Perrin, coll. « Tempus », 2015, pour une plongée aux enfers dans cette Europe en lambeaux.

nazie qu'au début des années 50. En outre, un autre conflit a déjà commencé, celui que l'on nommera plus tard la « guerre froide », comme le constate Churchill dès le 5 mars 1946 : « Un rideau de fer, de Stettin à Trieste, s'est abattu sur l'Europe. » Bâtir l'unité politique de l'ouest du continent est une urgence.

Une partie des élites politiques, un vilain mot aujourd'hui, sait que le *momentum* ne durera pas éternellement : il faut aller vite pour mettre en place un système nouveau, avant que les États ne retrouvent leurs réflexes d'avant-guerre et se montrent, au fur et à mesure de la reconstruction, de moins en moins enclins au moindre partage de souveraineté. Ces élites peuvent compter sur la neutralité des citoyens qui ont autre chose à faire que de se préoccuper de l'avenir européen, la survie immédiate n'étant pas assurée. L'idée européenne, sans rencontrer l'hostilité populaire, ne soulève pas non plus d'enthousiasme particulier : personne ne serait descendu dans la rue pour exiger sa mise en œuvre.

À partir du discours de Churchill, divers mouvements européens, plus ou moins fédéralistes, réunissant à la fois des élus, des industriels, des syndicalistes, sont créés à travers l'Europe afin d'entretenir la flamme européenne. Ils se réunissent en congrès, à La Haye, du 7 au 10 mai 1948, sous la présidence de l'ancien Premier ministre britannique. Parmi les 800 participants (dont 200 parlementaires, 12 anciens présidents du Conseil, une soixantaine de ministres) qui y assistent, Konrad Adenauer, le futur premier chancelier de la RFA, et un certain François Mitterrand qui en sortira durablement marqué. C'est à ce moment que se cristallise chez l'élite dirigeante l'idée européenne. Du congrès de La Haye naîtront à la fois les grands organismes de coopération purement intergouvernementale (notamment le Conseil de l'Europe en 1949), à l'efficacité limitée, et surtout l'intégration supranationale.

Faire l'Europe par le haut ou par le bas ?

Mais comment y parvenir ? Le débat, à la fin des années 40, fait écho à certaines critiques adressées aujourd'hui à l'Union qui aurait emprunté les chemins tortueux et parfois abracadabrantesques de l'intégration économique au détriment de l'intégration politique. Pourquoi, effectivement, ne pas avoir procédé comme les Américains du XVIIIe siècle qui ont tout de suite rédigé une Constitution confédérale, puis fédérale, qui a très peu été modifiée depuis, à la différence des traités européens qui se succèdent à un rythme effréné rendant l'ensemble communautaire illisible pour le commun des mortels ? Ce débat a bel et bien eu lieu et a vu s'affronter deux écoles. D'un côté, les « institutionnalistes » préconisent l'élaboration d'une Constitution fédérale et la mise en place d'un Parlement et d'un gouvernement européens, bref de créer *ex nihilo* un État fédéral doté de compétences précises. De l'autre, les « fonctionnalistes » estiment qu'il faut commencer par le bas en intégrant des secteurs limités et, progressivement, de les étendre à d'autres domaines. En clair, on habitue les États à travailler ensemble au lieu de créer d'un coup les États-Unis d'Europe.

La première option, aussi séduisante soit-elle pour les esprits cartésiens, est politiquement impossible essentiellement à cause de la France : la défaite et l'Occupation ont été un traumatisme profond pour la « grande nation » que l'on cherche à oublier en renouant avec la grandeur d'antan. La France se pense toujours centrale, grâce notamment à son empire auquel elle s'accroche plus que de raison : la guerre d'Indochine a déjà commencé, la répression en Algérie (massacres de Sétif et du Constantinois en mai 1945) et à Madagascar (massacres de 1947) a refermé le couvercle de l'indépendantisme pour quelques années. D'autre part, la méfiance à l'égard de l'Allemagne, même divisée, occupée, ravagée, demeure forte, y compris chez les proeuropéens. La nécessité du rapprochement franco-allemand, que chacun finit par admettre, une fois les plans de division de l'Allemagne abandonnés par les États-Unis, est davantage conçue comme un moyen de la contrôler en l'enserrant dans un carcan. Autant dire qu'il n'existe aucune majorité en France pour accepter la création d'une fédération impliquant à la fois un retour de l'Allemagne dans le concert des nations, des abandons importants de souveraineté et une subordination de la France à un ensemble qu'elle ne contrôlerait pas. Ainsi, le parti communiste, qui voit dans l'Europe occidentale, pas totalement à tort, un instrument de guerre contre l'Union soviétique, réunit un tiers de l'électorat et les gaullistes du RPF viennent de rafler 40 % des voix aux municipales de 1947 et en obtiendront 22 % aux législatives de 1951. Quant aux autres forces politiques (la SFIO, les radicaux et les démocrates-chrétiens proeuropéens du MRP), elles sont divisées sur l'idée même de fédération européenne.

Chez les voisins, l'allergie à une construction de l'Europe « par le haut » est bien moindre, sauf en Grande-Bretagne bien sûr. Ainsi, le chancelier allemand Konrad Adenauer propose, en mars 1950, de créer une « union franco-allemande » avec parlement unique et nationalité commune ainsi qu'une union économique ouverte à d'autres pays, même s'il s'agit surtout pour l'Allemagne de mettre fin au régime d'occupation et de récupérer au passage la Sarre, sous tutelle française. Mais son pays est encore trop faible pour entraîner qui que ce soit derrière lui, tout comme l'Italie ou le Benelux d'ailleurs.

La France refuse une constituante européenne

En réalité, dans l'Europe d'immédiat après-guerre, le choix du chemin à emprunter revient à la France qui reste la seule puissance continentale ayant une influence politique et diplomatique réelle. Et seule l'approche fonctionnaliste a une chance de réunir une majorité politique dans le pays. C'est donc bien à ce moment-là qu'un choix est fait, un choix que certains reprochent à l'Europe soixante ans plus tard alors qu'il est imputable à la France seule. Il faut le répéter et le marteler : il était politiquement impossible, pour la France, de convoquer une assemblée constituante européenne qui aurait adopté une Constitution à la suite d'un large débat citoyen. Une telle aventure aurait débouché sur un échec certain et l'Europe ne s'en serait jamais remise : il fallait tenir compte du réel et celui-ci imposait de commencer prudemment, pas à pas. C'est la seconde option, l'approche « fonctionnaliste », qui s'est donc imposée tout naturellement.

Deux hommes vont être à la manœuvre en ce début 1950 : Robert Schuman, ministre MRP des Affaires étrangères depuis 1948, et Jean Monnet, promoteur de l'Union franco-britannique en 1940, commissaire général au plan depuis 1946, artisan de la reconstruction de l'industrie française. L'idée proposée par Monnet est de créer une institution supranationale, la « Haute Autorité », indépendante des États, qui sera chargée de gérer le charbon et l'acier allemands et français, les deux produits de base permettant la fabrication d'armes, les instruments de la puissance militaire. Les mettre en commun, c'est interdire toute guerre entre les deux pays, sceller la réconciliation franco-allemande et permettre à l'Allemagne de recouvrer sa pleine souveraineté dans un cadre européen.

Schuman prend à son compte ce projet. Mais il veille à tenir à l'écart la plupart des membres du gouvernement, y compris Georges Bidault, le président du Conseil, plus atlantiste qu'européen, ainsi que le Parlement, pour éviter que les énergies aient le temps de se conjuguer pour le faire capoter. Ce n'est que le 9 mai 1950, cinq ans jour pour jour après la capitulation de l'Allemagne nazie, que Schuman explique son plan en Conseil des ministres, juste après avoir mis, le matin même, le chancelier Adenauer dans la confidence, pour s'assurer de son soutien. Après une discussion houleuse, le conseil donne, non sans réticences, son accord et Schuman présente son plan l'après-midi même, lors d'une conférence de presse.

« L'Europe n'a pas été faite, nous avons eu la guerre »

« La paix mondiale ne saurait être sauvegardée sans des efforts créateurs à la mesure des dangers qui la menacent », pose d'emblée Schuman, qui lit son texte d'une voix monocorde, afin que chacun mesure l'importance de ce qui se joue. « En se faisant depuis plus de vingt ans le champion d'une Europe unie, la France a toujours eu pour objectif essentiel de servir la paix. L'Europe n'a pas été faite, nous avons eu la guerre. L'Europe ne se fera pas d'un coup, ni dans une construction d'ensemble. Elle se fera par des réalisations concrètes, créant d'abord une solidarité de fait. Le rassemblement des nations européennes exige que l'opposition séculaire de la France et de l'Allemagne soit éliminée. L'action entreprise doit toucher au premier chef la France et l'Allemagne. » Pour le ministre des Affaires étrangères, « la solidarité de production qui sera ainsi nouée » dans le domaine du charbon et de l'acier « manifestera que toute guerre entre la France et l'Allemagne devient non seulement impensable, mais matériellement impossible ». Le but de la future CECA est d'introduire « le ferment d'une communauté plus large et plus profonde entre des pays longtemps opposés par des divisions sanglantes » qui aboutira à une « fédération européenne indispensable à la préservation de la paix ». Un discours resté fameux (le 9 mai est la fête de l'Europe) qui explique bien tous les enjeux et la méthode choisie pour y parvenir.

Le traité créant la Communauté économique du charbon et de l'acier (CECA) fut négocié très rapidement et signé à Paris le 18 avril 1951 entre l'Allemagne et la France, l'Italie et les trois pays du Benelux ayant rejoint l'aventure. Et comme Schuman et Monnet l'avaient anticipé, c'est en France que la ratification fut la plus difficile, les élections législatives du 17 juin 1951 ayant affaibli les partis les plus pro-européens, comme le MRP, au profit des communistes et surtout des gaullistes. Soutenus par un patronat très hostile, ces derniers bataillèrent contre ce traité. Mais il fut néanmoins ratifié le 13 décembre 1951 par 377 voix contre 233, puis le 2 avril 1952 par le Conseil de la République (Sénat) par 177 voix contre 31 (PCF) et 87 abstentions (gaullistes et modérés).

Après ce succès, on aurait pu penser que l'intégration européenne sectorielle, telle qu'imaginée par Jean Monnet, se poursuivrait à un rythme soutenu. Il n'en a rien été. Entre 1950 et 1952, les projets de création, sur le modèle de la CECA, d'une Europe des transports, d'une Europe agricole et enfin d'une Europe de la santé publique, toutes trois gérées par des Hautes Autorités, échouèrent face aux oppositions soit du parlement français, de moins en moins européen, soit de tel ou tel gouvernement, soit des lobbies patronaux peu favorables à l'irruption de la concurrence dans leur pré carré national. Comment expliquer ces échecs ? D'une part, parce que ces projets n'avaient pas la même portée politique que la

CECA, d'autre part parce qu'ils n'avaient pas été préparés dans le secret, ce qui a permis une mobilisation des opposants…

L'armée européenne, une proposition française

Le dernier projet d'intégration sectorielle finit même en drame, un drame qui a coûté cher à l'Europe. Sous la pression des événements internationaux, encore une fois, les Européens tentent d'appliquer la méthode Monnet à un domaine pour lequel elle n'avait pas été prévue, celui de la défense. Pour encadrer le réarmement allemand que les États-Unis, qui bataillent alors en Corée[1], exigent pour faire face à l'URSS, la France, dont une partie de l'armée est aussi mobilisée sur le front indochinois[2], propose, en octobre 1950, de créer entre les Six de la CECA une Communauté européenne de défense (CED), c'est-à-dire une armée européenne.

Porté par René Pleven, président du Conseil des ministres, ce plan a été en réalité élaboré par Jean Monnet, dont il fut le collaborateur. Avec le recul, la France a clairement mis la charrue avant les bœufs : comment imaginer une armée sans un gouvernement et un parlement fédéral qui la contrôle, même si, dans l'esprit de ses concepteurs, l'intégration politique suivrait automatiquement. « La France proposera au moment voulu la création d'une organisation politique

1. 25 juin 1950-27 juillet 1953.
2. 19 décembre 1946-24 juillet 1954.

européenne, ayant une autorité supranationale, pour la formation d'une politique étrangère commune », déclare ainsi Robert Schuman en septembre 1951. « L'institution de la CECA, qui est l'ébauche d'un État fédéral, n'a de sens que si elle débouche sur une véritable autorité politique », ajoute Monnet en août 1952, en parfait accord avec les vœux de Konrad Adenauer et d'Alcide de Gasperi, le chef du gouvernement italien. Mais comment procéder autrement dès lors qu'il n'existe en France, l'État clef de l'Europe, aucune majorité politique, aucun élan populaire en faveur d'une fédération européenne créée *ex nihilo* ?

La négociation sur la CED s'ouvre, entre les Six, à Paris, le 15 février 1951. L'Allemagne est enthousiaste : après la folie nazie, elle n'envisage son réarmement que dans un cadre européen et atlantiste. D'abord réticents, car cela retardait la reconstitution d'une armée allemande, les Américains se rallient finalement à la proposition française à la mi-1951, y voyant un pas décisif vers la fédération européenne qu'ils souhaitent, et cela facilite les pourparlers qui progressent rapidement. Mais le texte final, signé à Paris le 27 mai 1952, est beaucoup moins fédéraliste que ne l'envisageaient les Français, les pays du Benelux craignant de tomber sous leur coupe : ainsi, le pouvoir décisionnel revient au Conseil des ministres de la Défense statuant à l'unanimité et non à un ministre européen. Le « commissariat européen à la défense », contrôlé par une Assemblée réunissant des représentants des parlements nationaux, sera simplement chargé d'appliquer les décisions du Conseil. L'armée européenne proprement dite sera composée d'une quarantaine de divisions nationales de 13 000 hommes dotés d'un uniforme commun. Surtout, l'intendance sera commune et un service européen d'armement, c'est-à-dire une industrie et une administration militaires européennes dotées d'un budget commun, verra le jour. Enfin, un article du traité, inséré à la demande des Italiens, prévoit que l'Assemblée de la CED rédigera un projet de « structure fédérale ou confédérale », c'est-à-dire une autorité politique européenne qui supervisera la CED. Ce projet fut préparé et adopté à la quasi unanimité, le 10 mars 1953, par l'Assemblée parlementaire de la CECA qui a siégé dans sa composition prévue par le traité sur la CED.

La France enterre l'armée européenne

Le traité est ratifié facilement par les partenaires de la France à partir du printemps 1953 et, comme il se doit, partout, les communistes votent contre. En Allemagne, les socialistes s'y opposent aussi par refus du réarmement. En France, en revanche, l'affaire traîne pendant dix-huit mois, le gouvernement n'étant pas certain d'obtenir une majorité au Parlement. La division entre cédétistes et anticédétistes est profonde, ces derniers refusant de sacrifier la souveraineté militaire française et d'accepter le réarmement de l'Allemagne. « Pêle-mêle, avec l'Allemagne et l'Italie vaincues, la France doit verser ses hommes, ses armes, son argent dans un mélange apatride. Cet abaissement lui est infligé au nom de l'égalité des droits, pour que l'Allemagne soit réputée n'avoir pas d'armée, en refaisant ses forces militaires. Bien entendu, la France, entre toutes les grandes nations qui ont aujourd'hui une armée, est la seule qui perde la sienne », met en garde le général de Gaulle le 5 juin 1952, pour qui « l'Europe sera construite sur le cadavre de la France ». En outre, les anticédétistes veulent obtenir des garanties sur le maintien de la présence anglo-américaine sur le Vieux Continent par crainte d'un tête-à-tête avec l'Allemagne, ce que l'on a oublié de nos jours.

Pendant les hésitations françaises, la situation internationale change : la guerre de Corée se termine, Staline meurt en mars 1953, ce qui rend moins pressant le danger communiste, et l'Indochine obtient son indépendance en juillet 1954, à la suite du désastre de Diên Biên Phu. Si la tension a joué en faveur de la CECA, la relative détente va avoir raison de la CED. Le débat de ratification s'ouvre enfin le 29 août 1954, alors que les gaullistes font désormais partie du gouvernement de Pierre Mendès France, qui est lui-même hostile à la CED. Le résultat est donc plié d'avance : le traité est rejeté par 319 voix contre 264. Les communistes, les gaullistes, la moitié des radicaux, la moitié des socialistes (en dépit des consignes de la direction de la SFIO) et le tiers des indépendants et paysans ont voté contre. L'influence de la France en Europe va longtemps souffrir de ce rejet d'un projet qu'elle a elle-même proposé.

Il n'a donc pas fallu plus de neuf ans après la guerre pour qu'un nationalisme sourcilleux s'impose à nouveau en France, donnant raison à ceux qui ont précipité le mouvement au lendemain de la Seconde Guerre mondiale. Et six ans seulement après qu'au congrès de La Haye de 1948 Paul Ramadier eut constaté « que l'idée réactionnaire de la souveraineté nationale n'était pratiquement plus défendue par personne »... Néanmoins quelques personnalités déterminées, parmi lesquelles Jean Monnet et les dirigeants du Benelux, n'entendent pas en rester là : ils savent que la CECA, isolée, n'a aucun avenir et que l'intégration européenne risque de ne pas s'en relever.

Europe économique ou Europe atomique ?

La voie de l'Europe politique et de l'Europe militaire ayant été fermée par la France, il ne reste que celle de l'Europe économique. Jean Monnet milite alors pour une Communauté de l'atome, à la fois pour profiter de l'offre américaine formulée en décembre 1953 par le président Eisenhower d'aider au développement des applications pacifiques du nucléaire (« *Atom for peace* »), mais aussi parce qu'il s'agit d'un domaine nouveau qui n'entraînera pas forcément les mêmes crispations souverainistes. En Allemagne et au Benelux, on est davantage favorable à la création d'un Marché commun européen, c'est-à-dire à une libéralisation complète des échanges. Monnet, lui, juge cette entreprise trop ambitieuse, surtout pour une économie française vivant derrière un rideau de fer protectionniste. Mais il réalise que s'il veut obtenir une communauté nucléaire, qui intéresse surtout la France, ses partenaires préférant une coopération avec le Royaume-Uni et les États-Unis, il faudra en passer par la création du Marché commun que les autres pays jugent prioritaire pour « renforcer le sentiment de solidarité et d'unité de l'Europe », comme l'écrit Johan Willem Beyen, le chef de la diplomatie néerlandaise. Monnet propose donc de lier les deux projets. Le 25 mai 1955, en dépit de la présence de gaullistes dans son gouvernement, Edgar Faure, le président du Conseil, donne son aval à ce plan : après avoir fait échouer la CED, la France ne peut pas se couper davantage de ses partenaires[1].

La conférence de Messine, qui réunit du 1er au 3 juin les six ministres des Affaires étrangères, confie les travaux préparatoires à un comité intergouvernemental composé d'experts et présidé par le chef de la diplomatie belge, Paul-Henri Spaak. La France espère ainsi que le Marché commun, dont elle ne veut pas, s'enlisera. Georges Clemenceau ne disait-il pas : « Quand on veut enterrer une décision, on crée une commission » ? Néanmoins, en avril 1956, Spaak publie un rapport proposant la réalisation, d'une part, d'Euratom, et, de l'autre, d'un marché commun général (la Communauté économique européenne, CEE) doté d'institutions supranationales fonctionnant à la majorité et d'une union douanière. Les négociations entre les Six s'ouvrent donc le 26 juin 1956, mais Paris traîne des pieds, en dépit de la claque subie par les gaullistes aux élections législatives du 2 janvier 1956 et de l'accession au pouvoir du socialiste Guy Mollet à la tête d'une majorité plutôt proeuropéenne de socialistes et de radicaux. Le gouvernement doit cependant

1. Pierre Gerbet, *1957, la naissance du Marché commun*, Éditions Complexe, 2007.

compter avec une forte opposition parlementaire composée de communistes, de gaullistes et de poujadistes, de la plupart des ministres, des hauts fonctionnaires et des milieux patronaux. « La liste des revendications et réserves françaises était interminable », racontera plus tard Robert Marjolin, l'un des négociateurs français. Car la France, à l'époque, est une économie largement étatisée, encore très agricole et protectionniste : elle redoute donc l'abaissement des barrières douanières de peur de ne pas résister à la concurrence de ses partenaires. Finalement, Paris reçoit un certain nombre de contreparties, en particulier la création d'une politique agricole commune (PAC) qui permettra à ses paysans d'exporter sur le marché européen. Cette concession est faite par Konrad Adenauer en dépit de l'opposition de ses agriculteurs.

La débâcle de Suez sauve l'Europe

Mais, encore une fois, c'est le contexte international qui joue un rôle déterminant. La répression par les Soviétiques du soulèvement de Budapest, le 10 novembre 1956, relance la guerre froide et par là même la nécessité pour les Européens de resserrer leurs liens. Surtout, l'humiliation de Suez change profondément la donne. Sous la pression conjuguée de Moscou, qui menace la France et la Grande-Bretagne d'un conflit nucléaire, et de Washington, qui veut signifier la fin de l'époque coloniale, les troupes franco-anglaises (alliées à Israël) sont obligées d'évacuer piteusement, le 15 novembre 1956, la zone du canal de Suez qu'elles avaient envahie le 31 octobre pour riposter à la nationalisation de cette voie de communication stratégique par le colonel Nasser. La France, qui s'enfonce dans le conflit algérien depuis 1954, prend alors conscience qu'elle n'est plus une grande puissance dans le monde d'après la Seconde Guerre mondiale. Le 6 novembre, à l'occasion d'une visite à Paris, en pleine crise de Suez, du chancelier allemand Konrad Adenauer, Guy Mollet lève les objections de la France au projet de Marché commun. Il « sentit que la seule façon d'effacer, au moins d'atténuer, l'humiliation que la France venait de subir était de conclure rapidement un traité européen. Il jeta tout son poids dans la balance et la fit pencher du bon côté », explique Robert Marjolin. La France fait le choix de l'Europe pour essayer de retrouver son rang, alors que la Grande-Bretagne fait celui de l'alignement sur les États-Unis en espérant garder le sien.

Les traités de Rome (Euratom et Marché commun) sont signés le 25 mars 1957. Le seul chef de gouvernement à avoir fait le déplacement est Konrad Adenauer, qui marque ainsi l'importance qu'il attache à ces textes fondateurs. Comme la mise en page n'est pas encore terminée, les délégations apposent leur signature sur des feuilles… blanches. Les ratifications parlementaires sont bouclées avant la fin 1957. En France, elle est obtenue par 342 voix contre 239 (dont celles de Pierre Mendès France et de Roland Dumas, futur ministre des Affaires étrangères de François Mitterrand). Les Français, il est vrai, ont la tête ailleurs : le conflit algérien s'enlise et rares sont ceux qui ont vraiment envie d'ouvrir une crise européenne. Pour Maurice Faure, à l'époque secrétaire d'État aux

Affaires étrangères, et dernier signataire vivant du traité de Rome, « sans la guerre d'Algérie, je ne suis pas sûr que le traité aurait été ratifié ».

Ce détour par l'histoire montre que la construction communautaire est un mélange de circonstances intérieures et extérieures, de volonté politique, de tactique politicienne. Et c'est toujours vrai : ainsi, l'Acte unique de 1986, qui a permis l'achèvement, avec vingt ans de retard, du grand marché, est la conséquence de la plongée aux enfers de l'économie française à la suite de la relance ratée lancée par les socialistes en 1981-1982. De même, le traité de Maastricht de 1992 créant la monnaie unique n'aurait pas vu le jour sans l'effondrement du communisme et l'unification allemande. Ou encore, l'Union bancaire et la création du Mécanisme européen de solidarité, sorte de FMI européen, n'ont été possibles que parce que les marchés menaçaient l'existence même de l'euro. En revanche, lorsque aucun de ces éléments n'est réuni, c'est l'échec assuré comme le montrent les traités d'Amsterdam de 1997, de Nice de 2001 et même de Lisbonne de 2007, qui ont surtout mis en évidence les divergences entre les États et n'ont permis que des avancées millimétriques dans l'intégration.

Aucun État n'a jamais été fondé à la suite d'un référendum

La complexité des enjeux est telle que des consultations populaires, surtout organisées au niveau national, auraient sans aucun doute enterré dès le départ le processus d'intégration. En 1950, on peut sans peine imaginer ce qu'aurait été la réponse des Français à une proposition de rapprochement franco-allemand, cinq ans après la fin de la guerre et une humiliation nationale. Il suffit de se rendre aujourd'hui en ex-Yougoslavie et surtout en Bosnie-Herzégovine, vingt ans après la fin de la guerre, pour constater que la haine entre les communautés et entre les pays qui se sont affrontés demeure intacte faute d'hommes et de femmes raisonnables prêts à prendre des risques pour le bien des générations futures. « Ne nous dissimulons pas, l'idée de l'unité européenne est d'abord une conception d'homme raisonnable, ce n'est pas d'abord un sentiment populaire », soulignait très justement Raymond Aron, l'un des rares philosophes français à avoir pensé l'Europe. En clair, la démocratie directe, par les passions du moment qu'elle autorise à exprimer, aurait sans doute tué dans l'œuf l'idée européenne même.

De plus, dans les années 50, le souvenir des mouvements populaires qui ont porté au pouvoir les fascistes en Allemagne, en Italie, en Autriche et même en Espagne, où les putschistes n'auraient pu réussir sans le soutien d'une majorité de la population, était encore frais dans la mémoire de tous les dirigeants européens. Consulter les Français en 1946 sur leur Constitution interne est une chose, les interroger sur l'avenir géopolitique de leur État et, partant, des États voisins, en est une autre. Car même s'il n'y avait pas d'hostilité de principe à l'idée européenne, nul doute que les communistes, qui pesaient alors un petit tiers de l'électorat, les gaullistes et une partie des socialistes auraient milité pour le non, soit par prosoviétisme, soit par souverainisme, soit par germanophobie, les trois raisons pouvant se cumuler. Sans compter l'opposition d'une partie des syndicats et du patronat, pour des raisons opposées. Cette capacité du référendum à fédérer les « non », surtout lorsque les bénéfices du « oui » sont hypothétiques et lointains, est tellement connue que ceux qui réclament des référendums sur l'Europe sont toujours ceux qui lui sont opposés, comme on peut le voir depuis une vingtaine d'années.

En outre, mesurer l'adhésion des peuples au référendum est caricatural dans des démocraties représentatives. Le consentement implicite à l'Europe, donné *via* les représentants élus, n'est pas moins légitime qu'un consentement explicite. Les citoyens sont parfaitement libres de sanctionner leurs dirigeants s'ils désapprouvent la voie empruntée ou même de voter pour des partis antieuropéens.

Faut-il s'étonner que les référendums sur le projet européen soient exceptionnels ? En réalité, non. Connaît-on un seul exemple dans l'histoire mondiale d'une communauté politique qui ait été fondée à la suite d'un référendum ? Les rois qui ont fait la France ont-ils demandé aux Angevins, aux Lorrains, aux Flamands, aux Alsaciens, aux Bretons ou encore aux Niçois s'ils acceptaient de faire partie du royaume ? Rappelons qu'à la fin du XVIIIe siècle, le français est une langue minoritaire comprise par seulement 10 à 20 % des habitants de la toute nouvelle République, le reste de la population parlant une trentaine de « patois ». Pour forger une République « une et indivisible », l'État impose le français et ce n'est qu'au lendemain de la Première Guerre mondiale qu'il devient la langue majoritairement parlée à la maison. Si on avait fait un référendum en 1793 sur l'usage de la langue, on peut imaginer sans peine le résultat... Ce qui est vrai de la France l'est de tous les États contemporains, y compris pour les États-Unis d'Amérique, pourtant démocratiques dès le départ : nulle part un pays, un État, une nation ne sont nés d'un élan d'enthousiasme populaire. Reprocher à la construction communautaire ce qu'on ne penserait jamais à reprocher à un État, une construction tout aussi artificielle, fruit de la volonté d'une petite élite et des hasards de l'histoire, n'a strictement aucun sens.

L'Europe n'a pas été fondée contre ses peuples, mais pour eux, en respectant les processus démocratiques internes. L'appartenance à l'Union est volontaire et chaque pays peut s'en séparer s'il le souhaite.

Chapitre II

« L'EUROPE, C'EST L'UERSS »

L'Union européenne, c'est l'Union soviétique, Bruxelles, la nouvelle Moscou. Son but est de détruire cette « merde d'État-nation », comme l'a proclamé Toni Negri, philosophe italien théoricien de la violence d'ultra-gauche dans les années 70 et désormais reconverti dans la défense de l'Europe : ce n'est pas un hasard. L'Union, dirigée par un Politburo non élu, la Commission a soumis les États et les peuples. Elle harmonise à tout va, au nom de l'intérêt général européen, pour mieux détruire les identités nationales afin de créer un peuple nouveau, le « peuple européen », comme il y avait un « peuple soviétique ». Les pays d'Europe centrale et orientale, qui ont vécu sous la coupe de l'URSS durant près de quarante-cinq ans, sont les plus sensibles à l'oppression bruxelloise. Ainsi, Viktor Orbán, le Premier ministre conservateur de Hongrie, le pays qui a ouvert une brèche dans le « rideau de fer » en 1989, a violemment dénoncé, en juillet 2013, devant le Parlement européen, cette nouvelle « prison des peuples » : « Est-ce l'ancienne Moscou ou la nouvelle Bruxelles ? [...] Je sais ce que c'est d'être un citoyen de seconde zone, de ne pas décider de son destin, de voir l'indépendance nationale foulée aux pieds. » Pour lui, il faut plus que jamais lutter « contre ceux qui veulent transformer cette Europe en Empire ». Les nouvelles autorités américaines semblent enfin avoir ouvert les yeux sur le monstre qu'elles ont aidé à enfanter. Donald Trump reconnaît que l'Union est juste un « consortium bureaucratique », tandis que son ambassadeur un temps pressenti à Bruxelles, Ted Malloch, 64 ans, affirme que l'UE est comparable à l'URSS : « J'ai déjà eu des postes diplomatiques dans le passé qui m'ont permis d'aider à abattre l'URSS. Alors, peut-être qu'une autre Union a aussi besoin d'être domptée », a-t-il ainsi averti sur la BBC, fin janvier 2017. Il a confirmé que le président Trump « n'aime pas cette organisation supranationale, non élue, mal dirigée par des bureaucrates et qui n'est franchement pas une vraie démocratie ». Bref, l'Europe, c'est l'UERSS.

*

Cet argument a fleuri lors du référendum français sur le traité constitutionnel européen de 2005 et a, depuis, été repris par tous les partis démagogiques à travers l'Europe. Pourtant l'Union n'a aucune des caractéristiques d'un Empire : elle n'a pas été fondée par un État qui, utilisant la force militaire, a obligé d'autres pays à se soumettre à son autorité. Bien au contraire : l'Union est une association volontaire d'États souverains qui ont décidé de partager certaines de leurs compétences et aucun d'entre eux n'exerce une domination sur les autres que d'influence[1]. On cherchera vainement les

1. Voir chapitre I.

traces d'une armée européenne commandée par la Commission chargée de mettre au pas les récalcitrants ou les camps de prisonniers politiques où seraient envoyés les europhobes impitoyablement pourchassés par une police impériale… Aux dernières nouvelles, aucun État n'a été forcé d'adhérer à l'Union et personne n'est jamais allé chercher refuge dans un autre pays du monde pour échapper à l'empire du Mal que serait l'Union.

La mauvaise surprise du Brexit

Mieux, ses institutions accueillent confortablement des politiciens qui veulent sa destruction : Marine Le Pen et tous les cadres du Front national sont élus au Parlement européen, à défaut de l'être au niveau national, tout comme Jean-Luc Mélenchon du Parti de gauche, Nigel Farage de l'UKIP, le parti europhobe britannique, les cadres du PVV néerlandais, le parti de Geert Wilders, et ceux du Mouvement 5 étoiles en Italie, les néonazis du Jobbik hongrois ou de l'Aube dorée grecque, etc. Grassement payés, eux et leurs assistants, par le budget communautaire, cette Europe honnie les laisse librement éructer contre elle. Quand ils sont présents, bien sûr, ce qui n'est pas si fréquent… Autant dire que rien ne justifie que l'on compare l'UE à l'URSS : c'est à tout le moins une insulte à l'égard des millions de victimes du communisme stalinien. L'UERSS, c'est le « point Godwin » des europhobes, le moment où leur discours les discrédite pour de bon.

2016 restera une année noire pour les souverainistes, le Brexit ayant considérablement et durablement affaibli leur argumentaire. Le 23 juin 2016, les Britanniques ont en effet décidé, par référendum (et par 52 % des voix), de sortir de l'Union. Désormais, démonstration est faite que l'Union n'est pas une prétendue « prison des peuples » dont nul ne s'évade : tous les États sont libres de la quitter. Certes, la sortie ne se fait pas du jour au lendemain, car il faut défaire des liens juridiques complexes tissés entre les deux rives de la Manche depuis près de cinquante ans : l'article 50 du traité européen, qui prévoit cette possibilité de départ, n'a été activé par le gouvernement britannique que le 29 mars 2017, presque un an après le référendum. Chaque minute gagnée est précieuse, car les négociations ne peuvent durer plus de deux ans, sauf prolongation décidée à l'unanimité des vingt-sept États restants. Le Brexit n'interviendra donc, au plus tôt, que le 29 mars 2019 à minuit, juste avant les élections européennes de mai et la désignation d'un nouveau président de la Commission le mois suivant. Ce n'est qu'à ce moment-là que ses effets réels se feront sentir et selon toute probabilité, ils seront violents, même si Bruxelles et Londres parviennent à s'entendre sur les termes du divorce : Theresa May, la Première ministre britannique qui a remplacé David Cameron, l'initiateur malheureux de ce référendum, a annoncé, en octobre 2016 lors du congrès du parti conservateur, qu'elle optait pour un *hard Brexit*, un Brexit dur, sans concession. Un choix étonnant quand on connaît le poids de ses exportations (44 % en 2017) vers le Vieux Continent…

« Le peuple a voté pour quitter l'Union. Ce qui signifie que nous allons quitter l'Union », a-t-elle martelé. Pourtant, elle aurait pu choisir un *soft Brexit*, un

Brexit doux : l'Union étant bonne fille, elle aurait sans problème accepté un moyen terme afin d'en limiter les effets négatifs. Mais Theresa May a expressément écarté le « modèle norvégien » ou « le modèle suisse » comme cadre des futures relations de son pays avec l'Union. Le premier, c'est en fait l'Espace économique européen (EEE) qui intègre totalement la Norvège, l'Islande et le Liechtenstein au marché unique : en contrepartie, ces pays doivent appliquer l'ensemble de la législation communautaire (sans pouvoir la voter), respecter les « quatre libertés » (libre circulation des personnes, des marchandises, des services et des capitaux), se soumettre à la jurisprudence de la Cour de justice et, enfin, contribuer au budget européen dans des proportions proches de celles d'un État membre. Le second fait référence à la vingtaine d'accords bilatéraux signés entre la Suisse et l'Union, à la suite de son refus d'adhérer à l'EEE, qui lui permettent d'avoir accès à une grande partie du marché unique (mais pas aux services financiers) : en contrepartie, là aussi, Berne doit appliquer la libre circulation des personnes et contribuer au budget, mais dans des proportions moindres que dans le cadre de l'EEE. Pour la Première ministre, la question posée au référendum écarte tout compromis qui pourrait entamer la souveraineté pleine et entière de son pays : « Certains ont évoqué un échange entre le contrôle de l'immigration et le commerce avec l'Europe. C'est une voie sans issue [...]. Nous déciderons nous-mêmes de l'immigration. »

Or, pour l'Union, les quatre libertés sont totalement indissociables : sans libre circulation, pas d'accès au marché unique. Et même en imaginant que cela ne soit pas le cas, il faudrait, pour que les entreprises britanniques puissent avoir accès au marché unique, que le Royaume-Uni ait une législation équivalente à celle de l'Union. Mais le référendum « signifie que nous devons avoir la liberté d'adopter nos propres lois dans tous les domaines, de la façon dont nous labellisons notre nourriture à celle dont nous contrôlons l'immigration », a tranché Theresa May. « Au début, les législations resteront proches, puisque l'acquis communautaire[1] déjà transcrit dans le droit anglais ne sera pas remis en cause comme l'a annoncé la Première ministre, décrypte un fonctionnaire européen. Mais ce sera de moins en moins vrai au fur et à mesure que Londres et l'Union adopteront de nouvelles lois. » Dans ces conditions, le seul moyen d'offrir aux entreprises britanniques, et notamment aux banques, un accès au marché intérieur est que Bruxelles accepte que la Grande-Bretagne n'applique ni la libre circulation ni aucune règle européenne.

« Il faut qu'il y ait un prix »

Le problème, pour Theresa May, est que l'Union a beaucoup plus à perdre qu'à gagner si elle fait la démonstration que le Brexit pourrait être indolore, voire bénéfique, en permettant à un pays de n'appliquer que les règles qu'il souhaite. Une brèche dans laquelle s'engouffreraient tous les europhobes et les Vingt-Sept en ont conscience. François Hollande, dans un discours prononcé le 6 octobre 2016, à l'occasion

1. Il s'agit de l'ensemble du droit communautaire.

du vingtième anniversaire de l'Institut Jacques Delors, a été d'une clarté parfaite : « Il faut aller jusqu'au bout de la volonté des Britanniques de sortir de l'Union européenne. Nous devons avoir cette fermeté. Si nous ne l'avons pas, nous mettrons en cause les principes mêmes de l'Union européenne. C'est-à-dire qu'il viendra à l'esprit d'autres pays ou d'autres partis de vouloir sortir de l'Union européenne pour en avoir les avantages supposés et aucun inconvénient et aucune règle. La fermeté, c'est en fait l'assurance que l'Europe pourra préserver ses principes et notamment les quatre libertés. » Et d'ajouter, pour bien se faire comprendre : « Il faut qu'il y ait une menace, il faut qu'il y ait un risque, il faut qu'il ait un prix. » Dans un divorce, celui qui part ne peut pas exiger de continuer à partager le lit conjugal et à dîner tous les soirs à la maison.

Une ligne dure, fixée dès le sommet post-Brexit de juin 2016. Quatre lignes rouges sont arrêtées : pas d'accès au marché intérieur sans réciprocité totale, sauvegarde des droits des citoyens européens résidant en Grande-Bretagne, absence de frontière physique entre les deux Irlande afin d'éviter un retour de la guerre civile et règlement de tous les engagements financiers du Royaume-Uni. Contrairement à ce qu'on aurait pu craindre, elle n'a été contestée par aucun État : les eurosceptiques espéraient notamment que chacun essaierait de sauvegarder ses intérêts, en particulier les Pays-Bas et l'Allemagne, et serait donc prêt à faire des concessions. Robert Fico, le Premier ministre slovaque, les a déçus en expliquant que « l'Union va utiliser cette occasion pour dire aux gens : écoutez, maintenant vous allez voir pourquoi il est important de rester dans l'UE [...]. Même si c'est la cinquième économie mondiale, ce sera très douloureux pour le Royaume-Uni ». Pour lui, l'optimisme affiché par le gouvernement May n'est qu'un bluff : son pays souffrira de ce Brexit dont personne n'a sérieusement cherché à prévoir les conséquences, en dehors des propos d'estrade.

D'ailleurs, la croissance britannique a ralenti à 1,7 % du PIB en 2017 après que les instituts de prévision aient envisagé une récession, 1,3 % en 2018 et on n'attend plus que 1,2 % en 2019. Tous les signaux économiques et financiers ont viré au rouge, comme en témoigne la chute accélérée de la livre sterling (entre – 10 % et – 20 % en moyenne), ce qui est une mauvaise nouvelle pour le pouvoir d'achat des Britanniques, 60 % des produits importés entrant dans la composition des marchandises qu'ils exportent. De fait l'inflation est passée de 0,7 % en 2016 à 2,7 % en 2017 et 2,6 % en 2018. Surtout, les annonces de départ d'entreprises se sont accumulées depuis 2017, que ce soit dans les secteurs industriels ou financiers. En particulier, les constructeurs automobiles japonais n'ont plus guère d'intérêt à rester sur place depuis que l'Union a conclu en juillet 2017 avec l'Empire du Soleil levant un accord commercial qui va supprimer d'ici 2024 les droits de douane sur ses voitures directement importées de l'archipel...

Un accord de libre-échange ainsi que divers accords de coopération pourront certes être par la suite conclus entre l'Union et le Royaume-Uni. Mais Londres ne retrouvera jamais un accès au marché intérieur équivalent à celui dont elle dispose aujourd'hui et il faudra, même si cela lui déplaît, que ses produits respectent la législation communautaire pour être importés, c'est-à-dire toutes les normes sanitaires, environnementales, de sécurité, etc., qui déplaisent tant aux « Brexiters ». Surtout, l'accès au marché financier n'est nullement garanti, d'autant que ce n'est pas forcément l'intérêt des Européens de le permettre, ceux-ci lorgnant la City de Londres…

Londres s'empêtre dans le Brexit

Le représentant permanent (ambassadeur) britannique à Bruxelles, Ivan Rogers, a été poussé à la démission le 3 janvier 2017, pour avoir souligné l'impréparation de son gouvernement. « Il s'agit des négociations les plus importantes depuis des générations et il est inacceptable d'avoir ce niveau de préparation », a-t-il souligné dans un courriel adressé à ses collaborateurs le jour de son départ. « Il y a très peu d'expérience sérieuse en matière de négociations multilatérales » à Londres et beaucoup « d'arguments infondés et de raisonnements confus ». Le gouvernement britannique est tellement démuni qu'un cabinet d'audit indépendant lui a même recommandé, en 2016, d'engager 30000 fonctionnaires pour y faire face, soit autant qu'il y a d'eurocrates à la Commission, un comble. Par exemple, le commerce étant une compétence exclusive de l'Union, Londres ne dispose plus depuis longtemps d'aucun expert dans ce domaine, les meilleurs ayant été embauchés par la Commission. Or, elle va devoir négocier des accords commerciaux avec l'ensemble de la planète si elle ne veut pas se heurter à des barrières douanières. Londres a donc cherché à débaucher tous les spécialistes qu'elle peut trouver sur le marché, y compris Pascal Lamy, ancien commissaire européen au commerce extérieur et ancien patron de l'Organisation mondiale du commerce (OMC), qui a poliment décliné.

« Backstop or not backstop » ?

Le spectacle offert par le Royaume-Uni entre 2017 et 2019 a dépassé toutes les prévisions pessimistes d'Ivan Rogers. La découverte par le personnel politique qu'il ne pourrait pas obtenir le beurre, l'argent du beurre et le sourire de la crémière a été à l'origine de multiples convulsions : le gouvernement de Theresa May a survécu à plusieurs démissions, motions de défiance, y compris dans son propre parti, et à une élection anticipée qui l'a mis entre les mains des protestants durs du DUP d'Irlande du nord. Finalement, la mort dans l'âme, il a dû se résoudre à accepter, après vingt mois de négociations au cours desquelles les Européens n'ont rien cédé, un accord de divorce qui ne satisfait personne, ni les « Brexiters », ni les « Remainers ».

Signé le 28 novembre 2018 par les chefs d'État et de gouvernement de l'Union européenne à Bruxelles, l'acte de divorce avec le Royaume-Uni, assurant sa sortie ordonnée ce qui évitera le chaos d'un « *no deal* », compte 585 pages, trois protocoles (Irlande, Gibraltar et Chypre) et une déclaration politique de 26 pages sur la relation future entre les deux parties. Si l'accord est ratifié par le Parlement (à l'heure où ce livre est écrit, l'incertitude demeure), le vendredi 29 mars 2019 à 23 heures (minuit heure française), le Royaume-Uni ne sera plus membre de l'Union. Le samedi 30 mars, les députés européens britanniques feront leurs bagages, tout comme les représentants britanniques siégeant au Comité des régions, au Comité social et économique, à la Banque européenne d'investissement ainsi que dans toutes les agences de l'Union (Agence du médicament, Agence bancaire européenne, etc.). Même chose pour le commissaire britannique, le membre britannique de la Cour des comptes et les juges britanniques de la Cour de justice de l'UE. La représentation permanente (ambassade) britannique auprès de l'Union deviendra une simple « mission », comme celle des pays tiers. La part du pays dans le capital de la Banque européenne d'investissement et de la Banque centrale européenne sera retournée à Londres. Mais les fonctionnaires britanniques employés dans les institutions ne perdront pas leur poste, même si leurs perspectives de carrière s'assombrissent.

Sortie différée

Pour le reste, rien ne changera : le 29 mars 2019 marquera le début d'une « période de transition » demandée par Londres, qui prendra fin le 1er janvier 2021. Pendant cette période, le Royaume-Uni aura le statut d'un membre de l'EEE. Il aura librement accès au marché intérieur, tout comme l'Union aura accès au marché britannique, et les « quatre libertés » seront conservées. Londres sera obligé d'appliquer, mais sans plus participer au processus de décision, toutes les nouvelles lois communautaires et devra continuer à verser sa contribution au budget européen. En retour, il bénéficiera des politiques européennes. Bref, après avoir eu un pied dedans et un pied dehors quand il était membre de l'Union, grâce aux nombreuses dérogations dont il bénéficiait, il aura un pied dehors et un pied dedans…

À partir du 30 mars 2019, Londres et Bruxelles auront vingt et un mois pour négocier le(s) futur(s) traité(s) qui les lieront et pour trouver une solution qui évite le retour d'une frontière physique entre l'Irlande du Nord (partie intégrante du Royaume-Uni) et la République d'Irlande. C'est l'une des conditions de l'accord de paix du Vendredi saint de 1998, qui a mis fin à trente ans de guerre civile en Irlande du Nord. Si aucune solution n'est trouvée, un veto de la République d'Irlande à l'accord entre Londres et Bruxelles est à craindre… Il a donc fallu imaginer un moyen de maintenir l'Irlande du Nord dans le marché unique, seule façon de laisser circuler librement les hommes, les marchandises, les services et les capitaux. Juste avant le 1er juillet 2020, l'UE et le Royaume-Uni feront le point. Soit les négociations auront bien avancé et la période de transition ne sera pas prolongée. Soit il restera encore du travail et Londres pourra demander son extension pour une période limitée (la Commission propose jusqu'en 2022). Le seul problème serait celui de sa participation au budget communautaire, puisque les nouvelles perspectives financières jusqu'en 2027 entreront en vigueur en janvier 2021. Il faudra donc une négociation ad hoc.

L'idée est de parvenir à signer un accord commercial et une série d'accords dans les domaines qui intéressent le Royaume-Uni et l'UE : transports, recherche, éducation, énergie, climat, défense, nucléaire, coopération policière et judiciaire, accès à Galileo (le GPS européen), etc. Rien n'est garanti, car « Londres n'a pas fait le choix entre l'autonomie réglementaire et le bénéfice économique qu'elle pourrait retirer d'un large accès au marché intérieur », explique un diplomate européen. Autrement dit, le Royaume-Uni ne pourra pas avoir ses propres normes et exporter librement ses marchandises, ses services et ses capitaux dans l'Union : « C'est la cinquième ou la sixième économie mondiale et elle est à nos portes, poursuit ce diplomate. Il est hors de question qu'elle puisse nous faire une concurrence déloyale en appliquant des normes moins protectrices que les nôtres ou en prenant ce qui l'intéresse dans le marché unique. » Si le Royaume-Uni veut être traité comme la Suisse, il faudra qu'il accepte les normes européennes et la libre circulation des personnes. Sinon, il aura un statut équivalent à celui du Canada ou du Japon. Enfin, cet accord devra régler le très délicat problème de l'accès des pêcheurs européens aux eaux britanniques.

Enfin, si aucun accord n'est conclu à l'issue de la période de transition, un « filet de sécurité » (« *backstop* » en anglais) est prévu pour maintenir ouverte la frontière entre le nord et le sud de l'île d'Irlande. Londres a refusé que l'Irlande du Nord reste dans le marché intérieur et donc que des contrôles soient instaurés entre elle et la Grande-Bretagne – seul moyen de s'assurer qu'elle ne devienne pas une porte d'entrée non contrôlée dans l'UE. Le compromis trouvé prévoit donc de maintenir l'ensemble du pays dans une union douanière sur le modèle de la Turquie. Londres devra appliquer la politique commerciale européenne et ne pourra négocier ses propres accords de commerce (sauf pour les investissements et les services).

Pour éviter que le Royaume-Uni ne pratique un dumping tous azimuts, il est prévu qu'il respecte la législation européenne sur les aides d'État aux entreprises et sur les abus de position dominante, et qu'il ne puisse pas démanteler l'acquis communautaire dans les domaines environnementaux, sociaux et de la coopération fiscale. Mais il ne sera pas tenu par les textes européens adoptés après la fin de la transition. Les échanges seront donc moins fluides qu'aujourd'hui puisqu'il faudra instaurer un minimum de contrôle aux frontières de l'UE : sanitaires, phytosanitaires, conformité des produits, respect des standards de production (absence d'aide d'État, perception de la TVA et accises, normes environnementales et sociales). L'Irlande du Nord, elle, restera dans le marché intérieur des marchandises – ce qui imposera des contrôles minimaux dans les ports irlandais ou britanniques – et devra appliquer la législation européenne qui sera adoptée après la fin de la transition dans les domaines agricoles, environnementaux ou des aides d'État. Ce filet de sécurité ne règle pas la question de la pêche.

Pour sortir de cette union douanière, Londres devra obtenir le feu vert de l'UE. Qu'un accord soit trouvé ou pas, les droits des citoyens européens au Royaume-Uni et des citoyens britanniques dans l'Union sont garantis à l'issue de la période de transition. De même, Londres devra assurer l'ensemble de ses engagements budgétaires et financiers (y compris la retraite de ses fonctionnaires européens), soit une facture comprise entre 40 et 45 milliards d'euros.

Huit « no »

Mais cet accord semble mort-né. À l'heure où ce livre est mis sous presse, le 1er avril 2019, le Brexit n'a pas eu lieu le 29 mars. Lors du sommet européen des 21 et 22 mars, les vingt-sept chefs d'État et de gouvernement ont dû, en catastrophe, accorder un ultime délai au Royaume-Uni, la Chambre des communes ayant rejeté massivement, et par deux fois, le contrat de divorce. En effet, les anti-Brexit ont joint leurs voix aux pro-Brexit qui, eux, craignent d'être coincés pour l'éternité par le « filet de sécurité », c'est-à-dire dans l'union douanière. L'idée était de permettre à Theresa May d'essayer de le faire adopter avant le 12 avril, date limite pour décider d'organiser ou non des élections européennes. À défaut, ce sera le Brexit désordonné. C'est seulement en cas de succès que la sortie serait retardée au 22 mai, juste avant la date des élections européennes qui auraient dû avoir lieu le jeudi 23 mai au Royaume-Uni.

Tout semble désormais indiquer que l'on se dirige vers un « *no deal* », les députés britanniques s'étant à nouveau opposés à l'accord le 29 mars en dépit de la promesse de May de démissionner en cas de succès. Le pire est qu'il n'y a strictement aucune majorité en faveur d'une quelconque solution. Le 27 mars, la Chambre des communes a rejeté les huit scénarios soumis à son vote parmi lesquels une sortie sans accord, une adhésion à l'Espace économique européen, un maintien dans l'Union douanière ou dans le marché unique, une révocation de l'article 50, un nouveau référendum, un « *no deal* » négocié avec l'Union… Autant dire que la classe politique britannique, conservateurs et travaillistes main dans la main, se ridiculise. Le résultat de cette foire d'empoigne qui dure depuis trois ans risque donc bien d'être une sortie brutale potentiellement destructrice pour l'économie britannique, mais aussi européenne.

Un épisode dont les démagogues auraient bien fait l'économie

Autant dire que sortir de l'Union est plus facile à dire qu'à faire et que les lendemains qui chantent promis par les démagogues ne sont pas au rendez-vous. Rien de surprenant donc que l'opinion britannique se soit durablement retournée, une majorité comprise entre 52 et 55 % souhaitant désormais rester dans l'Union. Mais l'option d'un second référendum est politiquement peu souhaitable, chacun ayant bien conscience qu'il ne réglerait pas la question européenne sur le long terme, à l'image de la consultation de 1975 qui a pourtant confirmé à plus de 67 % l'adhésion du pays à la CEE de l'époque…

Le triste spectacle offert par le Royaume-Uni a fait comprendre aux citoyens européens tout ce qu'ils avaient à perdre dans une telle aventure, d'autant que ce pays est aux marges de l'Union : il n'a pas adopté la monnaie unique et reste en dehors de Schengen, de la coopération policière et judiciaire, de la défense, etc. Dès lors, comment s'étonner que non seulement aucun État dirigé par des eurosceptiques (Pologne, Hongrie, Tchéquie ou Suède, des pays non-membres de la zone euro) n'ait suivi l'exemple britannique, tous ayant protesté de leur engagement européen et même réclamé une accélération de l'intégration, notamment dans le domaine de la défense ? Mieux, on a assisté à un fort rebond du sentiment proeuropéen dans l'ensemble des opinions publiques au lendemain du référendum de juin 2016, qui ne s'est pas démenti depuis.

Droit de sécession

Ce revirement des opinions publiques après le Brexit a obligé les europhobes à changer leur thématique électorale. Ainsi, le candidat néonazi Norbert Hofer (FPÖ), à l'élection présidentielle autrichienne du 4 décembre 2016, a brusquement renoncé à prôner la sortie de l'Union et de l'euro afin d'essayer de l'emporter. En vain, son adversaire écologiste proeuropéen, Alexander van der Bellen, a finalement été élu par plus de 53 % des voix, 65 % d'entre elles l'ayant choisi parce qu'il était europhile… En France, le Front national (devenu Rassemblement national) a enterré la sortie de l'euro et de l'Union en 2019 après la claque reçue par Marine Le Pen lors de la présidentielle, la candidate du FN ayant sombré sur la question de l'euro en mai 2017. La France insoumise de Jean-Luc Mélenchon continue à entretenir le flou, ce qui concourt à son érosion spectaculaire, 70 % des Français étant attachés à l'euro. Partout, les partis démagogiques ont renoncé à sortir de l'Union : en Italie, la ligue fasciste et les démagogues du Mouvement 5 étoiles ont abandonné le référendum qu'ils comptaient organiser lors de leur accession au pouvoir en juin 2018. Même mouvement en Suède où l'extrême droite a aussi renoncé à quitter l'Union. Seule l'Alternative für Deutschland (AfD) a inscrit ce thème dans son programme pour les européennes de 2019 en espérant capitaliser sur la grogne de certains Allemands – pour l'instant en vain, les sondages étant catastrophiques.

Le pire, pour les démagogues, est que personne n'a demandé au Royaume-Uni de voter une seconde fois, bien au contraire : ses partenaires lui ont enjoint de partir au plus vite, puisque telle est la volonté de son peuple, afin de ne pas paralyser l'Union. C'est un autre de leurs arguments qui s'effondre : jusque-là, ils affirmaient que Bruxelles ne respectait pas les référendums négatifs, ce qui est totalement inexact. Si, afin de ne pas bloquer l'ensemble des partenaires, des solutions techniques peuvent être trouvées pour surmonter un référendum négatif portant sur un projet de traité ou tout autre texte européen, ce n'est pas le cas du vote britannique : « *out is out* » et aucun accommodement n'est possible.

Ce droit à la sécession existait certes en URSS, mais il était théorique, même pour les pays désireux de quitter la sphère d'influence soviétique comme a pu l'expérimenter la Hongrie en 1956 ou la Tchécoslovaquie en 1968. Il n'existait pas formellement aux États-Unis et la volonté des États du Sud de partir s'est terminée en guerre civile sanglante. Dans l'Union, au contraire, chaque État est libre de s'en aller, puisqu'il n'en est membre que parce qu'il le veut bien. Ce droit a longtemps été implicite : il a fallu attendre le traité de Lisbonne de 2007 pour qu'il soit inscrit noir sur blanc dans l'article 50. Repris du traité constitutionnel européen, ce texte a surtout été pensé pour un pays qui sombrerait dans la dictature et voudrait donc quitter l'Union, une communauté d'États démocratiques… En tout état de cause, c'est bien la première fois qu'un pays se retire ainsi pacifiquement d'un ensemble politique auquel il appartenait, preuve s'il en est que « l'Union européenne est un groupement d'États souverains », comme l'a affirmé la Cour constitutionnelle allemande dans son arrêt du 30 juin 2009 sur le traité de Lisbonne.

Cette comparaison entre l'UE et l'URSS tient d'autant moins la route qu'il n'existe pas réellement de gouvernement central européen : le pouvoir reste, pour l'essentiel, entre les mains des États qui décident de tout. Le fantasme du Politburo anonyme et supranational dirigeant d'une main de fer l'Europe ne résiste pas à l'analyse.

Le pouvoir aux mains des États

Ainsi, l'organe suprême dans l'Union est le Conseil européen, c'est-à-dire les États membres, et non la Commission, entité supranationale essentiellement chargée de mettre en œuvre ce qu'ont décidé les capitales. Il est donc étonnant d'entendre les eurosceptiques, comme Hubert Védrine, l'ancien ministre des Affaires étrangères de Lionel Jospin (1997-2002), ou Pierre Manent, un philosophe qui revendique l'héritage de Raymond Aron, militer pour que le pouvoir soit confié au… Conseil européen. La source de cette confusion est sans doute due au fait que cette institution n'a pas été créée par le traité de Rome de 1957, qui n'en citait que trois : la Commission, qui dispose du monopole de l'initiative législative, le Conseil des ministres (l'instance où siègent les ministres responsables des différents domaines traités : agriculture, transport, marché intérieur, etc.), qui vote les lois européennes, et l'Assemblée parlementaire, qui n'est devenue un Parlement de plein exercice élu au suffrage universel que très progressivement entre 1979 et 2009.

Le Conseil européen est apparu informellement en 1961, lorsque les chefs d'État et de gouvernement se sont réunis à deux reprises afin de discuter de l'avenir de la coopération politique, un domaine qui échappait à la Commission. Mais les tentatives du général de Gaulle d'en faire l'organe suprême permanent de la CEE (connues sous le nom de « plan Fouchet ») se sont heurtées au refus du Benelux et de l'Italie qui craignaient de voir le caractère supranational de la communauté remis en cause par un organe intergouvernemental décidant à l'unanimité. Le Conseil européen s'est à nouveau réuni en 1969, puis en 1972 et en 1973, essentiellement pour discuter de la conjoncture mondiale et du premier élargissement (au Danemark, à l'Irlande et au Royaume-Uni).

Il faut attendre 1974 pour que les Six décident, sous l'impulsion du président de la République Valéry Giscard d'Estaing et du chancelier Helmut Schmidt, avec l'approbation de Jean Monnet, d'institutionnaliser ses réunions afin de donner du pouvoir à la sphère politique : dans une Union qui n'est que la résultante de la volonté des États, tout progrès dans l'intégration ne peut, en effet, que passer par eux, la voie de la constituante élue au suffrage universel étant fermée faute de peuple européen[1]. Il faudra cependant attendre l'Acte unique de 1986 pour qu'il en soit enfin fait mention dans le traité du Conseil européen. Ce n'est qu'avec le traité de Maastricht de 1992 que son rôle est consacré : il « donne à l'Union les impulsions nécessaires et en définit les orientations politiques générales ». Enfin, le traité de Lisbonne de 2007, entré en vigueur en novembre 2009, en fait une institution pleine et entière et le dote d'un président permanent élu par les chefs d'État et de gouvernement pour deux ans et demi (mandat renouvelable une fois) qui a remplacé la présidence semestrielle tournante exercée par un État[2].

Une Union confédérale

Comme souvent, la pratique a précédé le droit : c'est en réalité depuis le milieu des années 80 que le Conseil européen est devenu *de facto* l'institution qui préside aux destinées de l'Union. Le phénomène s'est encore accru après le départ de Jacques Delors de la présidence de la Commission, en 1995, ses successeurs, soit par maladresse (Jacques Santer, entre 1995 et 1999, Romano Prodi entre 1999 et 2004), soit par volonté délibérée (José Manuel Durão Barroso, entre 2004 et 2014, a été nommé dans ce but), ayant transformé la Commission en un simple secrétariat

1. Voir chapitre I.
2. Le premier président a été le Belge Herman Van Rompuy, du 1er décembre 2009 au 30 novembre 2014. Son successeur est le Polonais Donald Tusk. Ce mandat est incompatible avec toute autre fonction.

exécutant servilement les ordres du Conseil. Avec la crise de la zone euro, qui éclate en 2010, son rôle s'est encore renforcé : ses réunions sont devenues quasiment mensuelles et les chefs d'État et de gouvernement se sont mis à discuter des nuits entières de la législation européenne jusque dans ses moindres détails, ce qui limite d'autant l'autonomie des autres institutions. Sans compter que les ministres ont de plus en plus pris l'habitude de renvoyer aux « chefs » les décisions politiquement sensibles. Par un retournement de l'histoire, le plan Fouchet a donc finalement été mis en œuvre par l'effet combiné de l'élargissement des compétences de l'Union et des domaines de plus en plus politiques (économie, justice, immigration, etc.) en jeu.

En clair, l'Union n'a pas grand-chose de fédéral : elle est davantage une confédération où le premier et le dernier mots reviennent aux États qui la composent et statuent à l'unanimité ou par consensus. Le Conseil européen ne décide à la majorité qualifiée que pour les nominations : président du Conseil européen, de la Commission, haut représentant et président et vice-président de la Banque centrale européenne. Autrement dit, aucun État ne peut se faire imposer une décision dont il ne veut pas. L'Union n'est que le fidèle reflet de ce qu'ils veulent, ni plus ni moins. Si ce système était transposé aux États-Unis, cela voudrait dire que l'exécutif serait non pas un président élu au suffrage universel indirect, mais une assemblée regroupant les cinquante gouverneurs des États fédérés décidant à l'unanimité, la mise en œuvre de leurs décisions étant confiée à un gouvernement qui n'aurait de fédéral que le nom.

Il y a cependant des aspects fédéraux dans l'Union, c'est-à-dire des domaines dans lesquels les États ne peuvent pas interférer directement. Il n'en existe que cinq, pas un de plus, énumérés par les traités européens : ainsi, la Banque centrale européenne est maîtresse de la politique monétaire et la Commission de l'union douanière, de la politique de concurrence, des négociations commerciales (lorsque les compétences nationales ne sont pas touchées et seulement si les États lui en donnent mandat) et de la conservation des ressources biologiques de la mer. Toutes les autres compétences sont des compétences « partagées » avec les États membres ou des compétences « d'appui ». Et qui décide d'attribuer telle ou telle compétence à l'Union, c'est-à-dire qui a la « compétence de la compétence » ? Les États membres évidemment négociateurs des traités qui doivent être approuvés à l'unanimité et ratifiés par les parlements nationaux ou par des référendums selon les traditions nationales.

Même le budget européen, le nerf de la guerre, dépend des États pour l'essentiel et non de la Commission et du Parlement : 70 % des recettes sont versées directement par les budgets nationaux (on appelle cela la « ressource PIB »), ce qui leur permet de contrôler étroitement son évolution ainsi que l'affectation des dépenses et donc les priorités européennes. Les ressources propres, c'est-à-dire ne dépendant pas des États, soit l'équivalent d'un « impôt européen », ne représentent que 30 % du budget (une fraction de la TVA plus les droits de douane).

La Commission, une « figuration d'exécutif »

En dépit de cette réalité institutionnelle, la Commission reste perçue par l'opinion publique comme le centre du pouvoir alors qu'elle n'est qu'une « figuration d'exécutif », comme l'a crûment dit le général de Gaulle en septembre 1965. Cela est en grande partie dû à l'activisme de son ancien président, Jacques Delors, qui, entre 1985 et 1994, a achevé de mettre en place le marché intérieur en proposant plus de 300 directives et règlements (les lois européennes). Mais il ne faut pas se tromper : il n'a pu se lancer dans une telle entreprise que parce que les États lui en ont donné le mandat et les moyens et parce qu'ils ont voté ses propositions. Il raconte lui-même comment il a fait la tournée des dix capitales de l'époque en 1984 pour demander aux différents gouvernements quelles étaient leurs priorités. Ce n'est qu'ensuite qu'il a rédigé son « livre blanc » sur l'achèvement du marché intérieur et que les Douze[1] ont accepté de changer les traités pour étendre le champ du vote à la majorité qualifiée au sein du Conseil des ministres (l'Acte unique de 1986). Si Delors n'avait pas eu leur accord, il ne se serait rien passé. D'ailleurs, entre 1986 et 1992, le Conseil des ministres (à l'époque le Parlement européen n'avait aucun pouvoir) a adopté 279 des 300 textes qui étaient sur la table.

Il suffirait qu'un gouvernement ne joue plus le jeu pour que tout s'arrête, c'est aussi simple que cela. Cela a été le cas, à la suite de la « crise de la chaise vide »

1. L'Espagne et le Portugal ont adhéré en janvier 1986.

(juillet 1965-janvier 1966) provoquée par le général de Gaulle qui rappela les représentants de la France à Bruxelles pour empêcher le passage au vote majoritaire au sein du Conseil des ministres[1], ce qu'il obtint. Il fallut attendre 1985 pour que la France accepte enfin d'abandonner la règle de l'unanimité. Autant dire que l'Union n'existe que par le consentement permanent des États et non en soi, comme l'État fédéral allemand ou américain.

Certes, « l'exécutif européen » dispose du monopole d'initiative législative, c'est-à-dire qu'il est le seul à pouvoir proposer une loi européenne[2]. Il ne faut pas sous-estimer l'importance de ce monopole, puisqu'il peut ne rien faire, même si les États souhaitent qu'il agisse, ou orienter la discussion, car celui qui tient la plume peut faire passer ses idées. Mais il met à 95 % en musique les décisions du Conseil européen[3]. Il ne se lancera pas dans un combat perdu d'avance en proposant une législation dont celui-ci ne veut pas. Il prend donc toujours soin, dans les très rares cas où il estime nécessaire d'agir et que le Conseil n'a rien demandé, de consulter les capitales. En outre, toutes ses propositions sont

1. Le Conseil des ministres statuait à l'unanimité. Mais à partir du 1er janvier 1966, il devait passer à la majorité qualifiée dans une série de domaines.

2. Les lois communautaires sont de deux ordres : soit la directive qui doit être transposée en droit interne à la suite d'un vote des parlements nationaux, soit le règlement qui s'applique directement dans les ordres juridiques internes.

3. Paolo Ponzano, « Le droit d'initiative législative de la Commission européenne : théorie et pratique », Fondation Robert Schuman, 2010 ; Paolo Ponzano, Costanza Hermanin et Daniela Corona, « Le pouvoir d'initiative de la Commission européenne : une érosion progressive ? », *Notre Europe*, 2012. La Fondation Notre Europe estime le pourcentage à 87 %.

élaborées avec des groupes d'experts nationaux envoyés à Bruxelles par les États (il en existe plus de 1400).

Les mensonges des gouvernements

Autrement dit, lorsque des gouvernements affirment qu'ils sont surpris de découvrir une proposition européenne, c'est bien simple, il s'agit d'un mensonge : rien ne sort de la Commission qui n'ait été approuvé en amont, au moins dans son principe, par les États, et ils n'appliquent rien qu'ils n'aient préalablement approuvé. Les dates de chasse à la tourterelle, la taille des cages à poules, les conditions de transport du bétail, l'harmonisation des mensurations des rétroviseurs des tracteurs, la contenance des chasses d'eau, les prescriptions sanitaires pour les fromages au lait cru, l'ouverture à la concurrence de secteurs entiers de l'économie, autant de normes demandées par les États membres (souvent suggérées par leurs entreprises nationales) et souvent ensuite dénoncées par eux comme signe de l'ingérence de l'Europe dans les affaires nationales… Pourquoi alors de telles demandes ? Tout simplement pour harmoniser les conditions de concurrence, faciliter les exportations vers des pays qui ont des normes différentes ou protéger l'environnement, qui ne connaît pas les frontières.

Le pouvoir de blocage du Conseil des ministres est cependant variable : dans les matières soumises à l'unanimité, qui sont limitées depuis le traité de Lisbonne, un seul État peut faire capoter un texte. C'est par exemple pour cela que les progrès en matière d'harmonisation fiscale sont millimétriques et non pas à cause d'une Commission qui n'en voudrait pas. Dans les autres domaines, il faut réunir une minorité de blocage, soit plus de 45 % des États représentant plus de 35 % de la population européenne, ce qui veut dire au minimum quatre États membres sur vingt-huit à condition qu'ils pèsent 174 millions de personnes environ[1]. Le passage au vote est rarissime : généralement, les gouvernements veulent obtenir une décision à l'unanimité et le vote à la majorité est juste une menace qui plane sur ceux qui refuseraient tout compromis. Précisons que la France n'a quasiment jamais été mise en minorité à la différence de l'Allemagne, la capacité de négociation d'un État centralisé étant telle qu'il parvient toujours à faire partie de la majorité. Il reste néanmoins qu'un pays peut se voir imposer une décision dont il ne veut pas. Mais souvent, il s'agit d'un jeu d'ombres, des gouvernements demandant à être mis en minorité pour pouvoir incriminer Bruxelles. Cela a, par exemple, été le cas avec l'Allemagne lors du vote de la directive limitant la publicité pour le tabac…

La loi, une fois adoptée à la fois par le Conseil des ministres et par le Parlement européen, doit, dans la plupart des cas, être transposée dans le droit interne, ce qui permet aux parlements nationaux de faire entendre leur voix. Dans les pays les plus démocratiques, comme au Danemark ou en Allemagne, mais pas en France, ils sont même tenus informés étape par étape du processus

1. Le vote à la majorité qualifiée se calculait différemment avant le traité de Lisbonne de 2007, entré en vigueur en décembre 2009 : un système complexe de pondération des voix entre les États était appliqué. Désormais, il faut simplement réunir 55 % des États représentant 65 % de la population européenne.

législatif européen et de la position de négociation de leur gouvernement. Autrement dit, les États sont à l'origine et à la réception de toute la législation européenne.

Les États nomment tous les responsables européens

En outre, il ne faut pas perdre de vue que la Commission est certes composée de fonctionnaires européens inamovibles que l'on peut accuser d'être « hors sol », mais qu'elle est dirigée par un collège de commissaires nommés par les États. Chaque capitale européenne a, en effet, le droit de désigner « son » commissaire, même si le Parlement européen peut, depuis 2004, s'y opposer après l'avoir auditionné. Mais, au bout du compte, chacun des Vingt-Huit aura bel et bien son représentant au sein d'un collège qui vote à la majorité simple. Certes, les commissaires sont censés être indépendants, mais l'indépendance est un état d'esprit que tous n'ont pas. La plupart d'entre eux, souvent des anciens Premiers ministres ou ministres, veilleront, tant que le gouvernement qui les a nommés reste en place, à ne déplaire que dans une certaine limite afin d'assurer leur avenir une fois de retour dans leur capitale… Un exemple ? Le Hongrois Tibor Navracsics, commissaire européen à l'éducation, la culture, la jeunesse et le sport, a reconnu avoir voté contre la proposition de la Commission sur la relocalisation des demandeurs d'asile lors du référendum du 2 octobre 2016 organisé par son gouvernement. « Je pense que l'Union ne peut pas prendre des décisions obligatoires pour la Hongrie sans demander l'accord du parlement hongrois », a-t-il même déclaré, rompant ainsi la collégialité de la Commission où chacun est censé assumer les décisions prises. Le leader du groupe socialiste au Parlement européen, Gianni Pittella, s'est demandé s'il travaillait « pour Orbán ou au profit de tous les Européens ». La réponse est claire.

Il en est de même pour la Cour de justice européenne, sise à Luxembourg, qui est chargée d'interpréter le droit communautaire et de veiller à sa bonne application. Là aussi, ce sont les gouvernements qui désignent librement leurs juges[1] sans même, pour le coup, que le Parlement européen puisse interférer. Imagine-t-on les départements français ou les États fédérés américains nommer les juges de la Cour constitutionnelle ? De même, ce sont les États qui élisent le président de la Banque centrale européenne et son directoire de cinq membres. Et ce directoire prend ses décisions avec les gouverneurs des banques centrales nationales des dix-neuf États membres eux-mêmes nommés par leur gouvernement. En réalité, toutes les institutions communautaires sont peuplées d'hommes et, un peu, de femmes nommés par les États.

Certes, le Parlement européen est, lui, composé d'élu(e)s qui échappent, en première analyse, à leur pouvoir. Mais, en réalité, il n'en est rien, puisqu'ils dépendent des partis politiques nationaux qui confectionnent les listes des candidats, le scrutin européen se tenant dans un cadre strictement national. Cela signifie

---

1. Un juge à la Cour de justice européenne, l'instance suprême, deux au Tribunal de l'Union européenne, le tribunal de première instance.

que seul le député fidèle à son parti aura une chance d'être reconduit à l'élection suivante. S'il s'agit d'un élu affilié à un parti appartenant à la majorité au pouvoir dans son pays, il aura tout intérêt à suivre les instructions détaillées données par son gouvernement… Le Parlement s'analyse donc davantage comme vingt-huit parlements nationaux siégeant côte à côte que comme un parlement fédéral représentant un « peuple européen ». Même dans la seule institution élue au suffrage universel, le contrôle des États est quasi total.

Une telle interpénétration entre les niveaux fédéral et fédéré serait tout simplement inimaginable dans une fédération : si les États fédérés ont quelque pouvoir sur l'État fédéral (*via* le Sénat en règle générale), ce n'est jamais dans de telles proportions. En outre, il existe des partis fédéraux, ce qui n'est pas le cas de l'Union qui n'est donc que le reflet des vies politiques nationales faute de pouvoir produire son propre personnel politique.

Bref, les États sont partout, contrôlent étroitement ce qui se passe à Bruxelles, n'acceptent de partager leur souveraineté que dans les domaines où l'action commune est plus efficace, et sont libres de partir quand ils le désirent. On mesure l'inanité de ceux qui osent parler de « prison des peuples ».

Chapitre III

« L'EUROPE N'EST PAS DÉMOCRATIQUE »

Gouvernée par des technocrates apatrides qui ne rendent de comptes à personne, l'Union est la négation même de la démocratie pour laquelle les peuples européens se sont tant battus. Le Parlement européen, censé donner un vernis démocratique à cette UERSS, n'est qu'une caricature destinée à tromper les citoyens : il n'a pas les pouvoirs d'un vrai parlement, notamment celui de proposer des lois ou de décider du budget. Mais les peuples ne sont pas dupes, comme en témoignent les taux d'abstention records aux élections européennes. En réalité le vrai pouvoir se trouve à la Commission ou entre les mains d'experts et de diplomates non élus qui décident derrière des portes closes, sans aucun contrôle des parlements nationaux, la seule source de démocratie en Europe, ni même du Parlement fantoche de Strasbourg. La meilleure description de cette farce institutionnelle européenne a été donnée par le général de Gaulle lors de sa conférence de presse du 9 septembre 1965 : les traités européens « instituent une figuration d'exécutif, sous la forme d'une Commission, indépendante des États, bien que ses membres fussent nommés et rétribués par eux, et une figuration de législatif [...]. Cette hypothèse, d'une technocratie en majeure partie étrangère, destinée à empiéter sur la démocratie française dans le règlement des problèmes qui commandent l'existence même de notre pays, ne pouvait évidemment faire notre affaire dès lors que nous avions convenu de prendre notre destin entre nos mains ».

*

Cette accusation repose sur des éléments qu'il est difficile de contester : le « déficit démocratique » de l'Europe, une tarte à la crème, est réel, même s'il s'est en partie comblé au fil du temps et des traités successifs. L'Union n'étant pas une fédération, à l'exemple de l'Allemagne ou des États-Unis, elle cumule les inconvénients d'une confédération d'États, décidant selon des processus essentiellement diplomatiques, et les travers de certains systèmes institutionnels nationaux, comme celui de la Ve République française. C'est un fait que la démocratie dans l'Union est pour l'essentiel une démocratie au second degré dans laquelle le contrôle citoyen est maintenu à la périphérie. Alors que « dans une démocratie, le peuple doit pouvoir désigner le gouvernement et le législateur dans le cadre d'élections libres et égalitaires » et « tout gouvernement démocratique [doit connaître] la crainte de perdre le pouvoir à la suite d'élections », comme le résument brillamment les juges constitutionnels allemands[1], tel n'est pas le cas dans

1. Arrêt du Bundesverfassungsgericht du 9 juin 2009 sur le traité de Lisbonne. Les arrêts de la Cour constitutionnelle

Mais comment instaurer un contrôle démocratique du Conseil européen ? Imagine-t-on le Parlement européen renverser vingt-huit gouvernements d'un coup ? Pas plus qu'on ne renverse légalement un roi, on ne peut renverser le Conseil. Sans aller jusque-là, pourrait-on permettre au Parlement européen de valider les propositions du Conseil ? C'est tout aussi impensable : ils ont chacun une légitimité démocratique différente et celle du Conseil européen, maître des traités et donc de ce qui peut être ou non fait dans l'Union, est sans conteste supérieure à celle d'un parlement d'une Union confédérale. Mais après tout, cette absence de contrôle direct est-elle si grave ? En France ou aux États-Unis, c'est-à-dire dans les systèmes présidentiels ou semi-présidentiels, le chef de l'État ne peut pas non plus être censuré ou contrôlé : ce qui est important, ce sont les contre-pouvoirs mis en place qui permettent d'éviter une dictature éclairée d'un seul homme ou d'une seule institution.

532 ministres à Bruxelles

Mais c'est là que le bât blesse : ces contre-pouvoirs sont soit inexistants, soit fragiles, confirmation de ce que l'Union a un réel déficit démocratique qui, même s'il tient à sa nature interétatique, fournit tous les arguments nécessaires pour dénoncer le « Moloch bruxellois », pour reprendre les mots du chancelier allemand Helmut Kohl. Ainsi, le Conseil de l'Union européenne ou Conseil des ministres, qui fut jusqu'en 1993 le seul organe législatif, n'a rien du Sénat américain ou du Bundesrat allemand : ce ne sont pas des personnalités élues qui y siègent, mais les ministres de chaque État, exactement comme leurs patrons au Conseil européen. En clair, ils sont légitimes, puisque issus d'un gouvernement s'appuyant sur une majorité élue, mais leur légitimité est au second degré. Jamais ils n'ont été nommés ministres pour leur connaissance de la chose européenne : la construction communautaire est juste un aspect de leur portefeuille et leurs actions à Bruxelles ne seront presque jamais mises en cause par leur parlement national, même s'ils sont formellement responsables devant lui.

Le Conseil des ministres implique en réalité tous les appareils gouvernementaux. En effet, il n'y a pas un Conseil, mais toute une série de formations spécialisées : affaires générales, relations extérieures, affaires économiques et financières, agriculture et pêche, compétitivité, transports, affaires intérieures et justice, etc. Soit dix officiellement, dix-neuf en comptant les sous-divisions. En tout, ce sont 532 ministres et secrétaires d'État qui se retrouvent, parfois plusieurs fois par mois, à Bruxelles, et qui décident presque de tout. Le rôle du Conseil des ministres, cette hydre à multiples têtes, va bien plus loin que celui d'une simple « chambre des États », puisqu'il joue aussi un rôle exécutif (il donne des instructions à la Commission dans certains domaines, par exemple le commerce). Pour faire son travail, il s'appuie sur une administration européenne de 3 000 personnes qui lui est dédiée, souvent plus compétente que celle de la Commission.

Même s'il discute désormais en public[1] des lois qu'il adopte avec le Parlement européen, l'essentiel du travail se passe ailleurs, derrière des portes closes.

En effet, ce sont en réalité les « représentants permanents » (RP) des États, c'est-à-dire les ambassadeurs et leurs adjoints, qui sont à la manœuvre : ils se réunissent une fois par semaine, en deux formations distinctes, le COREPER I (Comité des représentants permanents adjoints, qui s'occupe des matières techniques) et le COREPER II (les ambassadeurs en titre pour les questions politiques sensibles), deux comités dont l'existence est même inscrite dans les traités européens[2]. C'est là, dans le plus grand secret, que sont conclus environ 95 % des compromis : outre l'administration du Conseil, chaque RP dispose de sa propre équipe à Bruxelles (185 personnes dans le cas de la France) et s'appuie, bien sûr, sur son administration nationale (en France, le Secrétariat général aux affaires européennes, SGAE). Le RP est un personnage tellement important qu'il est en liaison directe avec son chef de gouvernement. Ainsi, le RP français est reçu chaque samedi matin par le président à l'Élysée. C'est seulement en cas de désaccord au niveau du COREPER que les textes remontent au Conseil des ministres. Et comme les ambassadeurs font bien leur travail, ces remontées sont rares, très rares…

1. En théorie du moins. En réalité, la diffusion des travaux est totalement aléatoire. On n'est vraiment pas devant un parlement national de ce point de vue.

2. Pourquoi le COREPER I est-il le moins important et le II le plus important ? Mystère de la psyché étatique.

Un contrôle démocratique qui s'est imposé lentement

Avant que le Parlement européen n'acquière de vrais pouvoirs législatifs, le Conseil des ministres était donc une véritable boîte noire démocratique : des ministres nationaux sans légitimité fédérale, c'est-à-dire directe, adoptant en secret les textes proposés par une Commission composée de commissaires nommés par les États agissant sur instruction d'un Conseil européen statuant lui-même en secret… Heureusement, on n'en est plus tout à fait à cette démocratie opaque au second degré, même si cette image colle encore à la peau de l'Union.

Il est vrai que l'évolution a été particulièrement lente depuis 1957, les États rechignant à perdre une parcelle de leur pouvoir sur l'Union. C'est sans doute pour cela que beaucoup de citoyens ignorent encore que le Parlement européen est non seulement élu, mais a des pouvoirs quasiment équivalents à ceux du Conseil des ministres. Ainsi, l'élection au suffrage universel des députés européens ne date que de 1979 : lors de la négociation du traité CECA, en 1950-1951, elle paraissait totalement impossible, notamment pour la France, car trop supranationale. « L'Assemblée commune » de la CECA a donc été composée de représentants élus par les parlements nationaux, une méthode reprise dans le traité de Rome de 1957, les circonstances politiques n'ayant pas changé en cinq ans. Pire : à la demande de la France, « l'Assemblée parlementaire » de la CEE n'a reçu aucun pouvoir législatif, au grand dam de l'Allemagne. Autrement dit, les électeurs ont élu en 1979 un Parlement de pacotille. C'est seulement avec l'Acte unique de 1986, à la demande de Jacques Delors et de l'Allemagne, qu'il a enfin reçu un pouvoir consultatif sur certains textes. Avec le traité de Maastricht de 1992, et toujours sur l'insistance de Bonn, il a obtenu un pouvoir de « codécision » avec le Conseil des ministres dans certains domaines. Son premier coup d'éclat a été le rejet d'un texte sur la brevetabilité des inventions biotechnologiques en 1995. Il faudra encore les traités d'Amsterdam (1997), de Nice (2001) et de Lisbonne (2007) et de constantes pressions allemandes pour qu'il soit enfin placé sur le même plan que le Conseil des ministres, sauf dans les quelques domaines encore soumis à l'unanimité. Il a donc fallu plus de cinquante ans pour que le Conseil des ministres, organe dont la légitimité démocratique est au second degré, compte avec un Parlement doté d'une légitimité au premier degré pour adopter les lois européennes, offrant ainsi au processus législatif une transparence qu'il n'avait pas auparavant.

Malgré tout, le Parlement n'a pas la plénitude des pouvoirs d'une assemblée nationale : il n'a toujours presque aucune compétence budgétaire, puisqu'il ne décide ni des impôts ni des grandes enveloppes de dépenses publiques, les États restant maîtres du jeu ; il ne dispose d'aucun pouvoir d'initiative législative, celui-ci appartenant uniquement à la Commission et, informellement, au Conseil européen ; enfin, son pouvoir d'amendement des textes est encadré par la Commission : si elle ne soutient pas les modifications apportées à son texte, le Conseil des ministres pourra certes les adopter, mais à l'unanimité et non à la majorité qualifiée. Autrement dit, c'est la Commission non élue qui valide les amendements d'un Parlement élu ! Ces limitations des droits des parlementaires n'ont non seulement aucune justification, mais sont totalement inacceptables dès lors que le Parlement est élu au suffrage universel : elles servent uniquement d'arguments aux eurosceptiques pour dénoncer, à juste titre, le déficit démocratique de l'Union.

Une zone euro échappant à tout contrôle

Surtout, le Parlement n'a pas son mot à dire sur ce qui se passe au sein de la zone euro qui regroupe dix-neuf États sur vingt-huit[1]. Certes, il doit adopter la législation applicable à la zone euro (par exemple l'Union bancaire) et il auditionne régulièrement le président de la Banque centrale européenne, le président de l'Eurogroupe (les ministres des Finances de la zone euro) ou le commissaire responsable des affaires économiques et monétaires, mais c'est tout. Les plans de sauvetage des pays attaqués par les marchés lui échappent, tout comme les orientations de politique économique (« semestre européen ») ou l'application du pacte de stabilité budgétaire. Alors que la zone euro ne se réduit plus seulement à la

1. Du même auteur : *Il faut achever l'euro, Tout ce que vous avez toujours voulu savoir sur l'euro (sans oser le demander)*, Calmann-Lévy, Paris, 2019.

politique monétaire, mais touche désormais à la politique économique et budgétaire et donc au plus près de la vie des citoyens (retraites, salaires, emploi, services publics, sécurité sociale, etc.), aucun contrôle parlementaire n'existe. Certes, au niveau national, les parlements se prononcent sur les mesures proposées par la Commission et approuvées par l'Eurogroupe (qui se réunit à huis clos), mais ils ne le feront que sur la partie qui concerne leur pays et non sur l'ensemble de la politique applicable à la zone euro. De même les ministres des Finances sont responsables devant leur parlement, mais le contrôle collectif est absent. Seuls quelques parlements jouent leur rôle (Allemagne, Finlande, Pays-Bas, Slovaquie), mais en faisant primer leur intérêt national et non l'intérêt général européen. En réalité, le pouvoir politique de la zone euro est opaque, non identifiable et irresponsable.

Les multiples tâtonnements lors de la crise grecque où toutes les erreurs, ou à peu près, ont été commises par la Commission et les ministres des Finances sont là pour démontrer qu'un contrôle parlementaire européen des décisions prises à Bruxelles aurait été nécessaire, ne serait-ce que pour qu'un débat public ait lieu sur les raisons de la faillite grecque et sur le meilleur moyen de purger la situation. Le summum de cette gestion par un collectif de ministres des Finances irresponsables a été atteint avec Chypre, en 2013, lorsque ses deux principales banques ont fait faillite à cause de leur exposition à la dette grecque. Il a fallu que l'Eurogroupe s'y reprenne à deux fois pour trouver une solution, en se ridiculisant au passage. À l'issue d'une nuit de négociations, le 16 mars, il a finalement décidé d'imposer une taxe de 6,75 % pour les dépôts de moins de 100 000 euros et de 9,9 % au-delà en contrepartie d'une aide de 10 milliards d'euros (et une cure de réformes structurelles) avec une franchise pour les dépôts de moins de 20 000 euros. Tous les ministres se félicitent au petit matin, samedi, de ce plan qui pourtant touchait aux dépôts de moins de 100 000 euros, même s'ils étaient logés dans des banques saines, pourtant censés être protégés par une directive européenne. Il aurait donc fallu longuement justifier et expliquer cette atteinte à la législation communautaire. Mais voilà, le président néerlandais de l'Eurogroupe, Jeroen Dijsselbloem, s'en est montré totalement incapable. Surtout, par souci des usages diplomatiques, il a tu la responsabilité du gouvernement chypriote dans ce plan puisque c'est Nicosie qui a refusé la restructuration des deux banques en faillite, solution envisagée notamment par le FMI et l'Allemagne. Et c'est encore Chypre qui s'est ensuite opposée à ce que l'on taxe trop lourdement les dépôts de plus de 100 000 euros afin de ménager les déposants russes qui cachent leur argent dans l'île, reportant ainsi de fait la charge sur les autres comptes. Devant un tel déficit d'explications, la majorité des médias a évidemment mal accueilli le plan de sauvetage européen en dénonçant un « hold-up » sur les petits épargnants.

Sentant le vent tourner, aucun ministre n'a plus assumé dès le lundi matin, en renvoyant la responsabilité sur ses partenaires. Le gouvernement de Nicosie, en particulier, a dénoncé une décision de Bruxelles alors qu'il en était lui-même responsable. Comme on pouvait s'y attendre, le parlement chypriote a rejeté ce

« sauvetage », obligeant l'Eurogroupe à revoir sa copie dix jours plus tard. Cette fois, les déposants des banques en bonne santé n'ont pas été mis à contribution. La Laiki Bank, deuxième banque de l'île, a été liquidée et scindée entre une « *bad bank* », où ont été cantonnés les actifs pourris, et une « *good bank* », pour loger notamment les dépôts inférieurs à 100 000 euros. En revanche, les dépôts supérieurs à cette somme ont été lourdement touchés. Quant à la première banque du pays, la Bank of Cyprus, elle a été recapitalisée par ses actionnaires et créanciers et les déposants possédant plus de 100 000 euros mis à contribution.

Morale de l'histoire : si le Parlement européen, ou un parlement de la zone euro, avait été compétent pour juger de ce plan, il l'aurait sans doute rejeté dès le dimanche matin, soucieux de ne pas toucher au symbole des dépôts de moins de 100 000 euros. Mais voilà, ce contrôle n'existe pas puisqu'il n'est pas prévu par les traités. Plusieurs pays, dont l'Allemagne, le demandent, mais la France ne veut pas entendre parler d'une réouverture des traités, son gouvernement étant traumatisé par le souvenir du référendum perdu de 2005…

La Commission à l'ère de la démocratie parlementaire

Cette injection tardive de la démocratie dans la machinerie européenne, en dehors de la zone euro, a fini par avoir des répercussions sur la Commission elle-même, mais de façon encore limitée. Pour l'essentiel, elle reste un organe technocratique dont la légitimité procède des seuls États et n'est en rien un « gouvernement européen » s'appuyant sur une majorité parlementaire. Ainsi sa composition ne dépend pas du président de la Commission s'appuyant sur le Parlement européen, comme dans n'importe quelle démocratie, mais des États. Chaque capitale a le droit souverain de nommer, sans aucune consultation de son parlement national, son représentant au sein du collège des commissaires. Le président de la Commission est certes « consulté », mais il n'a pas vraiment son mot à dire, si ce n'est dans la répartition des portefeuilles, et encore. La conséquence de cette procédure est que la Commission est le fidèle reflet de la composition politique du Conseil européen qui la nomme, lui-même issu des différentes élections nationales : il y aura donc à la Commission autant de conservateurs, de socialistes ou de libéraux qu'au sein du Conseil, sachant que ces étiquettes ne recouvrent pas la même réalité d'un pays à l'autre : quoi de commun entre un travailliste britannique et un socialiste français par exemple ? Les deux organes dirigeant l'Union sont donc, par constitution même, transpartisans et ne peuvent mener une politique clairement de droite ou de gauche selon les critères en vigueur dans les démocraties nationales. Pire : sa composition peut être en complet décalage avec le résultat des élections européennes qui ont lieu une fois tous les cinq ans, juste avant son renouvellement par les États membres, car les dates des élections nationales ne sont ni coordonnées ni calquées sur celles du Parlement européen.

Le traité constitutionnel européen puis, après son échec, le traité de Lisbonne ont tenté de sortir de cette logique nationale bien peu compatible avec ce que devrait être un organe supranational. Ainsi, il a été prévu que le Conseil européen nommera un nombre de commissaires ne pouvant pas excéder les deux tiers du nombre d'États membres, soit dix-huit dans une Union à vingt-huit. Un petit progrès, même si le système restait entre les mains des États, comme toujours. Mais, à la suite du référendum négatif irlandais[1] de 2008, les partenaires de Dublin ont suspendu par une simple décision du Conseil européen cette disposition, les Irlandais ayant, semble-t-il, eu peur de ne plus être représentés à la Commission[2].

Ce qui, au passage, pose un vrai problème de légitimité de cet organe vis-à-vis des États eux-mêmes : dans le traité de Nice de 2001, et à la demande de Jacques Chirac, alors président de la République, les grands pays (Allemagne, France, Italie et Espagne) ont accepté de perdre leur second commissaire à partir de l'élargissement de 2004, à la condition expresse que le nombre de commissaires soit inférieur au nombre de pays lorsque l'Union atteindrait vingt-sept États. C'est donc cette clause qui n'a pas été respectée à cause du vote irlandais au détriment des grands pays. Or, la Commission votant à la majorité simple, et le contrôle des pays sur leur commissaire étant parfois très étroit, quelle est sa légitimité dès lors que les commissaires allemand, français, italien et britannique pèsent du

1. Référendum du 12 juin 2008 sur le traité de Lisbonne, 53,4 % de « non » avec une participation de 53,1 %.

2. Le 2 octobre 2009, les Irlandais ont finalement approuvé le traité de Lisbonne par 67 % des voix et 58 % de participation.

même poids que ceux de l'Estonie, de la Lettonie, de Malte et du Luxembourg ? En outre, la Commission s'accroche à une double fiction : d'une part, tous les pays sont égaux (sauf la Grande-Bretagne qui a toujours été plus égale que les autres) ; d'autre part, la nationalité ne compte pas. Elle n'hésite donc pas à confier aux représentants des petits pays, désormais en situation dominante en son sein, des portefeuilles très importants, souvent plus que ceux des ressortissants des grands pays. C'est sans doute l'un des éléments qui explique la perte d'influence de « l'exécutif européen » vis-à-vis des États membres. Or la légitimité démocratique doit exister vis-à-vis des peuples, mais aussi vis-à-vis des États qui restent la clef de voûte du système. C'est pour cela que le Conseil européen est aujourd'hui devenu l'institution maîtresse de l'Union.

Des auditions tumultueuses

Heureusement, depuis 2004, les commissaires sont auditionnés par le Parlement européen avant d'être confirmés. Une procédure à l'américaine arrachée par les eurodéputés qui n'existe pas dans la plupart des démocraties européennes, en particulier en France. Cet élément très important de légitimation démocratique de la Commission a, pour la première fois, été appliqué à l'exécutif dirigé par l'ancien Premier ministre portugais conservateur José Manuel Durão Barroso. Sous la contrainte du Parlement qui menaçait de ne pas l'investir, il a dû se séparer *in extremis* du commissaire italien désigné, l'ultraconservateur catholique Rocco Buttiglione, qui avait expliqué aux députés, alors qu'il devait prendre en charge le portefeuille de la justice et des affaires intérieures, que « l'homosexualité est un péché » et que le mariage a été créé « pour permettre à une femme de faire des enfants et d'être protégée par un mâle »... De même, il a dû demander le remplacement de la libérale lettone Ingride Udre, impliquée dans une affaire de financement occulte de son parti. Quant au Hongrois László Kovács, d'abord pressenti à l'énergie, il a dû le déplacer à la fiscalité et à l'union douanière à cause de sa méconnaissance du dossier, et placer la Néerlandaise Neelie Kroes sous sa surveillance directe, sa participation à une vingtaine de conseils d'administration laissant craindre des conflits d'intérêts alors qu'elle était en charge de la concurrence. Entre 2009 et 2014, trois autres commissaires désignés ont fait les frais de la vigilance du Parlement.

Il faut reconnaître que ces auditions donnent souvent lieu à un bras de fer entre les groupes politiques du Parlement européen, chacun protégeant les candidats de sa propre famille politique, même s'ils sont incompétents ou peu intègres. C'est ainsi que le conservateur espagnol Miguel Arias Cañete, en dépit de ses liens avec l'industrie des hydrocarbures (il a fondé deux compagnies pétrolières désormais dirigées par des membres de sa famille) et agricole (*via* son épouse) et de ses intérêts financiers pour le moins obscurs, a pu conserver son poste de commissaire à l'énergie et au climat dans la Commission Juncker : le groupe conservateur (PPE) avait en effet pris en otage la candidature du pourtant très intègre Pierre Moscovici, l'ancien ministre français des Finances, désigné au portefeuille de l'économie et des affaires monétaires… Surtout, l'exercice a ses limites : faute de pouvoirs d'investigations qui lui permettraient d'enquêter dans les États membres, le Parlement doit se contenter du CV des candidats et des articles de presse pour se faire une opinion sur leur fiabilité. Il a ainsi laissé passer la nomination de Neelie Kroes dont tout donnait à penser qu'elle n'avait pas l'intégrité morale pour ce poste ; mais il est difficile de se fonder sur de simples présomptions pour refuser une nomination. Or, en 2016, lors de la publication des « Panama Papers », il est apparu qu'elle avait dissimulé qu'elle présidait une société offshore… Néanmoins, une telle procédure d'audition est un bel exemple de démocratie et mériterait d'être importée dans un pays comme la France, où la désignation des ministres relève du seul bon plaisir du président de la République.

Un président de la Commission élu par le Parlement

Ce contrôle démocratique de l'exécutif européen ne s'arrête pas là : le Parlement a réussi, en 2014, à arracher au Conseil européen, qui n'a cependant pas dit son dernier mot, la nomination du président de la Commission à l'occasion d'un véritable putsch institutionnel. En effet, le traité de Lisbonne de 2007, pour renforcer la légitimité démocratique, a confié aux députés le droit de confirmer à la majorité absolue (376 sur 751 membres) le candidat choisi à huis clos par le Conseil « en tenant compte des élections » européennes. En se fondant sur cet article, les grandes familles politiques (conservateurs du PPE, socialistes, libéraux, verts et gauche radicale) ont convenu, en décembre 2011, de désigner chacune une « tête de liste » européenne lors des élections de 2014 et se sont engagées à élire comme président de la Commission celle qui arriverait en tête à condition qu'elle parvienne à constituer une majorité « de gouvernement ». En clair, les États n'auraient d'autre choix que de désigner le candidat du Parlement puisque le Parlement peut désormais s'opposer à leur choix.

Une interprétation osée puisque le traité prévoit seulement que les chefs d'État et de gouvernement doivent désigner un membre de la famille politique qui a gagné les élections. Mais elle ressort bien des travaux préparatoires de la Convention européenne (2002-2003) qui a rédigé le projet de traité constitutionnel dont est issu le traité de Lisbonne. Il apparaît que son intention était d'instaurer une démocratie parlementaire, comme l'affirme l'ancien député européen socialiste Olivier Duhamel, qui fut l'un des conventionnels les plus actifs : « Aux partis politiques européens d'utiliser cette potentialité, de présenter leurs candidats à la présidence de la Commission, de construire avant le scrutin européen des coalitions susceptibles de devenir majoritaires[1]. » À l'automne 2002, Gerhard Schröder, le chancelier allemand, et Jacques Chirac, le président français, avaient même proposé que l'élec-

---

1. Olivier Duhamel, *Pour l'Europe, la Constitution européenne expliquée et commentée*, Seuil, 2005.

tion directe du président par le Parlement soit inscrite dans le texte. Mais le traité constitutionnel n'a pu aller aussi loin à cause de la résistance des antifédéralistes, les Britanniques en tête, soutenus par Valéry Giscard d'Estaing. La porte a donc été seulement laissée entrouverte.

Les États n'ont pas pris au sérieux la dynamique démocratique lancée par les partis européens, comme en témoigne leur silence lors du processus de désignation des têtes de liste. Le seul à être sorti du bois est François Hollande, et encore seulement le 9 mai 2014, lorsqu'il a affirmé dans une tribune publiée dans *Le Monde* que l'élection du 25 mai suivant permettrait de désigner le président de l'exécutif européen. La chancelière allemande, Angela Merkel, elle, a traîné des pieds jusqu'à la fin mai, soucieuse de préserver les prérogatives du Conseil européen, avant de se rendre compte que son opinion publique ne lui pardonnerait pas un retour aux pratiques anciennes, le très populaire quotidien *Bild Zeitung* ayant même pris fait et cause pour le Parlement européen. En juin 2014, le Conseil européen a donc désigné le candidat du Parlement, la tête de liste du PPE, les conservateurs ayant remporté les élections du 25 mai, en la personne de Jean-Claude Juncker. Mieux : les États, pour la première fois, ont décidé de voter à la majorité qualifiée afin de surmonter le blocage de la Grande-Bretagne et de la Hongrie, ce qu'ils n'avaient jamais osé faire alors que c'était possible depuis le traité de Nice de 2001. Seule la reconnaissance de la logique parlementaire dans le processus de désignation du président de la Commission a permis de faire sauter ce verrou psychologique.

Le problème est que cette conquête parlementaire n'est pas si démocratique qu'elle y paraît. En effet, le PPE étant contrôlé par les Allemands de la CDU-CSU soutenus par le Parti populaire espagnol, ce sont eux qui choisissent en réalité le président de la Commission. Michel Barnier a ainsi été battu à plate couture lors de la primaire interne des délégués conservateurs par l'ancien Premier ministre luxembourgeois Jean-Claude Juncker, parce que la chancelière allemande, Angela Merkel, ne voulait pas du Français. Ce sont donc quelques apparatchiks conservateurs qui ont choisi une tête de liste qui ne s'est même pas présentée aux élections dans son propre pays ! Certes il a pu être tout de même élu parce que les socialistes et les libéraux ont voté en sa faveur, mais l'affaire a laissé un goût de cendre à beaucoup. D'où la volonté d'Emmanuel Macron, le chef de l'État français, de revenir à l'ancien système : pour lui, il faut donner aux citoyens et non à quelques caciques du PPE, qui ont infiniment moins de légitimité que les chefs d'État et de gouvernement, le droit de choisir le président de la Commission via une « liste transnationale » (lire plus loin).

Il ne faut pas oublier non plus que la Commission est étroitement contrôlée par le Parlement depuis qu'il a obtenu, en mars 1999, la démission, sous la menace d'une motion de censure, de l'exécutif présidé par le Luxembourgeois Jacques Santer, à la suite de la révélation des emplois fictifs attribués à ses proches par la commissaire française, l'ancienne Première ministre

Édith Cresson[1]. Un épisode fondateur, jamais le Parlement n'ayant réussi jusque-là à approcher la supermajorité nécessaire pour faire tomber l'exécutif européen : il faut les deux tiers des députés représentant au moins la moitié des membres, précise le traité. Et ce, pour une bonne raison : son mode d'élection, à la proportionnelle, interdit des majorités politiques tranchées et oblige donc à constituer des majorités transpartisanes. Par exemple, Jean-Claude Juncker est soutenu par les conservateurs, les socialistes et les libéraux. Ce qui signifie que, pour faire tomber une Commission, il faut au moins deux grandes familles politiques. Néanmoins, depuis 1999, l'exécutif ménage comme jamais le Parlement qui est devenu un acteur important de la vie de l'Union, avec toutes les réserves déjà citées. Bref, il est indéniable que l'Europe est partiellement entrée dans l'ère de la démocratie parlementaire.

Un Parlement qui ne représente pas le peuple européen

Reste que le Parlement européen est loin d'être le représentant du « peuple européen » qui lui permettrait de prétendre jouer les premiers rôles dans l'Union. Tout simplement parce que l'Union n'est pas un État et ne le sera pas avant très longtemps. « La règle démocratique fondamentale d'égalité des

1. *Libération* des 24 et 28 septembre, 29 octobre et 23 novembre 1998.

chances sur le plan électoral (un homme, une voix) ne s'applique qu'au sein d'un même peuple, pas dans un organe supranational, qui reste une représentation de peuples liés les uns aux autres par des traités », a analysé la Cour constitutionnelle fédérale allemande dans son arrêt sur le traité de Lisbonne[1]. Pour elle, « le Parlement européen n'est pas un organe représentatif d'un peuple européen souverain. Cela se reflète dans le fait qu'il représente les peuples avec leurs contingents nationaux de députés et non les citoyens de l'Union pris comme une entité indifférenciée au sens du principe d'égalité électorale ».

De fait, non seulement les élections européennes ont lieu dans le cadre national, mais les députés ne pèsent pas du même poids afin que chaque pays puisse avoir un nombre minimal de députés représentant la diversité politique interne. Ainsi, un député français « pèse » environ 860 000 citoyens alors qu'un élu allemand n'en représente que 850 000, un luxembourgeois 76 000 et un maltais 67 000, soit un rapport de un à douze ! Le Brexit aurait pu permettre de corriger ces déséquilibres. En effet, le départ des Britanniques en mars 2019 a libéré 73 sièges (sur 751, un chiffre qui ne peut être dépassé). Il aurait été possible par exemple d'en attribuer une dizaine à la France, ce qui aurait diminué le ratio députés/nombre d'habitants. Mais, en 2018, le Parlement et les États membres ont préféré geler 46 postes en prévision des futurs élargissements, ce qui laissait 27 sièges à se répartir. Là encore, il aurait été possible de diminuer

1. Arrêt du Bundesverfassungsgericht du 9 juin 2009.

la surreprésentation des petits et des moyens États, mais cette mesure n'aurait eu aucune chance d'être adoptée. Résultat, l'Union s'est contentée de corriger à la marge les déséquilibres les plus scandaleux en attribuant ces sièges à 14 pays. Ainsi, les eurodéputés français passeront de 74 à 79, les Espagnols de 54 à 59, les Italiens de 73 à 76, les Néerlandais de 26 à 29, les Irlandais de 11 à 13. La Pologne, la Roumanie, la Suède, l'Autriche, le Danemark, la Slovaquie, la Finlande, la Croatie et l'Estonie gagnent, eux, un député supplémentaire dans l'affaire. Malgré cette redistribution, l'Allemagne et la France resteront les plus désavantagées puisqu'il faudra toujours plus de citoyens pour élire un député qu'en Italie, en Espagne ou en Pologne. Comme le notent les juges constitutionnels allemands, « dans les États fédéraux, des déséquilibres aussi marqués ne sont normalement tolérés que pour la deuxième chambre parlementaire (les sénats) [mais] ne sont cependant pas acceptés pour la représentation du peuple proprement dite, qui ne pourrait alors représenter le peuple d'une façon égalitaire ». En réalité, « ce n'est pas le peuple européen qui est représenté [...], mais les peuples de l'Europe organisés au sein de leurs États, avec les rapports de forces politiques apparus dans ces États par voie d'élections démocratiques et égalitaires ». D'ailleurs, au sein du Parlement, les logiques nationales l'emportent souvent sur les logiques politiques, notamment parmi les eurodéputés allemands : il est arrivé à plusieurs reprises de les voir voter en bloc, de l'extrême gauche à l'extrême droite, pour défendre leur intérêt national. Le départ du Royaume-Uni aurait été aussi l'occasion de sortir de leur cadre national les élections européennes. Emmanuel Macron, le président de la République française, a proposé, en septembre 2017, que les sièges britanniques soient en tout ou partie attribués à une « liste transnationale » (chaque citoyen européen disposant alors de deux voix, une nationale, une Européenne), et ce dès le scrutin de mai 2019. La proposition soumise au vote des eurodéputés en février 2018 suggérait de s'en tenir dans un premier temps à 27 sièges « européanisés », soit autant que d'États membres. Mais par 368 voix contre 274, ils s'y sont opposés en février 2018. Un comble alors que l'idée était défendue depuis plus de trente ans par le Parlement européen.

En fait, c'est le Parti populaire européen (PPE, conservateurs) qui a tout fait pour torpiller cette idée trop fédéraliste à son goût : il craignait que le Conseil européen des chefs d'État et de gouvernement n'exige ensuite que le futur président de la Commission soit obligatoirement le député arrivé en tête de cette liste transnationale. Or, il pourrait ne pas être issu du PPE. Et le système imposé par le Parlement européen en 2014 prévoit que le candidat arrivé premier lors de l'élection européenne soit automatiquement propulsé à la tête de l'exécutif bruxellois. En l'état actuel du rapport de force politique dans les pays de l'Union, c'est le PPE qui arrivera en tête en 2019 et sans doute pour longtemps encore… Le seul moyen de contrer ce quasi-monopole du PPE, et donc finalement de la CDU-CSU allemande, le parti dominant, serait de créer une liste transnationale qui pourrait placer un candidat non issu de l'une des grandes familles européennes. Par exemple la République en Marche. Un cauchemar pour les apparatchiks du PPE qui ont préféré s'allier à tous les antieuropéens et refuser un pas de plus vers l'intégration communautaire plutôt que de perdre la main.

Les juges constitutionnels allemands ont donc raison de constater qu'il « manque à l'Union européenne [...] un organe de décision politique élu au suffrage égalitaire par tous les citoyens de l'Union et qui soit capable de représenter la volonté du peuple de manière égalitaire. Dans la même ligne, il manque un système d'organisation du pouvoir dans lequel une volonté majoritaire européenne appuierait la formation du gouvernement sur la base de décisions électorales prises librement et égalitairement de façon à permettre un débat authentique et transparent entre gouvernement et opposition ». Bref, la démocratie imparfaite de l'Union reflète simplement le fait qu'elle est un groupement d'États souverains.

Chaque État européen s'est donc organisé pour combler, au niveau national, les béances de la démocratie européenne. Par exemple, en Allemagne, une commission spéciale du Bundestag (l'équivalent de l'Assemblée nationale) suit tous les travaux européens et les ministres sont régulièrement auditionnés. Mieux, avant chaque Conseil européen, la chancelière sollicite un mandat indicatif de ses députés, puis vient rendre compte de ce qui a été décidé et pourquoi. Les pays où un tel contrôle national existe n'ont pas d'états d'âme à l'égard du déficit démocratique européen. Il n'en va pas de même dans les autres, notamment en France, le pays où le sentiment de dépossession est le plus fort.

Une « dictature européenne » bien française

De fait, sa politique européenne se décide, depuis l'avènement de la Ve République, à l'Élysée, sans association du Premier ministre, des ministres concernés (Affaires étrangères, Affaires européennes), du Parlement et bien sûr des citoyens français, si l'on excepte trois référendums (adhésion du Danemark, de l'Irlande et de la Grande-Bretagne, traité de Maastricht, traité constitutionnel européen). Ce n'est pas un hasard si le représentant permanent de la France prend ses instructions à l'Élysée et non au ministère des Affaires étrangères ou, mieux, des Affaires européennes. Toutes les orientations sont arrêtées par un petit groupe d'hommes (et très rarement de femmes) entourant le président de la République (secrétaire général de l'Élysée, conseiller diplomatique, conseiller pour les affaires européennes), les ministères étant simplement chargés de mettre en musique les décisions élyséennes et, en bout de course, le Parlement d'approuver ce qui a été décidé à Bruxelles par le chef de l'État puis les ministres lui obéissant. La politique européenne est par excellence le domaine réservé du président de la République. Tout le monde, à droite comme à gauche, s'est accommodé de ce fonctionnement qui n'a qu'un rapport lointain avec la démocratie. En effet, le chef de l'État considère que la politique européenne échappe au processus normal de délibération et que les accords qu'il conclut – ou son gouvernement – à Bruxelles ont force de loi puisque « la parole de la France » est engagée. On peut certes arguer que le chef de l'État a reçu, lors de son élection, une délégation de pouvoir pour ce faire. Le problème est que la politique européenne n'occupe qu'une place marginale dans le programme des candidats et, surtout, que le thème est totalement absent des campagnes électorales. En clair : les Français seraient bien en peine de dire pour quel type de politique européenne ils ont élu le président de la République, celui-ci n'hésitant d'ailleurs pas à en changer en cours de chemin, comme on l'a vu avec Nicolas Sarkozy et François Hollande...

Le problème est que cette confiscation de la politique européenne par un petit groupe d'hommes et de femmes agissant sans réel mandat démocratique est de plus en plus mal vécue par les citoyens, comme l'a montré l'épisode du référendum de 2005 sur le traité constitutionnel européen. Le « non » des citoyens a d'abord été un « non » à une certaine méthode de gouvernance française qui aboutit à confisquer le débat. Admissible lorsque la construction communautaire n'en était qu'à ses débuts et ne concernait que des questions essentiellement techniques (politique agricole commune, union douanière, marché intérieur), cette méthode ne l'est plus dès lors que l'Union touche au cœur des souverainetés nationales (politique monétaire, justice, immigration, politique budgétaire et économique, politique étrangère, défense...). La confiscation du débat revient à une confiscation de la démocratie qui n'a pas son équivalent en Europe.

L'articulation entre la gouvernance européenne et nationale fonctionne particulièrement mal en France et aboutit à créer un réel « déficit démocratique » qui est moins européen (celui-ci se résorbant avec les pouvoirs donnés au Parlement européen) que français. D'où le sentiment croissant des Français d'avoir affaire à une dictature européenne qui n'est en réalité que française. Le fait que la France ait toujours préféré la méthode intergouvernementale à la méthode communautaire renforce cette dérive a-démocratique puisqu'elle vise à écarter le contrôle démocratique au niveau européen afin de préserver les prérogatives présidentielles.

Avec la crise de la dette souveraine de 2010-2012, cette préférence française pour un « autoritarisme éclairé européen » a atteint ses limites : l'intégration communautaire, qui est la seule réponse possible aux marchés, ne pourra se faire sans l'approbation des peuples et un contrôle démocratique renforcé. En particulier, émettre de la dette en commun reviendra à rendre responsable l'ensemble des citoyens européens des dépenses des différents États, ce qui aboutira à un contrôle exercé en commun sur les budgets nationaux et donc les politiques économiques et sociales. Déposséder les parlements nationaux, puisque c'est de cela qu'il s'agit, ne pourra se faire qu'au profit d'une autre instance légitime, c'est-à-dire un parlement de la zone euro. Or, à cause de la France, ce n'est pas précisément ce chemin que l'Union prend.

Chapitre IV

« L'EUROPE MÉPRISE LES PEUPLES »

L'oligarchie non élue qui dirige l'Europe se méfie des peuples. Et l'on comprend pourquoi, lorsque l'on voit que, partout, la colère des citoyens monte face à ceux qui prétendent faire leur bonheur contre leur gré. Dès lors, rien d'étonnant qu'elle ait les référendums en horreur. Si certains pays ont la malencontreuse idée d'en organiser, l'Union s'empresse de contourner les résultats négatifs pour imposer toujours et toujours plus d'Europe. La France l'a expérimenté en 2005 : bien qu'elle ait voté non au traité constitutionnel européen, Bruxelles lui a imposé le traité de Lisbonne deux ans plus tard, qui en est l'exact décalque. Son vote n'a donc servi à rien, la volonté populaire a été violée. Encore et toujours !

*

Il s'agit là du canard le plus mortel que les démagogues aient inventé contre la construction européenne : l'idée qu'un pouvoir apatride supranational n'aurait qu'un but, violer la volonté des peuples à chaque petit déjeuner, comme Barbe-Bleue assassinait ses épouses.

L'accusation ferme la boucle des griefs portés contre l'illégitimité de l'Union : construite dans le dos des peuples, cette UERSS non démocratique ne peut que s'asseoir sur la volonté des peuples. À l'analyse, elle ne tient absolument pas la route par quelque bout qu'on l'examine. Car les référendums sont une prérogative souveraine des États et nul ne peut les obliger à organiser une telle consultation ou à en ignorer les résultats. D'ailleurs, les europhobes seraient bien en peine, au-delà des slogans lancés sur les plateaux de télévision, de prouver l'implication de l'Union dans les référendums nationaux puisque chaque pays organise sa vie politique comme il l'entend.

Le Brexit devrait définitivement tuer ce fantasme : aucun État, aucune institution communautaire n'a demandé aux Britanniques d'organiser une nouvelle consultation après le référendum du 23 juin 2016. Au contraire, la fameuse « oligarchie bruxelloise » a demandé au gouvernement de Sa Gracieuse Majesté d'accélérer le mouvement pour que les Vingt-Sept puissent passer à autre chose. De même, la Norvège a voté à deux reprises, en 1972 et en 1994, contre son adhésion à l'Union et son vote a été respecté, tout comme les refus danois et suédois de rejoindre l'euro. Autrement dit, lorsqu'un peuple consulté par référendum est appelé à se prononcer une seconde fois, c'est parce que son gouvernement le décide et, de plus, rien n'oblige les électeurs à se dédire.

Des référendums tardifs

Ce n'est que bien après le lancement de la construction communautaire[1] que certains pays ont voulu consulter directement leurs citoyens sur l'Europe, essentiellement lors de leur adhésion à l'Union : pour le coup, c'est le référendum le plus légitime, puisqu'un résultat négatif n'impacte que le pays qui procède à cette consultation. Ainsi, le premier élargissement a donné lieu à des référendums, soit positifs (Irlande, Danemark et Grande-Bretagne[2]), soit négatifs (Norvège). La France en a profité pour interroger ses citoyens en 1972 sur cet élargissement, essentiellement pour des raisons de politique intérieure. Depuis, aucun État déjà membre n'a demandé l'avis de sa population sur les élargissements successifs qui ont fait passer l'Union de neuf à vingt-huit pays. Ce qui a peut-être été une erreur : le grand élargissement de 2004 à dix nouveaux membres a été très mal vécu par les opinions publiques d'Europe de l'Ouest et explique en grande partie le vote négatif français et néerlandais lors des référendums de 2005 sur le traité constitutionnel européen[3].

---

1. On a vu pour quelles raisons dans le chapitre I.

2. Le Royaume-Uni a organisé son référendum en 1975, après l'adhésion qui a eu lieu en janvier 1973, pour la confirmer (par 67 % des voix) à la suite d'un changement de majorité parlementaire.

3. L'argument principal de la campagne a été celui du fameux « plombier polonais » qui allait nous envahir, ce qu'il n'a hélas pas fait : trouver un plombier de qualité et pratiquant des prix abordables reste un défi en France…

Du côté des pays candidats, la situation est contrastée : ni la Grèce (1981), ni l'Espagne et le Portugal (1986), trois pays qui sortaient d'une dictature et se méfiaient des consultations populaires manipulées, n'ont organisé de référendum. Il en a été de même pour Chypre (2004), la Bulgarie et la Roumanie (2007). En revanche, treize autres pays (quatre en 1995 et neuf en 2004) ont consulté leur peuple, ce qui a permis aux Norvégiens de refuser en 1994 d'adhérer, pour la seconde fois… En dehors de Malte (53,6 % de « oui »), les scores positifs ont atteint des sommets quasi staliniens.

De même, les traités modifiant le traité fondateur de Rome ont rarement donné lieu à des référendums[1], sauf en Irlande et au Danemark où ils sont quasi systématiques soit pour des raisons constitutionnelles, soit pour des raisons de politique intérieure. Ailleurs, ils sont très exceptionnels, souvent parce qu'ils sont étrangers aux traditions de la plupart des démocraties européennes. À la fois parce qu'ils ne permettent qu'une réponse simple à un problème complexe, ce qui attise la polarisation de la société, mais aussi parce que leur dimension plébiscitaire rappelle de très mauvais souvenirs à des pays comme l'Allemagne, l'Autriche, l'Italie, la Belgique (où la question royale a failli dégénérer en guerre civile), etc. En France même, l'usage qu'en a fait la Révolution, puis les deux Napoléon, lui a donné une saveur sulfureuse que de Gaulle a ravivée. Ce n'est d'ailleurs pas un hasard si

1. Acte unique de 1986, traité de Maastricht de 1992, traité d'Amsterdam de 1997, traité de Nice de 2001, traité constitutionnel de 2004, traité de Lisbonne de 2007.

ce dernier a proposé en 1960 que son projet d'Union politique, plus connu sous le nom de « plan Fouchet », soit soumis à un « solennel référendum européen », de quoi effarer ses cinq partenaires qui en ont refusé l'idée même.

Néanmoins, la France, en septembre 1992, a décidé d'organiser un référendum sur le traité de Maastricht après le non danois du mois de juin précédent. Dans l'esprit de François Mitterrand, le président de la République de l'époque, il s'agissait de montrer que l'Europe restait populaire. L'étroitesse de la victoire du oui (51 %) a souligné tout le danger de ce type de consultation qui agrège tous les mécontentements, les citoyens votant aussi pour ou contre le gouvernement. Mitterrand, en fin de second mandat, ne l'a d'ailleurs emporté qu'à l'arraché, en mettant ses dernières forces (son cancer était en phase terminale) dans la bataille.

Des référendums nationaux sur des problèmes européens

La démonstration du caractère nocif du référendum a été définitivement faite en 2005 avec la consultation sur le traité constitutionnel européen (TCE) qui a débouché sur un non français (54,68 %)[1].

1. La France n'a pas été la seule à consulter son peuple sur ce texte : les Pays-Bas ont aussi voté contre (60 %), alors que l'Espagne (76,6 %) et le Luxembourg (56,5 %) l'ont approuvé, seize autres pays se contentant de le ratifier par voie parlementaire.

Toutes les enquêtes postélectorales (et donc non prédictives) ont montré que ce refus était tellement divers qu'il était impossible d'en tirer une ligne de conduite[1]. Quoi de commun entre le non d'extrême gauche, de gauche, de droite, d'extrême droite ? Rien. Surtout, la défaite du oui doit beaucoup à une gauche qui n'avait toujours pas digéré d'avoir dû voter pour Jacques Chirac lors de la présidentielle de 2002 pour faire barrage à Jean-Marie Le Pen. Pas question de lui faire un second cadeau !

Le principal problème de ces référendums est qu'ils sont organisés dans le cadre national, ce qui signifie qu'un seul peuple peut bloquer tous les autres, puisqu'un traité doit être approuvé à l'unanimité des États. On répondra qu'il en va de même d'un parlement qui peut lui aussi bloquer à lui seul l'ensemble des Européens. Ce qui est parfaitement exact, on l'a vu dans le cas de la CED en 1954. Mais c'est l'exception, une majorité parlementaire, parfaitement au fait des enjeux, parce qu'elle a été associée à la négociation, ne se livrera pas à ce petit jeu, sauf à faire chuter le gouvernement qu'elle soutient. Dans le cas de la CED, l'explication du vote négatif tient au fait que le gouvernement et le Parlement qui se sont prononcés en France n'étaient plus ceux qui l'avaient proposé et négocié, d'où le caractère extrêmement contingent de ces rejets. On peut aussi citer l'accord commercial avec le Canada

1. L'enquête Eurobaromètre de juin 2005 (http://ec.europa.eu/public_opinion/flash/fl171_fr.pdf) est révélatrice : la principale motivation du non sont les risques que ce traité ferait peser sur l'emploi en France alors qu'il réformait surtout les institutions...

(le CETA), dont la signature par l'État fédéral belge, de droite, a été bloquée pendant quelques jours, en octobre 2016, par le parlement wallon de gauche.

Pour éviter un enlisement de l'Europe imposé par une minorité de peuples consultés, les États qui se sont pris les pieds dans le tapis référendaire multiplient les astuces pour essayer de s'en sortir. Ainsi, les principales innovations du TCE ont été reprises par le traité de Lisbonne de 2007 sur proposition de la France, profondément affaiblie par le référendum de 2005, puisque son peuple avait désavoué son gouvernement sur un texte qu'il avait signé et qui portait sa marque[1]. Mais pour ce faire, il a d'abord fallu que tous les États s'engagent à ratifier le futur traité par voie parlementaire, seule l'Irlande, pour des raisons constitutionnelles, n'ayant pu souscrire à cet engagement. C'était la condition *sine qua non* d'une nouvelle négociation : l'Allemagne, notamment, n'aurait pu accepter de renégocier un traité qu'elle avait déjà ratifié en prenant le risque d'un nouveau rejet français qui aurait signé la fin de l'aventure européenne. Le sens de la démocratie parlementaire dans la plupart des pays européens échappe aux Français, qui ont appris avec la Ve République à mépriser la représentation élue : dans l'Hexagone, le référendum est devenu la forme la plus achevée de la démocratie alors qu'il n'en est qu'une forme dégradée, comme l'ont bien compris les Allemands qui l'ont interdit.

1. Rappelons que le traité constitutionnel européen est le dernier grand texte à avoir été négocié en français et non en anglais.

Néanmoins, la ratification du traité de Lisbonne a donné lieu à une nouvelle péripétie en Irlande, le seul pays à organiser un référendum : en juin 2008, le non l'emporte par 53 % des voix avant qu'en octobre 2009 les Irlandais se ravisent après avoir obtenu quelques concessions (67 %) : chaque État gardera son commissaire, l'interdiction de l'avortement ne sera pas remise en cause (il n'en a jamais été question), la participation à la défense européenne ne sera pas obligatoire (ce qui était déjà le cas)... Soit l'exacte répétition du non (50,7 %) danois de juin 1992 suivi d'un oui (56,8 %) en mai 1993, Copenhague ayant obtenu de ne pas participer à l'euro et à toute une série de politiques communes (sécurité, justice, immigration). On bricole donc pour sauver l'essentiel.

Les États à la manœuvre référendaire

Cet épisode montre bien que ce sont les gouvernements qui ont décidé de ne pas recourir aux référendums sur le traité de Lisbonne : pas plus que la France, les Pays-Bas, l'autre pays du non, n'ont demandé l'avis de leur peuple. Lorsque les tenants du non affirment que Bruxelles leur a volé leur victoire, cela n'a aucun sens : c'est la France seule qui a décidé d'emprunter la voie parlementaire pour sortir de l'impasse. À la limite, ils pourraient accuser Nicolas Sarkozy, le président de l'époque qui a pris cette décision, de l'avoir fait. Il faut noter qu'il a été élu en 2007 en annonçant ce qu'il ferait et qu'en 2012 le socialiste François Hollande, qui l'a soutenu sur ce point, lui a succédé. Une approbation au minimum implicite.

Une autre voie aurait été possible : ne rien faire, laisser l'Europe en l'état après le rejet du traité constitutionnel européen et attendre quelques dizaines d'années que les passions s'apaisent. De fait, quand un pays ne veut pas bouger, il ne se passe rien : on le voit avec le Brexit, comme on l'a vu le 28 septembre 2000 lorsque les Danois ont confirmé par 53 % des voix leur refus de rejoindre l'euro. Ou lorsque, le 14 septembre 2003, les Suédois ont fait la même chose par 56 % des voix. Pourtant, en procédant à ce référendum, Stockholm a violé la légalité communautaire puisqu'elle ne bénéficiait d'aucun *opt out* comme la Grande-Bretagne et le Danemark : en approuvant par référendum, le 13 novembre 1994, son adhésion à l'Union, ce pays a accepté, du même coup, de rejoindre l'euro dès qu'il remplirait les conditions, ce qui est le cas, encore aujourd'hui... Autant dire que l'Europe est respectueuse de la volonté populaire. À chaque fois qu'il y a un nouveau vote après un rejet, c'est parce que le gouvernement l'organise après avoir négocié des aménagements car il souhaite la poursuite de l'intégration communautaire et ne veut pas s'isoler de ses partenaires en refusant d'essayer de sortir d'une situation de blocage qu'il a lui-même créée.

Lorsque l'on fait la liste des référendums sur l'Europe qui ont été perdus, on se rend compte qu'ils sont fortement minoritaires par rapport à ceux qui ont été gagnés. Outre les deux refus norvégiens, on compte deux non danois, deux non irlandais[1], un non suédois, un non français et un non néerlandais auxquels il faut ajouter le rejet du traité d'association entre l'Union et l'Ukraine, toujours par les Pays-Bas[2]. Soit dix votes négatifs contre vingt-neuf positifs. Ce qui en dit long sur le soi-disant rejet de l'Europe par les peuples. Mais il est vrai que les mauvaises nouvelles sont plus marquantes (y compris et surtout dans les médias) que les bonnes…

En finir avec les référendums nationaux

En soi, j'ai déjà dit tout le mal que je pense des référendums, une apparence de démocratie qui – est-ce surprenant ? – est prisée par les démagogues d'extrême gauche, qui pèsent peu, et surtout d'extrême droite, qui eux représentent un danger mortel pour les démocrates. Dans le cadre européen, ils sont encore plus nocifs vu l'interdépendance toujours plus grande qui existe entre les pays : la démocratie, ça n'est pas de permettre à quelques millions de citoyens de décider de l'avenir de 500 millions de personnes. Le Premier ministre slovaque, Robert Fico, qui se proclame socialiste mais qui gouverne comme un démagogue, a lui-même fini par admettre, courageusement, le danger que cette démocratie directe fait peser sur l'Union

1. Le 7 juin 2001, les Irlandais ont rejeté le traité de Nice par 53,9 % des voix et 34,8 % de participation. Ils l'approuvent le 19 octobre 2002 par 62,9 % des voix et 49,5 % de participation.
2. Le 6 avril 2016, par 61 % des voix et 31 % de participation.

et partant sur l'ensemble des autres pays européens. En janvier 2017, il a exhorté ses pairs à en finir avec « l'aventurisme » des référendums nationaux : « La Grande-Bretagne n'est pas un pays de la zone euro, mais l'Italie a un énorme impact sur le secteur bancaire, sur l'euro. Que ferons-nous s'il y a un référendum en Italie sur l'euro et que les citoyens italiens décident qu'ils n'en veulent plus ? » Les Italiens ont-ils le droit souverain de suicider l'ensemble de la zone euro alors que chacun sait que, comme les Britanniques, ils n'auraient une claire idée des conséquences de leur vote ? C'est une bonne question et cela montre les limites de cet exercice de prétendue démocratie.

Il est d'ailleurs intéressant de noter que les europhobes portent un amour immodéré aux référendums dès lors qu'il s'agit de l'Europe, mais bien moins lorsqu'il s'agit de leur propre pays. Rares sont ceux qui proposent de consulter les peuples sur toutes les décisions gouvernementales : faut-il augmenter les impôts ? Retarder l'âge de la retraite ? Autoriser la contraception ? Interdire l'avortement ? Réduire la vitesse sur les autoroutes ? Etc.

Si on tient malgré tout aux référendums, et si tous les États membres en sont d'accord, il faudrait à tout le moins organiser, sur les questions communautaires, une consultation transeuropéenne afin qu'une minorité infime des Européens ne bloque pas tout le monde. Cela, évidemment, suppose qu'on sorte de l'unanimité, sinon le résultat final serait le même. On pourrait par exemple imaginer que si une majorité de citoyens représentant une majorité (ou une majorité qualifiée) d'États votent en faveur du texte, il serait adopté. Un pays qui n'accepterait pas le résultat, parce qu'il lui pose des questions existentielles, pourrait bien sûr organiser un second référendum, mais seulement pour sortir de l'Union, sur le modèle britannique. Cette démocratie directe à l'échelle de l'Union limiterait les risques que des enjeux purement nationaux s'imposent et nuisent aux autres pays.

Surtout, des campagnes transeuropéennes éviteraient (peut-être, soyons prudents) que des mensonges ou des absurdités prospèrent au point d'empêcher les électeurs de faire leur choix en connaissance de cause. En 2005, en France, certains ont cru qu'en votant contre le traité constitutionnel européen (TCE), ils bloqueraient le projet de directive Bolkestein ouvrant à la concurrence les services, d'autres qu'ils remettraient en cause la politique de concurrence voire carrément l'économie de marché, d'autres encore qu'ils protégeraient leur emploi et autres billevesées. Douze ans plus tard, le socialiste Arnaud Montebourg, ancien ministre de l'Économie, affirme que le rejet du TCE est un rejet de tout ce qui existait jusque-là, y compris la règle imposant un déficit public maximum de 3 % du PIB[1]. On reste les bras ballants devant tant d'ignorance ou de mauvaise foi, on ne sait.

Certes, le TCE avait repris tous les traités précédents pour permettre une lecture d'ensemble, mais

1. La règle des 3 % fait partie des conditions prévues par le traité de Maastricht pour se qualifier pour la monnaie unique. Le pacte de stabilité budgétaire signé en 1997 a prévu que ces 3 % devraient être respectés de façon permanente. Cette règle est demeurée inchangée depuis, même si le pacte, lui, a été amendé en 2005, 2011, 2013 et 2014.

son apport consistait essentiellement en une réforme des institutions communautaires et quelques retouches des compétences. Le rejet du TCE signifiait juste que la consolidation en un seul texte et les réformes introduites tombaient, mais pas ce qui existait auparavant. Cela avait d'ailleurs été l'un des arguments des « nonistes » : voter contre ne changera rien. Manifestement un ministre de la République ne l'a pas compris. Les échos des campagnes dans les autres pays pourraient empêcher ce genre de spirale nationale délirante où les arguments rationnels n'arrivent plus à se faire entendre. Si, en 2005, les Français avaient découvert qu'eux seuls discouraient des mérites de l'économie de marché, ce qui n'était pas le sujet, peut-être que la campagne aurait été différente et le résultat aussi.

Chapitre V

« LA COMMISSION EST TECHNOCRATIQUE ET HORS SOL »

La Commission, qui décide de tout dans l'Union, est un repère de technocrates apatrides, dénués de toute légitimité, gorgés d'idéologie ultralibérale, vivant grassement aux crochets des États qui les payent, persuadés de savoir ce qui est bon pour les peuples. Douillettement blottis dans leur bulle bruxelloise, coupés des réalités, roulant dans des voitures de luxe, de préférence allemandes, vivant dans d'immenses maisons, fréquentant les meilleurs restaurants et les boutiques de luxe de Bruxelles, envoyant leurs enfants dans des écoles réservées payées par le contribuable (les écoles européennes), parlant leur langue à eux, le globish, une sorte d'anglais technocratique, 33 000 eurocrates[1] inamovibles imposent leurs lois à 500 millions de citoyens et à vingt-huit États, aussi absurdes soient-elles. Ils détiennent la vérité et toute contestation de leurs décisions est considérée comme une attaque contre l'idée européenne elle-même. L'Europe, c'est

1. Toutes institutions communautaires comprises, les fonctionnaires européens (incluant les agents temporaires et les contractuels) sont 56 000.

eux, et leurs politiques, c'est l'Europe. La Commission est le cancer de l'Europe.

*

« Ne dites pas à ma mère que je travaille à la Commission, elle me croit pianiste dans un bordel », aurait pu être le titre de ce chapitre. Autant les fonctionnaires européens étaient fiers, dans le passé, d'afficher qu'ils travaillaient pour l'Europe, autant depuis vingt ans, ils s'en cachent. On les comprend. En avril 2012, en pleine crise grecque, des autocollants ont fleuri dans le quartier européen représentant un homme pendu par sa cravate sur fond de drapeau étoilé avec cette phrase : « Eurocrate, sers-toi de ta cravate. » Quelques tags de la même eau ont pris le relais ainsi que des tracts annonçant la « révolution sociale » face à l'austérité décidée par Bruxelles. L'origine de cette campagne reste mystérieuse, mais elle a secoué le landerneau européen. Les syndicats de fonctionnaires s'en sont émus, disant craindre des « agressions physiques », et ont pointé la responsabilité des médias, accusés de donner une image négative des femmes et des hommes qui font profession de construire l'Europe. Les fonctionnaires évitent désormais de demander les plaques d'immatriculation spéciales auxquelles ils ont droit pour ne pas attirer l'attention. In-vi-si-bles, ils veulent être. Les eurocrates, et plus particulièrement ceux de la Commission, ont conscience de cristalliser tous les ressentiments qu'une partie de la population porte à l'égard de cette Europe accusée de tous les maux.

Une élite internationale à part

Longtemps, ils ont joué la différenciation, en s'affichant comme une élite internationale à part, et cela a fini par se retourner contre eux. C'est au début des années 90 que le vent a tourné pour les eurocrates jusque-là missionnaires d'une Europe sacralisée. L'activisme de la Commission dirigée par Jacques Delors (entre 1985 et 1994), qui a multiplié les initiatives pour achever le marché unique, a fini par indisposer des États qui lui en avaient pourtant donné le mandat. C'est le chancelier Helmut Kohl, pourtant peu suspect d'europhobie, qui a sonné l'hallali en dénonçant, en 1992, le « Moloch bureaucratique » bruxellois. Depuis, cet *eurocrat bashing* est une constante des débats nationaux. Il faut reconnaître qu'il y a de solides raisons à ce rejet de l'eurocratie, car la Commission tend à devenir au fil du temps un problème pour l'intégration communautaire, sans doute supérieur à celui que représentent les États. S'il est logique que ces derniers ne partagent leur souveraineté qu'avec réticence, l'arrogance, l'aveuglement et surtout la quasi-absence de sens politique de l'exécutif européen, qui, contrairement à ce qu'il croit, a oublié ce qu'était l'intérêt général européen, n'est pas excusable. La Commission devrait être le moteur de l'Union, elle en est devenue le repoussoir. Sur ce point, je ne peux qu'être d'accord avec les eurosceptiques : après vingt-cinq ans passés à l'observer, je me demande sincèrement s'il y a encore quelque chose à sauver dans cette institution qui n'est plus que l'ombre d'elle-même.

En plaisantant, je dis souvent que j'entre fédéraliste au Berlaymont, le nom de l'immeuble principal de la Commission, et que j'en sors souverainiste... Pour donner une petite idée de la coupure existant entre le monde douillet de l'eurocratie[1] et la vie réelle, l'observateur des affaires européennes depuis 1990 que je suis est considéré comme un nationaliste franchouillard par une bonne partie des eurocrates, parce que j'ose ne pas chanter les louanges quotidiennes de ce phare lumineux de la construction communautaire, alors qu'à Paris je suis qualifié « d'ayatollah du fédéralisme »... Anecdotique, mais révélateur.

Comment en est-on arrivé là, alors que la Commission est dirigée par un collège de vingt-huit commissaires qui sont tous des femmes et des hommes politiques de haut niveau ? Aussi étonnant que cela puisse paraître, c'est peut-être là l'une des explications de la dérive technocratique de l'exécutif européen : après le départ de Jacques Delors, les chefs d'État et de gouvernement ont convenu qu'il ne fallait plus nommer à ce poste que d'anciens Premiers ministres afin, officiellement, de « rehausser » la fonction. En réalité, le but était de raccourcir la laisse de la Commission : un ancien chef de gouvernement a été membre du Conseil européen et a tendance à se comporter comme s'il appartenait toujours à ce club exclusif. En clair, il cherchera à ne pas déplaire à ses collègues et mandants.

---

1. *Le Champ de l'eurocratie*, ouvrage collectif dirigé par Didier Georgakakis, Economica, 2012.

Le pouvoir à la bureaucratie

Surtout, un ex-Premier ministre est rarement un technicien, mais toujours une bête politique : or, pour diriger efficacement la lourde bureaucratie multinationale qu'est la Commission, il faut s'intéresser de près aux rouages internes pour les utiliser au mieux. C'est ce qu'a su faire à merveille un Delors, certes ancien ministre des Finances de François Mitterrand (1981-1984), mais surtout haut fonctionnaire de qualité. Ses successeurs en ont tous été incapables, que ce soit Jacques Santer (1995-1999), ancien Premier ministre du Luxembourg, Romano Prodi (1999-2004), ancien président du Conseil italien, et José Manuel Durão Barroso (2004-2014), ancien Premier ministre portugais. En clair, ces éminences n'ont pas compris que la force de la Commission a toujours été, grâce à ses compétences techniques et juridiques, de trouver les points de convergence entre les États membres afin de faire avancer l'intégration communautaire. Elle n'est pas un gouvernement, contrairement à ce que proclamait Romano Prodi, mais un « apporteur d'affaires ». C'est une autre façon de faire de la politique, moins glorieuse, plus discrète, mais autrement plus efficace.

Dans la foulée, les gouvernements se sont mis à nommer comme commissaires de purs politiques. Des personnages qui, faute d'une connaissance suffisante des dossiers et de compétences juridiques indispensables pour se retrouver dans un univers produisant uniquement de la norme, faute aussi d'avoir la force de travail nécessaire, sont devenus de simples instruments aux mains des puissantes directions générales de la Commission[1]. Car pour tenir tête à un déferlement d'arguments techniques assénés par des fonctionnaires qui, eux, « savent », il faut avoir une tête bien faite et une volonté politique forte, ce qui est très rare. Ce n'est pas un hasard si les grands commissaires depuis 1995 ont tous été d'abord des techniciens comme Jacques Barrot (transports puis justice), Loyola de Palacio (transports), Michel Barnier (aides régionales puis marché unique), Mario Monti (marché intérieur puis concurrence) ou encore Pascal Lamy (commerce). En clair, par une sorte de retournement dialectique imprévu, l'arrivée massive des politiques a abouti à donner le pouvoir à la bureaucratie.

Pour ne rien arranger, l'administration elle-même a connu une déperdition de compétence et d'intelligence extrêmement rapide avec la présidence de Romano Prodi et la réforme de l'administration qu'il a confiée à un Britannique, Neil Kinnock. Avant 1999, les directeurs généraux, un poste politique au sens où il est à la disposition du collège des commissaires, étaient recrutés pour leur savoir-faire dans un domaine particulier et restaient longtemps à leur place, ce qui en faisait de véritables « commissaires bis » capables de pallier les limites souvent béantes de leur patron en titre. Mais, au nom du principe de mobilité instauré par Prodi, ils tournent désormais tous les quatre ou

1. Les DG sont l'équivalent des directions d'administration centrale dans les États membres. Elles sont au nombre de trente-huit, auxquelles il faut ajouter la Task Force temporaire chargée de gérer le Brexit et dirigée par l'ancien commissaire et ministre français Michel Barnier.

cinq ans entre les directions générales (l'équivalent des administrations centrales dans les États). L'effet a été catastrophique, puisque cette rotation a eu pour conséquence de faire passer la connaissance intime des dossiers et donc le pouvoir réel aux échelons inférieurs. En effet, comment espérer qu'on puisse aisément passer de la politique fiscale à celle de la santé puis aux fonds régionaux ? À la Commission, on estime qu'il faut un an au minimum pour apprendre et que la dernière année est consacrée à la recherche d'un nouveau point de chute : autrement dit, un directeur général est à peu près efficace deux ou trois ans...

En outre, depuis la démission de la Commission Santer en 1999, les directeurs généraux consacrent 75 % de leur temps à faire de la gestion administrative et comptable, pour éviter de nouvelles fraudes, au lieu de réfléchir aux politiques menées... Et comme la rotation ne s'impose qu'à l'intérieur d'une même DG pour les directeurs, les chefs d'unité[1] et certains postes « sensibles », c'est-à-dire en contact direct avec des secteurs économiques, il n'est pas rare de voir la paire commissaire-directeur général totalement dominée par leurs services et donc incapable d'imposer une ligne politique claire : « Impossible, monsieur le commissaire, le traité ne le permet pas » est sans doute la phrase que l'on entend le plus souvent au Berlaymont. « Si on ne s'est pas intéressé au sujet très en amont, on est totalement prisonnier des services », reconnaît un

1. Depuis 2015, les chefs d'unité doivent changer de DG au bout de dix ans, une réforme qui ne concerne pas leurs supérieurs, les directeurs.

haut fonctionnaire, les textes arrivant rédigés à 90 % sur le bureau du commissaire. Et même si le commissaire sait ce qu'il veut et qu'il est bien épaulé par son cabinet, il faudra souvent qu'il livre une série de batailles épuisantes contre sa DG pour la faire plier.

Briser un corps d'élite à la française

Cette dilution du vrai pouvoir vers la base ne serait pas trop grave si les échelons inférieurs étaient à la hauteur de leur tâche. Cela fut généralement le cas, c'est désormais l'exception. La réforme mise en place par Neil Kinnock[1] a consisté à briser ce qui avait été conçu à l'origine comme un corps d'élite construit sur le modèle de l'administration française, mais au service de l'Europe, pour passer à une logique de management privé proche des normes anglo-saxonnes. « Plus précisément, au travers de cette réforme, qui s'appuyait officiellement sur une recherche d'efficacité et de modernisation, [il y avait] surtout une volonté de ramener les fonctionnaires à des tâches morcelées et de pure exécution avec, à la clef, un affaiblissement de l'esprit européen », explique ainsi la socialiste Catherine Lalumière, qui a négocié la réforme en tant que vice-présidente du Parlement européen chargée de l'administration[2]. Les autorités françaises de l'époque (en particulier Hubert Védrine, ministre des Affaires étrangères, et Pierre Moscovici, ministre délégué aux

1. Réforme entrée en vigueur en 2004.
2. Entretien de novembre 2014, *Études européennes*.

Affaires européennes) se sont totalement désintéressées de l'affaire, une erreur d'analyse d'une rare gravité, puisque la réforme a éloigné l'eurocratie de la vision française du monde pour en faire un instrument partageant la perception britannique du monde.

Désormais, les fonctionnaires ne sont plus recrutés sur leurs connaissances des affaires communautaires et leur engagement européen (qui étaient évalués par une dissertation et un oral), mais sur leurs *management skills* (capacité à diriger des équipes). De fait, les nouveaux concours sont calqués sur les procédures de recrutement des entreprises internationales, comme l'admet fièrement le Britannique David Bearfield, directeur de l'Agence européenne de recrutement, EPSO en langage eurocratique[1] : tests d'*IQ* (quotient intellectuel), d'*EQ* (quotient émotionnel) et « épreuves de jugement situationnel » ont remplacé les examens à la française qui évaluaient les connaissances. Résultat : les nouveaux fonctionnaires ne sont pas là pour « vendre » l'Union, mais pour gérer l'organisation, faire de l'animation d'équipe et de l'évaluation de mission qui est devenue plus importante que la mission elle-même.

Comment s'étonner que les eurocrates non seulement n'aient plus guère de vision de ce qu'est l'Union,

1. Il a été le conseiller de Kinnock, qui a élaboré la réforme. Il dirige l'Agence de recrutement depuis 2007. Dix ans au même poste, manifestement, la mobilité n'est pas pour ceux qui sont chargés de redessiner l'administration communautaire. Son poste a été enfin ouvert en 2018 et n'est toujours pas pourvu à l'heure où ce livre est écrit. Il faut dire que la bataille est féroce, la France exigeant que David Bearfield soit remplacé par un de ses ressortissants.

mais soient même recrutés pour leur indifférence. Le mot de « vocation » est devenu tabou. D'une administration de conception, on est passé en quelques années à une administration de gestion qui ne se pose plus aucune question, totalement coupée du monde réel. Les fonctionnaires, recrutés jeunes, sont incapables de faire le lien entre les espaces publics nationaux afin de permettre à l'intérêt général européen d'émerger. La Commission a désormais autant d'âme qu'une salle de marché d'une banque d'affaires de la City. Faute de capacité interne, elle n'a d'autre choix que de faire appel à des consultants extérieurs, généralement britanniques ou américains, pour l'aider dans ses missions. Un élément que l'on doit avoir à l'esprit lorsqu'on juge de l'idéologie véhiculée par Bruxelles : elle est de plus en plus le reflet de ce que pense le monde anglo-saxon faute pour les Français ou les Allemands de disposer de consultants de taille européenne, voire mondiale.

Un grand corps arthritique

Les méfaits de la réforme Kinnock ne s'arrêtent pas là. Avant 2004, la Commission pouvait recruter assez souplement à tous les niveaux de l'administration des femmes et des hommes qualifié(e)s. C'est ainsi que Jacques Delors est arrivé à Bruxelles avec son équipe composée de personnalités ayant une histoire professionnelle (y compris un ancien confrère de *Libération*, Jean-Michel Baer) et une connaissance fine de leur pays d'origine, qu'il a petit à petit placées dans les services, constituant au passage une hiérarchie parallèle, ce qui a contribué à revivifier la Commission. Aujourd'hui, ce serait quasiment impossible : un économiste réputé d'une cinquantaine d'années, payé une fortune dans une banque, qui aurait envie de mettre ses talents au service de l'Europe, devra entrer à la base, tout comme un jeune de vingt-cinq ans[1]… Personne n'est évidemment prêt à diviser son salaire par cinq ou plus, sauf à se contenter d'un statut d'agent temporaire ou contractuel qui permet d'être mieux payé[2]. Mais là aussi, on nage en plein délire : ces contrats sont en fait des CDD limités à six ans maximum. Résultat : la Commission est régulièrement obligée de se séparer des meilleurs qu'elle a pourtant elle-même formés. Grâce à Kinnock, l'administration communautaire est devenue un grand corps arthritique : on y entre à vingt-cinq ans, on en sort à la retraite, on est promu à l'ancienneté sans que les mérites entrent en ligne de compte. Autrement dit, d'ici une vingtaine d'années, tous les eurocrates n'auront rien connu d'autre dans leur vie que Bruxelles. Rassurant.

À la réforme Kinnock se sont ajoutés les effets du grand élargissement à l'Est de 2004. Pour assurer immédiatement une représentation aux nouveaux pays, la Commission a poussé à la retraite plusieurs

1. La Commission peut toujours recruter en externe pour les plus hauts postes (directeur général, directeur général adjoint et directeurs) avec des concours sur mesure. Mais cette procédure est rare, car elle se heurte à des résistances internes, les fonctionnaires en place n'aimant guère se voir privés d'une promotion.

2. Les agents temporaires et contractuels ne sont pas soumis à la grille salariale des fonctionnaires. Par exemple, pour un même poste, un temporaire pourra gagner deux fois plus qu'un fonctionnaire. Ou deux fois moins, car cela est aussi fréquent.

centaines de fonctionnaires des anciens États membres et recruté des gens surtout attirés par les plantureux salaires qui, non seulement, n'avaient pas toujours (on va rester gentil) les compétences requises, mais surtout étaient très souvent dénués de toute culture européenne et largement indifférents au projet communautaire. Ce qui restait d'esprit commun aux eurocrates n'y a pas résisté. « On passe son temps à régler des conflits d'une rare stupidité. Par exemple, un point d'exclamation dans un courriel est pris par certaines nationalités comme une insulte et ça se termine en médiation », soupire une fonctionnaire. « On ne peut faire travailler ensemble vingt-huit nationalités qui n'ont pas le même objectif, le même idéal, confirme avec pessimisme un autre. Cela fait douze ans qu'on se cherche. »

L'interface entre les commissaires et l'administration, c'est-à-dire les cabinets, est, elle aussi, devenue dysfonctionnelle. Limités à six personnes depuis Prodi, ils sont la plupart du temps majoritairement constitués d'eurocrates, les commissaires imaginant ainsi pallier leur méconnaissance du système. Résultat, les cabinets, qui sont censés être un échelon politique, sont incapables de contrôler l'administration puisqu'ils en sont le fidèle reflet. Ses membres cherchent surtout non pas à tordre le bras aux directions générales pour faire passer les idées de leurs commissaires, mais à ne pas compromettre leur future carrière, puisqu'une fois la mandature de cinq ans terminée, ils retourneront dans les services sous les ordres de ceux à qui ils auront éventuellement déplu.

Un entre-soi bureaucratique

Dans cette organisation du travail, les chefs de cabinet jouent un rôle particulier, puisque ce sont eux qui adoptent, lors de leur réunion hebdomadaire du lundi après-midi, la presque totalité des textes. Ce n'est qu'en cas de désaccord que le collège des vingt-huit commissaires, qui se réunit chaque mercredi matin, comme le Conseil des ministres français, tranche[1]. Mais, toujours depuis Prodi, la « collégialité », chacun étant censé discuter des dossiers de ses pairs, n'est plus qu'un souvenir, la commission s'étant présidentialisée : en clair, c'est le président qui tranche et rares sont les discussions générales. Il faut dire qu'à vingt-huit commissaires, elles seraient quasiment impossibles : rien qu'un tour de table prendrait trois heures… Chacun travaille donc en silo sans avoir aucune vision horizontale. Et si le président ne l'a pas, personne ne sera là pour l'apporter. Dès lors, comment s'étonner que le commissaire à la concurrence veille à empêcher la constitution de monopole sur le marché européen, même si cela interdit la constitution de champions européens mondiaux (Apple, Amazon ou Microsoft n'auraient jamais pu naître dans l'Union), alors que son collègue au commerce multiplie les accords de libre-échange avec le reste de la planète, car le marché est mondial ?

1. Exactement comme cela se passe au niveau des États entre le Comité des représentants permanents, le Conseil des ministres et le Conseil européen.

Les chefs de cabinet ont adopté le même type de fonctionnement : c'est le chef de cabinet du président qui décide. Et là aussi, comme il s'agit d'un fonctionnaire qui terminera sans doute directeur général, pas question de lui déplaire, puisque les autres chefs de cabinet sont aussi des eurocrates. C'est pourquoi le « chef cab » du président de la Commission Juncker, l'Allemand Martin Selmayr, peut tranquillement exercer une véritable tyrannie sur ses pairs : il n'hésite pas à les humilier et ceux-ci ne peuvent que serrer les dents. Dans le même temps, il veillera à ménager les directeurs généraux qui ont eux-mêmes la mémoire longue… Bref, le système tourne sur lui-même, sans réels contre-pouvoirs. Ce n'est pas pour rien que les grands commissaires du passé ont souvent amené dans leurs bagages leur chef de cabinet, à l'image d'un Jacques Delors avec Pascal Lamy, qui ne devait rien à personne et n'avait nullement l'intention de faire carrière à la Commission. Tout comme Jean-Pierre Jouyet qui lui a succédé. Avoir un fort caractère est aujourd'hui devenu un empêchement dirimant à toute fonction de responsabilité au sein de la Commission.

Pour ne rien arranger, la cohabitation de vingt-huit nationalités parlant vingt-trois langues a abouti à un appauvrissement intellectuel prévisible. En effet, pour communiquer plus aisément, les eurocrates ont adopté l'anglais comme langue quasi unique. Jusqu'en 1995, le français et l'anglais cohabitaient à peu près à égalité, avec une légère prédominance pour le premier. L'allemand, la troisième langue de travail, a toujours été peu employé. Avec l'élargissement à la Suède et à la Finlande, en 1995, pourtant deux petits pays, l'anglais est devenu majoritaire, les ressortissants de ces pays, même lorsqu'ils parlent très bien français ou allemand, considérant idéologiquement que l'anglais doit devenir la langue véhiculaire de l'Union, comme elle l'est déjà chez eux. Le mouvement s'est accéléré en 2004 avec le grand élargissement, mais seulement parce qu'il avait déjà débuté depuis dix ans. Aujourd'hui, 95 % des textes originaux sont pensés et rédigés en anglais. Cet *imperium* linguistique fait l'affaire des anglophones : la Commission recrute d'ailleurs de plus en plus, pour des missions à durée déterminée, de *native english speakers*, même si c'est parfaitement illégal au regard du droit communautaire. Elle exige aussi que toutes les réponses à ses appels d'offres soient rédigées en anglais, ce qui occasionne des coûts et des délais importants pour les entreprises, centres de recherches ou universités non anglophones.

Le globish ou le triomphe de la pensée médiocre

La France est en grande partie responsable de ce monolinguisme de fait, puisqu'elle a cessé de défendre sa langue au début des années 90. Ainsi, lors des négociations avec les pays nordiques, en 1993-1994, Alain Lamassoure, ministre des Affaires européennes, n'a pas négocié l'équivalent de l'accord Pompidou-Heath aux termes duquel la Grande-Bretagne s'est engagée à n'envoyer à Bruxelles que des diplomates et des fonctionnaires parlant français, accord qui a toujours été respecté. À l'époque, Lamassoure ignorait non seulement tout de cet accord, mais, à ma question, a répondu qu'il fallait « être moderne »… Plus tard, Pierre Moscovici, ministre des Affaires européennes[1] lors des négociations d'élargissement, a mené tous les débats en anglais alors que les diplomates de l'Est avaient fait l'effort d'apprendre le français sachant la sensibilité hexagonale sur le sujet. Comme me l'a dit, en français à l'époque, le ministre des Affaires étrangères d'un pays balte, « on a dès lors abandonné le français ». Signe supplémentaire de cette capitulation : la France ne fait plus de la connaissance du français la condition *sine qua non* pour une nomination à un poste de responsabilité : ainsi, Donald Tusk, le président du Conseil européen nommé avec la bénédiction de François Hollande, ne parle pas un traître mot de la langue de Molière. Parmi les eurocrates français, rares sont ceux qui défendent la place de leur langue. Un jeune fonctionnaire de la DG « concurrence », qui ne travaille plus qu'en anglais, m'a même affirmé tout de go, en 2014, qu'il souhaitait « que le français, cette langue de merde, disparaisse ». Dans la bulle européenne, ne pas accepter la soumission à l'anglais est ringard et suspect de nationalisme, un crime de lèse-Europe.

Or, la langue n'est pas neutre, elle véhicule des valeurs et des concepts et, surtout, seule la langue de naissance permet (sauf brillantes exceptions) de communiquer au plus près de sa pensée : ce n'est pas un hasard si un Américain, un Chinois ou un Japonais ne négocie jamais dans une autre langue que la sienne. C'est d'autant plus vrai à Bruxelles, qui est une gigantesque

1. Ministre entre 1997 et 2002.

usine à fabriquer des normes. Or le droit continental qui a inspiré l'essentiel du droit européen puise ses racines dans le droit français qui n'a que peu à voir avec le droit britannique (par exemple, le *copyright* n'est pas le droit d'auteur, autrement plus protecteur). Passer à l'anglais revient donc à passer aux concepts anglo-saxons qui sont eux-mêmes difficilement transposables dans les législations des États membres, qui restent pour l'essentiel nationales. Une langue unique, c'est un système de valeurs unique qui, déjà, ne peut fonctionner dans une fédération multilingue et donc multiculturelle[1]. C'est encore plus vrai dans la confédération qu'est l'Union, car ce système unique ne reflète absolument pas la diversité qui reste la règle et le restera encore longtemps.

Ce monolinguisme de la Commission, que l'on retrouve dans une moindre mesure dans la plupart des autres institutions, seul le Parlement européen respectant à peu près le multilinguisme, pose un problème supplémentaire : la langue que parlent les eurocrates n'est pas celle que l'on pratique à Oxford. À Bruxelles, c'est le globish qui règne en maître, une forme appauvrie à l'extrême de la langue de Shakespeare qui permet à tout le monde de communiquer sans problème. C'est même la principale raison qu'avancent les défenseurs de l'anglophonie, celle de la simplicité[2]. Ce

1. Même en Suisse, en Belgique ou au Canada, le bi ou le multilinguisme au niveau fédéral est la règle.

2. L'argument n'a strictement aucun fondement. Ainsi, l'anglais compte entre 600 000 et 1 million de mots, 172 000 étant d'usage courant et 20 000 à 30 000 connus de chaque adulte anglophone de naissance. Le français est bien moins riche : entre 60 000 et 100 000 mots, 30 000 étant d'usage courant.

globish, au vocabulaire dégradé et à la grammaire simpliste, accouche logiquement d'une pensée elle-même simplifiée à l'extrême. Être subtil dans une langue qui n'est pas la sienne n'est pas à la portée du premier venu, mais être subtil en globish relève de l'exploit. Ce choix du « patois globalisé » se traduit par un effondrement de la qualité des textes juridiques européens, comme s'en désolent tous les juristes. Ce qui s'énonce pauvrement s'écrit confusément. Il est loin, le temps où chacun pensait et écrivait dans les trois ou quatre grandes langues de l'Union, l'ensemble étant traduit et lissé *in fine* afin d'accoucher d'un texte de qualité.

La direction générale de la traduction de la Cour des comptes a tiré la sonnette d'alarme en 2013 en publiant un document hilarant intitulé : « Une brève liste de mauvais usages de la terminologie anglaise dans les publications de l'Union européenne », sans cesse mis à jour depuis. « Avec les années, les institutions européennes ont développé un vocabulaire qui diffère des formes admises de l'anglais, notent avec componction les traducteurs. Cela inclut des mots qui n'existent pas ou sont inconnus des anglophones de naissance en dehors des institutions européennes ("*planification*", "*to precise*" ou "*telematics*", "*for example*") ou des mots qui sont utilisés dans un sens, souvent dérivé d'autres langues, que l'on ne retrouve dans aucun dictionnaire. » Le document cite en particulier « *GPS* » ou « *navigator* » pour « *satnav* », « *SMS* » pour « *text* », « *to send an SMS to* » pour « *to text* », « *GSM* » ou « *handy* » pour « *mobile* » ou « *cell phone, internet key, pen or stick* » pour « *dongle* », « *recharge* » pour « *top-up/top up* ». La liste est un pur délice d'anglais torturé qui montre que cette langue n'a pas la « simplicité » vantée par certains. Le « EU globish » est juste un espéranto du pauvre, incompréhensible par le commun des mortels…

L'Union européenne a donc réinventé une langue des clercs pour diriger un ensemble de 500 millions de personnes, et ce, sans aucun débat, sans aucune décision démocratique. Or, seuls les empires sont dirigés dans une langue qui n'est pas celle des peuples qui les composent. Qui peut se reconnaître dans le charabia de l'Union ? Personne, et encore moins les Britanniques. Est-ce que ce monolinguisme sert au moins à rendre populaire l'Union dans les pays qui l'ont promu ? Il suffit de citer la Grande-Bretagne, la Suède, le Danemark ou encore la Pologne pour comprendre que cela n'est nullement le cas. En revanche ce choix éloigne, plus sûrement que tout autre, les opinions publiques qui sont encore attachées à la construction communautaire.

Une Commission qui ne sait pas ce qu'elle est

Dès lors, comment justifier qu'une fonction publique largement déqualifiée et disqualifiée puisse conserver les avantages dont elle jouit ? Car les salaires sont imposants : ils vont de 2600 à 4400 euros brut pour le personnel d'exécution (secrétaires, assistants) et de 4400 à 18400 euros brut pour les agents de « conception », les rémunérations les plus élevées étant réservées à une poignée de hauts fonctionnaires (la moyenne salariale tourne autour de 7000 euros). Si l'on y ajoute une prime d'expatriation de 16 % et des allocations familiales de 365 euros par enfant, on comprend que beaucoup de citoyens européens s'étranglent à l'heure des coupes claires dans les pays membres[1]. Est-il encore nécessaire d'attirer les meilleurs éléments de tous les États, comme l'explique la Commission, pour effectuer des tâches subalternes[2] ? « Si on baisse les salaires, on n'aura bientôt plus que des fonctionnaires provenant des pays les plus pauvres de l'Union », affirme un responsable de la Commission. Pourtant, même avec ces niveaux de rémunération, les candidats provenant de France, d'Allemagne ou de Grande-Bretagne se raréfient : ils sont deux fois moins nombreux que le poids démographique de leur pays respectif dans

1. Les fonctionnaires européens payent des cotisations salariales et des impôts, contrairement à une légende tenace : ce sont les employés du FMI, de l'OCDE, de l'ONU ou de l'OTAN qui sont exemptés de taxe. L'impôt est cependant très favorable puisqu'il est calculé sur 90 % du salaire de base (hors l'indemnité de dépaysement de 16 % et les allocations diverses). Il n'y a pas de quotient familial. On compte quatorze tranches qui vont de 0 % à 45 % (cette dernière tranche touche la partie du salaire supérieure à 6807,80 euros ; jusqu'à 6425 euros, l'impôt total dû prélevé à la source est de 1268 euros par mois). Pour les cotisations sociales : 11,30 % pour la retraite, 1,70 % pour la santé, 0,10 % pour les accidents du travail et, pour les contractuels et temporaires, 0,81 % pour l'assurance chômage

2. Une récente réforme a prévu de diminuer le nombre de fonctionnaires d'au minimum 5 % sur la période 2013-2017, a fait passer la durée hebdomadaire du travail de 37 heures 30 à 40 heures, a retardé l'âge légal de départ à la retraite de 63 à 65 ans (avec extension possible à 67 ans), a durci les conditions de préretraites (de 55 à 58 ans), a réduit les salaires des secrétaires de 18 %, etc. Depuis 2004, le coût de la fonction publique a été baissé de 4 milliards. D'ici 2020, 6,5 milliards supplémentaires d'économie seront réalisés, soit 10,5 milliards d'euros.

l'Union. Pour Daniel Cohn-Bendit, l'ancien coprésident du groupe des Verts au Parlement européen, « ce n'est pas avec les salaires qu'on attirera les talents, mais par la qualité du travail ». Ce que veut bien croire un ambassadeur de l'Union : « Quand on venait à Bruxelles dans les années 60, ce n'était pas pour l'argent, mais parce qu'on y croyait. » Il est injustifiable, poursuit Cohn-Bendit, « qu'une secrétaire de la Commission gagne plus qu'un professeur de fac et que le secrétaire général d'un groupe politique du Parlement touche de 12 000 à 13 000 euros net, presque deux fois plus qu'un député. Ces salaires créent de l'euroscepticisme ».

On peut d'autant plus se montrer circonspect sur les avantages dont jouit l'eurocratie lorsqu'on se penche sur son bilan depuis une quinzaine d'années. Car elle est de plus en plus incapable de remplir sa tâche, qui est non seulement d'aider à la construction communautaire, mais aussi de faire aimer le projet européen. En un mot, elle ne sait plus faire de politique au sens le plus noble du terme. Certes, ontologiquement, elle reste une administration supranationale, pas un gouvernement. Ce n'est évidemment pas de son fait : elle est comme les États ont voulu qu'elle soit. Ses racines, c'est la Haute Autorité de la CECA, une administration volontairement apolitique telle que voulue par Jean Monnet, car il fallait la rendre acceptable par tous, les majorités politiques variant au fil du temps. Elle ne s'occupait d'ailleurs pas d'affaires politiques au sens strict du mot et n'avait donc pas à communiquer avec les peuples : la gestion du charbon et de l'acier ne les concernait qu'indirectement. La Haute Autorité pouvait donc être anonyme, technique et composée d'experts. La CEE a repris le même schéma. Au départ, son domaine d'intervention étant aussi très technique (l'union douanière, la mise en place de la politique agricole commune et du marché intérieur), cela n'a pas posé de problème. Du moins jusqu'à la crise de la chaise vide de 1965[1] provoquée par le général de Gaulle. Il voulait non seulement bloquer le passage au vote à la majorité qualifiée au Conseil des ministres, mais aussi faire échouer le projet de l'Allemand Walter Hallstein, le président de la Commission de l'époque, d'une réforme institutionnelle qui aurait accru ses pouvoirs dans le champ politique en lui donnant un rôle d'arbitre entre l'Assemblée parlementaire et le Conseil des ministres[2].

Mais les compétences communautaires se sont considérablement accrues depuis le milieu des années 80 et les États n'ont pas hésité à confier à la Commission des missions qu'elle n'avait pas la capacité technique et politique de remplir. Pourtant, jamais ils n'ont clairement tranché le rôle qu'ils entendaient lui donner dans cette nouvelle configuration : gouvernement, simple arbitre entre les intérêts nationaux, ou secrétariat. C'est donc dans une zone grise qu'elle doit se mouvoir. Aucune administration nationale ne flotte dans un tel no man's land politique. Ce qui était admissible lorsque la Commission s'occupait de distribuer les aides agricoles ne l'est plus lorsqu'elle s'immisce au cœur des souverainetés nationales. Le résultat est que les eurocrates cherchent des solutions techniques à des problèmes politiques alors que la technique

1. Voir chapitre II.
2. Pouvoir qu'elle obtiendra vingt ans plus tard...

n'est dans les États membres que la conséquence de choix politiques. Cette inversion de la hiérarchie a des conséquences catastrophiques dès lors que les enjeux dépassent les quotas de production d'acier ou la fixation des prix d'intervention sur le blé dur.

Des solutions techniques à des problèmes politiques

« Ainsi, avec la crise de la zone euro de 2010-2012, nous avons acquis des pouvoirs importants dans le domaine des politiques économiques et budgétaires nationales, raconte un haut fonctionnaire de la Commission. J'ai assisté à une rencontre entre nos agents et la direction du Trésor français. C'était hallucinant : ils se comportaient comme des maîtres d'école expliquant à un mauvais élève ce qu'il devait faire. J'ai été très admiratif du directeur du Trésor qui a gardé son calme. On ne parle pas ainsi à un gouvernement démocratiquement élu : à force d'être irresponsables, nos fonctionnaires ont perdu tout sens politique. » Il faut aussi voir comment se comportent les représentants de l'institution bruxelloise dans les troïkas (Commission, Banque centrale européenne et FMI) chargées de concocter des programmes de rigueur dans les pays de la zone euro en difficulté : « Le FMI semble gauchiste à côté de nous tellement nous sommes coupés des réalités », se désespère un fonctionnaire roumain. La dureté des programmes d'austérité imposés à la Grèce doit beaucoup à une Commission incapable de la moindre empathie, car dénuée de tout sens politique.

La crise des réfugiés de 2015 l'a une nouvelle fois montré. La Commission a, en effet, proposé un règlement imposant, la relocalisation pendant deux ans d'une petite partie des réfugiés (160000) arrivés en Grèce, en Italie et en Hongrie dans d'autres pays de l'Union. Cela partait d'un bon sentiment, soulager le fardeau dans le traitement des demandes d'asile des pays de la ligne de front, mais la réalisation a été une catastrophe politique. Comme s'il s'agissait de quotas laitiers, elle a procédé en créant de toutes pièces une « clef de répartition » calculée à partir de trois critères : PIB (40 %), population (40 %), taux de chômage (10 %) et nombre de demandes d'asile déjà enregistrées (10 %). Ainsi, l'Allemagne devrait accueillir 21,91 % des 160000 demandeurs alors qu'elle a ouvert ses frontières à un million de personnes, la France 16,88 %, l'Espagne 10,72 %, la Pologne 6,65 %, etc. D'abord bloqué par une majorité de pays, dont la France, ce règlement a finalement été adopté à la majorité qualifiée en septembre 2015, les États d'Europe de l'Est refusant d'accueillir le moindre musulman sur leur sol. Et, depuis, la mise en œuvre patine lamentablement, pas seulement à cause des pays d'Europe de l'Est, mais tout simplement parce que les réfugiés n'ont qu'une envie, aller en Allemagne. La Hongrie a même, après avoir déposé un recours devant la Cour de justice européenne, organisé en octobre 2016 un référendum sur le sujet, référendum qui n'a pas atteint une participation suffisante pour être validé[1].

---

1. 45 % de participation (mais simplement 39,9 % de votes exprimés), cependant 93,8 % ont répondu négativement à la

La Commission n'a pas compris qu'on ne gérait pas des questions humaines comme on gère des boîtes de conserve. Elle n'est pas seule responsable, Berlin l'ayant bien aidée. Mais elle aurait dû tester l'idée auprès de l'ensemble des capitales avant de se lancer dans une telle aventure, ce qui lui aurait donné une idée de la résistance à venir. Surtout qu'un minimum de connaissance du terrain lui aurait permis de constater qu'en dehors de l'Allemagne, aucun État ne gère de cette façon l'accueil d'êtres humains. L'exécutif européen aurait été mieux inspiré de réunir une conférence des Vingt-Huit, voire au-delà, par exemple en invitant les Américains, les Russes, les Turcs et les pays arabes, afin de lancer un appel à la solidarité dans le traitement du drame des réfugiés. Et chacun aurait contribué volontairement selon ses moyens et ses problèmes de politique intérieure. D'ailleurs, Jean-Claude Juncker a reconnu, en septembre 2016, que « la solidarité doit être volontaire, elle doit venir du cœur. Elle ne peut pas être forcée. Elle ne peut pas être imposée ». Bref, il faut faire de la politique, pas du droit ! Le drame est que la leçon n'a même pas été apprise. Non seulement la Commission n'a pas proposé l'abrogation de son règlement, mais elle a mis sur la table de négociation un mécanisme permanent de relocalisation en cas d'afflux massif[1]… Un tel acharnement force presque l'admiration.

---

question : « Voulez-vous que Bruxelles organise l'immigration en Hongrie de personnes n'ayant pas la nationalité hongroise, et ce, contre la volonté du Parlement ? »

1. Proposition de modification du règlement dit de Dublin III sur le pays responsable du traitement d'une demande d'asile.

Orphacol ou l'inhumanité de l'eurocratie

Un autre exemple de cette incapacité à gérer l'humain, c'est-à-dire à faire de la politique au sens le plus noble du terme, a été l'affaire Orphacol, du nom de ce médicament orphelin destiné à soigner une maladie du foie mortelle (entre six mois et dix ans de survie) et rarissime (90 cas estimés en Europe, dont 21 identifiés à l'époque)[1]. Tout commence en 1993, lorsque l'Assistance publique des Hôpitaux de Paris découvre que l'acide cholique, l'un des acides biliaires, permet de pallier les « anomalies de la synthèse des acides biliaires dues à divers déficits enzymatiques » du foie, des anomalies jusque-là mortelles. En 2007, l'Assistance publique décide, pour des raisons pratiques, de céder les droits d'exploitation à un petit laboratoire français, CTRS, qui l'enregistre sous la marque Orphacol, médicament qui bénéficie immédiatement d'une autorisation temporaire d'utilisation délivrée par l'Agence française du médicament. En octobre 2009, CTRS dépose une demande d'autorisation auprès de l'Agence européenne du médicament (AEM) basée à Londres afin de bénéficier d'un accès à l'ensemble du territoire européen, mais aussi d'une exclusivité de dix ans sur l'exploitation du produit : le marché est estimé à environ 10 millions d'euros par an (le coût du traitement est de 100 000 euros par malade et par an, remboursé par la

1. Affaire révélée par l'auteur de ces lignes, *Libération* des 9 janvier et 5 juillet 2013, blog « Coulisses de Bruxelles » des 9 et 13 janvier 2013.

Sécurité sociale). En décembre 2010, l'Agence européenne du médicament donne un avis favorable.

Mais le 20 janvier 2011, le laboratoire américain Asklepion Pharmaceuticals – une entreprise contrôlée par l'Église adventiste du septième jour – envoie une lettre à l'AEM et à Patricia Brunko, la chef d'unité, aujourd'hui à la retraite, chargée des médicaments à usage humain à la direction générale « santé et consommateur » de la Commission, pour contester cet avis positif. Il fait notamment valoir que CTRS n'a pas mené de tests cliniques et que la littérature scientifique sur l'acide cholique est insuffisante. Il annonce qu'il conduit de telles expériences afin de commercialiser un produit plus efficace et plus large (il existe toute une série d'anomalies biliaires) et qu'il entend donc bien bénéficier de l'exclusivité. La Commission, derechef, demande un nouvel avis à l'AEM qui, en avril 2011, réaffirme l'intérêt majeur de l'Orphacol. La direction générale de la santé de la Commission n'en confirme pas moins son refus d'accorder l'autorisation de mise sur le marché. Mais, à deux reprises, en première instance et en appel, les États, réunis au sein du « comité permanent des médicaments à usage humain », rejettent ce refus à la majorité qualifiée, ce qui est très rare en procédure dite de « comitologie »[1].

1. La Commission a des pouvoirs importants pour mettre en œuvre la législation européenne. Le Conseil des ministres ne peut bloquer ses décisions qu'à la majorité simple (actes délégués pour modifier ou compléter les parties non essentielles d'une loi) ou à la majorité qualifiée (actes d'exécution). Le Parlement européen peut bloquer les actes délégués à la majorité absolue. C'est ce qu'on appelle la comitologie…

La Commission persiste, car, grandeur du droit européen, un veto au veto ne vaut pas autorisation : le 5 décembre 2011, elle rejette la demande de CTRS. Le laboratoire saisit alors le Tribunal de première instance de l'Union, mais les eurocrates prennent une nouvelle décision en mai 2012 afin de rendre sans objet ce recours devant les juges européens. Ces derniers sont furieux et le font savoir. Cela en dit long sur les ressources dont dispose la Commission pour décourager les citoyens victimes de ses décisions… CTRS, appuyé par la France, la Grande-Bretagne, l'Autriche, le Danemark et la République tchèque, dépose un nouveau recours et, en juillet 2013, le Tribunal de Luxembourg réduit en lambeaux tous les arguments de la Commission. Ainsi, les juges remarquent que sa demande de tests cliniques afin de « fournir des données complètes » est contraire à toute déontologie dans le cas d'une maladie rare puisqu'un « essai clinique exposerait les patients au risque de lésions hépatiques graves, voire de décès », ceux-ci devant être partagés « en deux groupes, l'un recevant le traitement testé et l'autre le placebo ». Ce que la DG santé savait parfaitement au demeurant. De même, elle expliquait qu'à défaut de tests, il fallait prouver un « usage médical bien établi » pendant au moins dix ans. Or, pour elle, ce délai ne courait qu'à partir de 1997, date du dépôt de la marque Orphacol, et non pas de 1993, car, à l'époque, il s'agissait d'une « simple préparation pharmaceutique » hospitalière… Pour le Tribunal, l'argument ne tient pas la route puisqu'il s'agit bien de la même substance active, même si elle a été utilisée sans autorisation de mise sur le marché, et que seul le nom a changé. Surtout, martèlent les juges, « il n'est pas contesté qu'il n'existe aucun médicament mis sur le marché susceptible de soigner les affections hépatiques en cause susceptibles d'entraîner rapidement le décès de la personne affectée ». Or, lors de la parution de l'article de *Libération*, le porte-parole du commissaire chargé de la santé, après avoir expliqué que je n'avais rien compris et que mon article était truffé d'erreurs, n'a pas hésité à arguer qu'il existait bien un traitement alternatif, « la greffe du foie ». Un « traitement » extrêmement risqué pour la vie du patient comparé à l'Orphacol, comme me l'ont expliqué des médecins scandalisés qu'un fonctionnaire ose sortir une telle bêtise.

Pourquoi un tel acharnement, alors que la Commission n'est pas composée de scientifiques, mais de juristes et d'administrateurs, à la différence des États membres qui disposent, eux, de solides services de santé et soutenaient CTRS ? Cette affaire est d'autant plus curieuse que, jusque-là, la Commission avait toujours suivi à la lettre les recommandations de l'AEM, tout comme elle le fait pour les avis scientifiques de ses diverses agences. Ainsi, elle ratifie toujours les autorisations de mise sur le marché européen des OGM proposés par l'Autorité alimentaire de Parme en dépit de l'opposition d'une bonne partie de l'opinion publique européenne en arguant à juste titre de son incompétence scientifique… Corruption, peur de déplaire à un grand laboratoire américain dont elle a repris l'ensemble des arguments ? Ou plus simplement volonté de s'arroger un nouveau pouvoir, celui de juger des avis scientifiques émis par ses agences décentralisées afin de démontrer qu'elle a toujours le dernier mot ? On ne le saura jamais, la Commission n'ayant pas l'habitude de se remettre en cause.

L'humain est une marchandise

La directive Bolkestein de 2006, ouvrant à la concurrence les services, est aussi typique de cette approche mécanique des questions humaines. Le point de départ paraît de bon sens pour une institution qui a été fondée pour lutter contre les réglementations nationales soupçonnées, souvent à raison, de poursuivre des buts protectionnistes : si un plombier ou un boulanger est autorisé à exercer en Slovaquie, ne doit-il pas avoir le droit d'exercer son métier dans l'ensemble de l'Union ? Le problème est que ce n'est pas si simple : un pays peut se montrer plus ou moins exigeant en termes de diplôme et de formation, de garanties exigées du professionnel, de sécurité, etc. C'est d'ailleurs pour cela que la Commission a harmonisé, une par une, les conditions d'exercice de chaque profession réglementée, un travail de bénédictin, afin de permettre, par exemple, à un médecin, un avocat ou à un dentiste allemand de venir exercer en France.

Le commissaire libéral néerlandais au marché intérieur, Frits Bolkestein, a proposé, en 2004, d'en finir avec cette approche prudente et d'appliquer à l'ensemble des professions dites non réglementées la jurisprudence « Cassis de Dijon ». De quoi s'agit-il ? D'un arrêt de la Cour de justice européenne datant de 1979 qui a fait sauter les barrières réglementaires pour les marchandises[1]. En clair, comme on appartient à la même Union, on se fait confiance : une saucisse qui est bonne pour les Allemands l'est forcément pour les Français. Pour Bolkestein, ce qui est bon pour la saucisse est bon pour le plombier, mais seulement dans le cadre de la prestation de services, car pour l'installation définitive, on ne peut pas obliger un État à renoncer à ses règles. Bref, marchandise ou humain, même combat, ce qui est en soi douteux, mais fait aussi fi des risques de dumping social, car l'Union à vingt-huit, avec ses niveaux de vie extrêmement divers, n'est plus celle des Six.

En fait ce projet dormait depuis longtemps dans les tiroirs de la Commission, car des fonctionnaires plus politiques que d'autres ont perçu son caractère explosif. Jusqu'au moment où Frits Bolkestein a jugé que les services avaient été négligés et qu'il était temps de frapper un grand coup. Une réussite politique totale : non seulement son projet a été totalement réécrit par le Parlement européen afin d'en limiter la portée, mais il a poussé les Français à voter non, en 2005, au projet de traité constitutionnel européen.

Cette absence de sens politique se fait sentir dans tous les domaines, comme le montre, par exemple, la négociation, en 2013, de l'accord d'association avec

1. La CJE a décidé qu'aucun État ne pouvait en principe interdire la vente sur son territoire d'un produit légalement fabriqué et commercialisé dans un autre État membre, quelles que soient les normes techniques ou de qualité appliquées par l'État de provenance, pour autant que le produit en question réponde de façon convenable et satisfaisante aux objectifs légitimes de la réglementation de l'État destinataire (sécurité, protection du consommateur, environnement, etc.).

l'Ukraine qui a déclenché les foudres russes et entraîné l'annexion de la Crimée et la guerre dans l'est du pays. En effet, c'est la Commission qui s'est lancée dans cette aventure, certes avec l'accord des États membres qui s'en sont désintéressés, à tort. Le raisonnement des services est simple : ce qui est légal, négocier avec un pays indépendant, doit être fait, les considérations d'opportunité n'ayant pas à entrer en ligne de compte. La loi est la loi, diraient les Américains. Le problème est que l'Ukraine n'est pas n'importe quel pays, mais une ancienne république soviétique que Moscou considère comme son arrière-cour. Il faut imaginer, par exemple, pour avoir une idée de ce qu'a ressenti la Russie, que l'URSS ait négocié un tel accord avec le Mexique dans les années 60. Combien de temps Washington serait-il resté l'arme au pied ? Pourtant, très vite, les Russes ont fait savoir qu'ils prendraient des contre-mesures si la Commission persistait. Mais, idéologiquement antirusse à cause de la présence massive des ressortissants issus de douze États qui appartenaient au bloc communiste, elle a fait la sourde oreille jusqu'à la catastrophe. La bonne approche aurait consisté à parler à Moscou avant toute négociation pour l'assurer que jamais l'Ukraine n'adhérerait à l'Union ou à l'OTAN, comme cela avait été fait avec l'Autriche avant 1989[1].

1. Le 15 mai 1955, l'URSS signe, avec les trois puissances occidentales qui occupent l'Autriche (États-Unis, Grande-Bretagne et France), un traité qui met officiellement fin à la situation de guerre : en échange du départ des troupes d'occupation, l'Autriche devient neutre.

Des compétences devenues des vérités idéologiques

On touche ici à l'un des défauts majeurs de la Commission qui existe depuis l'origine, mais qui s'est renforcé avec la perte de compétences qui a suivi la réforme Kinnock et l'élargissement. Faute de penser politique, l'institution se raccroche à ses compétences qui sont devenues des vérités idéologiques qui doivent elles-mêmes produire des résultats. Comme le dit un haut fonctionnaire, « on est les détenteurs des morceaux de la vraie croix et du saint suaire de Jean Monnet. Cela nous aveugle et nous fait négliger les réalités politiques des États membres ». On le voit particulièrement en matière de concurrence ou de marché intérieur : les eurocrates pensent qu'ils ont une mission à remplir, celle d'ouvrir les marchés et les frontières, qu'elles soient intérieures ou extérieures. Et qu'importent les conséquences et les résistances ! L'élargissement obéit à cette logique : il faut s'élargir parce que c'est dans les traités et que ça marche, comme le montre le passé. Le fait que ces pays soient plus pauvres que n'importe quel État ayant adhéré jusque-là, que leur État de droit soit mal assuré, que la corruption soit endémique n'entre pas en ligne de compte : l'adhésion va tout arranger, car l'Union c'est le bien et le bien gagne toujours. Tout est à l'avenant.

Dès lors, comment s'étonner de la désastreuse politique de communication de la Commission, la voix de l'Union ? On n'explique pas, on ne se justifie pas, on n'argumente pas puisqu'on détient la vérité, on assène, à l'instar d'une Église, d'une secte, d'un parti communiste ou fasciste. « On a renoncé à expliquer de manière continue ce que l'on fait, si bien que lorsqu'on intervient, c'est trop tard », se désole un ancien porte-parole de la Commission. La communication de Bruxelles, ce n'est pas de la langue de bois, c'est de la langue de plomb. Or, face à des journalistes qui ne sont pas des vrais croyants, mais considèrent que l'Europe est un débat, l'exécutif européen est totalement perdu. À la moindre critique, il se hérisse, hurle au mensonge, à la manipulation, au complot et, dans les cas les plus graves, la Commission excommunie comme toute bonne Église. Ainsi, pour avoir écrit dans *Libération* un portrait critique de José Manuel Durão Barroso, en avril 2005[1], j'ai été blacklisté durant dix ans, ce qui signifie ni interview ni rencontre off avec le président. Heureusement, la Commission n'étant pas encore la Corée du Nord, je n'ai pas disparu… Rebelote en septembre 2016, avec son successeur, Jean-Claude Juncker : son entourage de fonctionnaires a mal pris un portrait[2] que j'ai fait du président de la Commission, car j'y évoquais sa relation à l'alcool qui remplit pourtant les gazettes anglo-américaines. Après m'avoir accusé d'avoir voulu « briser sa carrière », on a tenté de convaincre Juncker de me blacklister, une habitude décidément, ce que Juncker a refusé. Voilà le mode de fonctionnement d'une institution censée incarner les valeurs européennes, notamment celle de la liberté de pensée…

1. *Libération* du 14 avril 2005.
2. *Libération* du 13 septembre 2016.

Ce travers est d'autant plus fort que la communication est confiée à des fonctionnaires, par nature soumis à leur hiérarchie, et qui en général ne savent pas ce que communiquer et surtout informer veut dire. Certes, le service du porte-parole débauche régulièrement des journalistes pour essayer d'améliorer les choses. En vain. Rien de pire qu'un journaliste devenu communicant : il sait de quoi sont capables ses anciens collègues pour obtenir une information et érige donc la paranoïa en mode de fonctionnement, là aussi à quelques rares exceptions près. Problème supplémentaire : ils visent souvent à faire carrière une fois dans la place et évitent de déplaire à leur direction générale, sait-on jamais. Donc on respecte scrupuleusement la chaîne hiérarchique et on édulcore tout ce qui pourrait déplaire.

La seule presse pour laquelle le service du porte-parole se met en quatre est l'anglophone. Rien n'est trop beau pour eux, y compris une communication écrite quasi uniquement en anglais pour leur permettre de travailler plus vite[1]. D'ailleurs, les seuls organes que les eurocrates lisent tous les jours sont le *Financial Times*, le quotidien des affaires britannique, et *Politico*, le site américain qui a désormais une importante antenne à Bruxelles (cofinancée par l'allemand Springer). Une nouvelle qui n'est pas dans ces publications n'est pas une nouvelle. Cet entre-soi aggrave encore l'autisme de la Commission.

1. En violation de l'accord conclu entre la Commission et l'Association de la presse internationale de Bruxelles prévoyant une communication strictement bilingue anglais-français.

Le plus grave est sans doute la communication vis-à-vis de l'extérieur de la bulle européenne : ainsi, le site internet de la Commission et de ses agences spécialisées est non seulement inexploitable tellement il est peu intuitif, mais il est presque uniquement en anglais[1], comme si les 500 millions d'Européens étaient anglophones. Pourtant, les États n'ont de cesse de protester contre cet état de fait qui interdit aux citoyens de savoir ce qui se passe à Bruxelles.

Jean-Claude Juncker, il faut lui en faire crédit, conscient des problèmes structurels de son institution, a voulu la repolitiser, comme du temps de Jacques Delors. Dès sa prise de fonction, en novembre 2014, il a proclamé sa volonté de mettre en place une « comission politique ». En clair, tenir compte des réalités nationales au lieu de les ignorer. Il y est parvenu à plusieurs reprises, non sans difficulté. Ainsi, il a décidé en 2016, contre l'avis de l'ensemble de ses services, de considérer que le CETA, l'accord commercial conclu entre l'Union et le Canada, était un « accord mixte » et non pas purement communautaire, c'est-à-dire qu'il devait être ratifié non seulement par le Parlement européen, mais par l'ensemble des parlements nationaux et subnationaux. Face à la contestation de plus en plus grande de ces accords de libre-échange, il a jugé qu'on ne pouvait politiquement pas priver les élus nationaux d'un débat démocratique au risque

1. Selon le rapport 2015 du ministre de la Culture français sur l'emploi du français, seules sept directions générales sur trente-huit ont leurs pages entièrement traduites en français. Pour les autres langues, c'est encore pire.

d'être accusé de vouloir passer en force. De même, avec Pierre Moscovici, le commissaire français chargé des affaires économiques et monétaires, il s'est livré à une interprétation créative du pacte de stabilité afin de donner de l'air à la France, à l'Espagne et au Portugal, à la grande fureur de l'Allemagne…

« *Selmayrgate* »

Cette tentative de repolitisation de la Commission a fait long feu. Le 21 février 2018, le pouvoir politique, incarné par les vingt-huit commissaires, a laissé un technocrate, en l'occurrence Martin Selmayr, le chef de cabinet de Jean-Claude Juncker, et une petite clique de fidèles, s'emparer de tous les leviers du pouvoir. Ce jour-là, le président de la Commission est descendu en salle de presse pour annoncer aux médias européens qu'il avait promu cet Allemand de 47 ans secrétaire général, la tour de contrôle de l'administration par laquelle tout passe ou trépasse. Rapidement, il s'est avéré que cet homme brutal n'entendait nullement devenir un simple rouage de l'eurocratie à l'image de ses prédécesseurs : non seulement il s'est emparé du poste de sherpa (négociateur international) du président qui jusque-là était une prérogative du chef de cabinet, mais il a continué à exercer ses anciennes fonctions. Celle qui était censée le remplacer, l'Espagnole Clara Martinez Alberola, son ancienne adjointe, n'est en effet là que pour amuser la galerie et faire croire à une féminisation du pouvoir. En réalité, c'est Selmayr qui préside les réunions du cabinet du président.

Une concentration du pouvoir jamais vue : secrétaire général, sherpa, chef de cabinet. En clair, on est passé d'une Commission Juncker à une Commission Selmayr.

Cette prise de pouvoir n'a été possible qu'avec la complicité d'un Juncker de plus en plus affaibli non pas politiquement, mais physiquement : rongé par l'alcool, le tabac, il multiplie les problèmes de santé au point de paraître quinze ans de plus que son âge. Cloîtré dans son bureau, il se désintéresse de la gestion de la Commission, laissant Selmayr aux commandes. Depuis le 21 février, le secrétaire général se comporte comme le véritable président, négociant à la place de Juncker ou des commissaires lorsqu'il estime le dossier important, que ce soit le Brexit ou les affaires commerciales… Il est devenu l'ombre de Juncker, ce qu'aucun secrétaire général n'a été avant lui. Il n'hésite pas à publier des photos sur lesquelles il pose auprès des grands de ce monde sur son compte Twitter et à donner publiquement son opinion.

Le pire est que Selmayr, pour se hisser au sommet de la pyramide eurocratique, a violé, comme je l'ai révélé dans une longue enquête, le statut de la fonction publique européenne, un règlement voté par les États membres et le Parlement européen qui est aux institutions ce que le Nouveau Testament est au Vatican. Car le chef de cabinet ne pouvait être directement nommé secrétaire général faute d'avoir le grade suffisant pour ce faire : simple conseiller principal, il aurait dû passer par les cases de directeur, puis de secrétaire général adjoint avant de décrocher le Graal. En outre, il aurait dû exciper d'une direction de service, comme le prévoit le statut. Or il a fait toute sa carrière comme porte-parole

(2004-2009) puis comme chef de cabinet d'une commissaire, la Luxembourgeoise Viviane Reding (2009-2014), puis du président de la Commission.

L'Allemand a préparé son coup très en amont. Lorsqu'en 2015 il faut remplacer la secrétaire générale sortante, l'Irlandaise Catherine Day, il choisit le brillant mais falot Néerlandais Alexander Italianer. Celui-ci accepte en renâclant, ce travail étant épuisant, mais il annonce à Juncker et à Selmayr qu'il prend sa retraite anticipée en 2018, à 61 ans, une information qui demeurera secrète au prétexte qu'il fallait préserver son autorité. Un argument qui ne tient guère, sauf à rendre secrète la date de naissance de tous les hauts fonctionnaires…

Lorsque l'échéance approche, Selmayr promeut, le 24 janvier 2018, une secrétaire générale adjointe (SGA) grecque, Parasquevi Michou, directrice générale à la migration et aux affaires intérieures à compter du 1er mars suivant. Une décision pour le moins anormale, puisque le commissaire responsable de cette DG est lui-même grec et qu'il est de règle qu'un commissaire n'ait pas la même nationalité que son ou sa DG… Mais ce n'est pas le pire. Un appel à candidatures est alors publié pour pourvoir le poste vacant : il se porte candidat ainsi que Clara Martinez, ce qui valide la procédure (il faut au moins deux candidats dont une femme). Mais le 20 février, elle retire sa candidature : Selmayr est donc le seul candidat. Le commissaire chargé de l'administration, l'Allemand Gunther Oettinger est informé le soir même que le secrétaire général sortant va démissionner le lendemain et que Selmayr sera nommé secrétaire général. Il sera le seul commissaire informé en amont avec le Néerlandais Frans Timmermans, le vice-président de la Commission. Le 21 février, le collège des commissaires se réunit. Il découvre que Selmayr est candidat au poste de secrétaire général adjoint et approuve sa nomination. À ce moment, Juncker informe ses collègues qu'Italianer prend sa retraite à compter du 1er mars et propose de promouvoir à ce poste le tout nouveau secrétaire général adjoint. Pris par surprise, les commissaires approuvent. Deux promotions en moins de deux minutes, tous les records sont battus.

En clair, toute la procédure a été manipulée dès le départ. Selmayr n'a été candidat au poste de SGA que dans le but de devenir SG : d'une part il lui fallait ce grade pour être nommé à ce poste et, d'autre part, il était seul avec Juncker à savoir qu'il allait se libérer. L'appel à candidatures a lui-même été bidonné, puisque Martinez n'a fait que de la figuration. En outre, alors qu'il n'y avait aucune urgence à remplacer Italianer, la Commission a décidé de ne pas faire d'appel à candidatures, ce qui était une violation du statut de la fonction publique européenne. Enfin, Selmayr n'ayant exercé que des fonctions politiques, il ne pouvait pas prétendre à cette fonction… Bref, aucune règle, absolument aucune, n'a été respectée dans cette affaire.

La carrière météorique de Selmayr au sein de la Commission montre qu'il a bénéficié d'un traitement de faveur qui doit beaucoup à son protecteur, Elmar Brok, député européen de la CDU, proche d'Angela Merkel et véritable « parrain » du Parlement de Strasbourg. C'est lui qui l'a présenté à Viviane Reding, commissaire entre 1999 et 2014. Elle l'encourage à se présenter au concours d'entrée à la Commission. Il débute sa carrière en 2004, au grade AD 6, grade de base, comme porte-parole de la commissaire luxembourgeoise. Il est ensuite promu au grade AD7 en 2007 puis avec une régularité métronomique tous les deux ans. Étonnant, car deux ans, c'est le minimum requis et je n'ai aucun exemple, avant lui, d'un tel exploit. En 2013, il est donc AD10 (mais il gagne plus puisqu'il est chef de cabinet de Reding). En 2014, un concours externe est ouvert pour un poste « juridique » de conseiller principal à la Banque européenne pour la reconstruction et le développement (BERD) de Londres, ce qui est curieux pour une telle fonction. 91 candidats se présentent, dont Selmayr… qui le réussit. Il se retrouve AD14 en juin 2014. Comment ne pas penser qu'il s'agit d'un concours externe taillé sur mesure pour lui afin de le faire grimper de quatre grades d'un coup (avec le plantureux salaire qui va avec) ? Un poste qu'il n'occupera jamais puisqu'il devient immédiatement chef de cabinet du président désigné de la Commission, Juncker.

Une promotion qui prend tout son sens lorsqu'on examine les mouvements de personnel décidés par la Commission Barroso finissante à l'été 2014 : Reding propulse le Finlandais Timo Pesonen, le chef de cabinet d'Olli Rehn, commissaire chargé des questions économiques et monétaires, directeur général adjoint à la communication, une DG qui fait partie de son portefeuille. Or, Rehn, c'est l'homme qui a recruté Selmayr à la BERD. Cela s'appelle un échange de services, un parachutage croisé de chefs de cabinet. Un an plus tard, en juillet 2015, Selmayr va d'ailleurs promouvoir Pesonen directeur général de la communication et, en février 2019, il le propulse au marché intérieur, une DG autrement plus importante. Preuve s'il en est du pacte de fer qui existe entre un groupe de hauts fonctionnaires qui se rendent mutuellement service pour atteindre les plus hautes marches du pouvoir. On peut donc parler de prévarication et de clientélisme, un comble pour une Commission qui prétend donner des leçons de bonne administration à la Grèce.

Un « coup d'État »

Le plus incroyable est l'absence de réaction des commissaires qui ont couvert la nomination de Selmayr au poste de SG. Passe encore qu'ils aient été pris par surprise le 21 février, mais aucun d'entre eux n'a osé émettre la moindre protestation une fois que mes enquêtes ont révélé l'ampleur de l'atteinte à l'État de droit. Juncker a même été jusqu'à menacer de démissionner – « s'il part, je pars », a-t-il lancé en substance aux chefs de gouvernement conservateurs à la mi-mars –, une inversion de la chaîne hiérarchique entre pouvoir politique et pouvoir administratif. Dans n'importe quelle démocratie fonctionnelle, un haut fonctionnaire ainsi mis en cause par l'opinion publique aurait été poussé vers la sortie pour protéger le niveau politique. Pas là, puisque Selmayr est devenu la Commission.

Le « Selmayrgate » a été largement couvert par la presse européenne et même mondiale, seuls les médias français, sans doute habitués à pire, se montrant d'une étonnante discrétion. Durant toute mon enquête, la Commission n'a cessé de mentir, de menacer et de dissimuler les faits, affirmant avec morgue que « les règles avaient été appliquées à la lettre ». Elle espérait que l'affaire en resterait là, personne n'ayant intérêt à l'affaiblir en plein Brexit et dans un contexte international tendu. Erreur de calcul : le pouvoir politique ne pouvait rester indifférent à ce scandale qui mettait à mal l'intégrité de l'exécutif européen à l'heure de la montée des démagogues. La commission de contrôle budgétaire du Parlement européen a finalement ouvert une enquête dès le mois de mars. Sans grand enthousiasme, puisque toutes les parties prenantes dans ce scandale sont membres du PPE, et que l'Assemblée est dominée par les conservateurs. Mais la Commission ayant choisi d'adopter la même attitude à l'égard de la représentation européenne qu'à l'égard des journalistes, la tension n'a cessé de monter entre les deux institutions. Et comme l'on pouvait s'y attendre, Martin Selmayr, qui a lui-même rédigé les réponses de la Commission aux centaines de questions posées par les députés, se rendant au passage coupable d'une prise illégale d'intérêts, n'a pas réussi à convaincre le Parlement.

Dans une résolution particulièrement dure votée le 18 avril 2018, celui-ci dénonce le « coup d'État » mené par Selmayr pour s'emparer du pouvoir. Elle se lit comme un long acte d'accusation listant toutes les irrégularités ou les mauvaises pratiques qui ont émaillé sa nomination. Le Parlement met aussi en cause la faillite du politique dans cette affaire. Le Parlement s'étonne que « pas un seul commissaire », tous d'anciens Premiers ministres ou ministres, « ne semble avoir mis en doute cette nomination surprise ni avoir demandé le report de la décision de nomination ». Elle exige *in fine* que la Commission « procède à une nouvelle évaluation de la procédure de nomination » de Selmayr et remette à plat la procédure de nomination des futurs SG. Aussitôt, Gunther Oettinger, le commissaire chargé de la fonction publique, répond dans un communiqué, dans lequel on reconnaît la main de Selmayr, que la « nomination du nouveau secrétaire général de la Commission ne peut être révoquée et elle ne le sera pas » puisque « la Commission a respecté tant l'esprit que la lettre de toutes les règles ». Méprisant, il reproche aux eurodéputés de ne pas avoir examiné « les choses de manière sereine, objective et lucide ». Le Parlement, qui n'a pas osé menacer la Commission d'une motion de censure, en est pour ses frais : Selmayr sait qu'il a désormais les mains libres.

La Commission est devenue sa propre caricature

Le 4 septembre, la médiatrice européenne, l'Irlandaise Emily O'Reilly, qui dénonce à son tour la violation « de l'esprit et de la lettre » des règles de l'Union, la procédure de nomination de Selmayr ayant été « manipulée », reçoit le même accueil. Une réunion entre les responsables de l'administration de la Commission, du Parlement et du Conseil des ministres afin d'examiner s'il ne faudrait pas réformer les méthodes de recrutement des hauts fonctionnaires, tourne court : pour Oettinger, c'est une perte de temps, puisque la nomination de Selmayr a parfaitement respecté le statut des fonctionnaires. Le 13 décembre 2018, excédés, 71 % des eurodéputés finissent par exiger, dans une nouvelle résolution, la démission de Selmayr. En vain. De plus en plus furieux, le Parlement de Strasbourg a profité du vote de la décharge budgétaire 2017, un acte solennel, pour voter, le 26 mars, un amendement déposé par la gauche radicale exigeant à nouveau la démission de Selmayr (313 voix contre 246). La Commission n'a même pas pris la peine de répondre. « La Commission se comporte comme une mère qui regarde son fils militaire défiler et s'exclame : “Regardez, aucun ne suit la cadence à l'exception de mon fils.” Il est frappant qu'en dehors de la Commission, personne n'ait réfuté ou contesté les résultats de notre enquête », me déclare en mars 2019 la médiatrice.

Le pire est que la Cour de justice européenne ne se prononcera jamais sur le « Selmayrgate », les syndicats ou toute autre organisation n'ayant pas le droit de contester une nomination, à la différence de ce qui se passe dans tous les États membres. Seul un eurocrate pourrait le faire s'il estime que la promotion de Selmayr lui a porté un préjudice personnel. Mais personne n'a envie de se suicider professionnellement, que la procédure soit un échec ou un succès…

En dépit des promesses de Juncker, la Commission a confirmé sous son règne qu'elle était sa propre caricature, celle dressée par les europhobes, une administration d'élite, sûre d'elle-même et dominatrice, pour adapter une expression du général de Gaulle. « Je veux que Martin Selmayr devienne la personne la plus célèbre de l'Union européenne », clamait ainsi en mars 2018 un Nigel Farage, l'artisan du Brexit, ravi de voir toutes ses critiques à l'égard de « Bruxelles » démontrées. Qu'importe à Selmayr qui affiche une indifférence souveraine à cette excitation politico-médiatique. Il a obtenu ce qu'il voulait : il s'est débarrassé de tout contrôle démocratique, décide seul des orientations de la Commission, nomme ses fidèles à tous les échelons (sans aucun appel à candidatures comme il se doit), le tout avec une brutalité et un mépris des êtres humains qui n'a guère de précédent. Une véritable atmosphère de terreur règne dans les couloirs du Berlaymont, Selmayr ne comprenant manifestement pas la différence entre l'exigence du travail bien fait et le harcèlement moral. Comme il le reconnaissait avec une candeur étonnante lors d'un entretien que j'ai eu avec lui en décembre 2017 : « On exagère beaucoup ma brutalité, alors que la brutalité fait partie intégrante de cette maison. » Un vrai programme de gouvernement. Le secrétaire général espère même survivre au départ de Juncker, puisque son successeur aura besoin de quelqu'un qui contrôle la machine qu'il a pris soin de façonner à sa main. Un gâchis démocratique sans précédent, une faillite collective des commissaires qui ternit définitivement le bilan de Jean-Claude Juncker. « Il proclamait que sa Commission serait celle de la dernière chance. En fait, c'était la Commission de sa dernière chance et il l'a gâchée », note méchamment l'ancien ministre socialiste luxembourgeois (2013-2018), Nicolas Schmit.

Chapitre VI

« LES ÉLITES EUROPÉENNES SONT CORROMPUES ET INCOMPÉTENTES »

La nomination de Jean-Claude Juncker à la présidence de la Commission, en 2014, a fait tomber les masques : cette Europe est bien celle du capital et non celle des peuples. Car cet homme n'est autre que celui qui a consciencieusement transformé durant vingt-cinq ans, comme ministre des Finances puis comme Premier ministre du Luxembourg, son minuscule pays en paradis fiscal, attirant capitaux et entreprises fuyant l'impôt dû. La preuve de ce lien entre la finance et l'Europe a de nouveau été administrée lorsqu'on a appris, en juillet 2016, que son prédécesseur, José Manuel Durão Barroso[1], venait d'être engagé par la banque d'affaires américaine Goldman Sachs (GS), l'une des responsables de la plus grave crise économique depuis 1929 ! Comment ne pas penser à une rétribution pour services rendus. Et que dire de Neelie Kroes, ancienne commissaire à la concurrence de Barroso entre 2004 et 2009, qui a dissimulé avoir dirigé de 2000 à 2009

---

1. Président de la Commission entre novembre 2004 et novembre 2014.

une société offshore nichée aux Bahamas, un paradis fiscal réputé, et qui s'est depuis recyclée chez Uber ? Ou encore de Mario Draghi, président de la Banque centrale européenne depuis 2011, passé par Goldman Sachs Europe entre 2002 et 2005, pile au moment où la Grèce était aidée par cette banque à maquiller ses comptes publics ? Sans même parler d'Édith Cresson, ancienne Première ministre française, qui a profité de son poste de commissaire pour distribuer des emplois fictifs au sein de la Commission à ses proches. Voilà quelques exemples, et ils sont légion, de ce qu'est l'élite européenne, une élite corrompue au service du grand capital et des lobbies industriels ! Ce n'est pas dans nos États que l'on verrait ça !

*

L'accusation fait mal, d'autant plus mal qu'elle n'est pas infondée. Le temps paraît effectivement loin où les dirigeants européens n'avaient pas fait leur la devise de Gordon Gekko dans le film *Wall Street* d'Oliver Stone : « *Greed is good* »[1]... Jean Monnet, Walter Hallstein ou encore Jacques Delors n'ont jamais émargé dans des conseils d'administration une fois leur carrière à Bruxelles terminée. Ils ont consacré le reste de leur vie au service public et du public. À l'image d'un Pascal Lamy, très justement surnommé le « moine-soldat » lorsqu'il était le chef de cabinet de Delors (1985-1994) : après un passage au Crédit lyonnais, qu'il redresse avec Jean Peyrelevade jusqu'à sa privatisation, il revient à Bruxelles

1. « La cupidité est une bonne chose. »

comme commissaire au commerce en 1999, avant de prendre la tête de l'Organisation mondiale du commerce de 2005 à 2013. Depuis, il se consacre à la Fondation Notre Europe et à diverses activités dans des ONG. On est loin des grenouillages de Barroso ou de Kroes.

« Greed is good »

Il faut le reconnaître : les *revolving doors*, excellente expression anglaise pour désigner les passages entre le public et le privé, sont devenus la norme plutôt que l'exception, depuis une vingtaine d'années, tant au niveau des commissaires que des parlementaires européens ou des eurocrates. Selon le rapport publié en janvier 2017 par Transparency International[1], 20 % des anciens fonctionnaires européens[2], 30 % des anciens parlementaires[3] et 50 % des anciens commissaires travaillent comme lobbyistes auprès des institutions communautaires[4]. Ainsi, l'un des plus gros cabinets de

1. Pascal Lamy, cela n'est pas un hasard, est membre du conseil d'administration de cette ONG qui combat la corruption.

2. Par exemple, l'ancien chef de cabinet de Michel Barnier, commissaire au marché intérieur et aux services financiers, Bertrand Dumond, a été recruté par HSBC. On ne compte plus les anciens directeurs généraux directement embauchés par des entreprises qu'ils étaient censés surveiller.

3. Vingt-sept anciens parlementaires ont été recrutés par des cabinets de lobbying depuis 2014, selon Transparency International.

4. Le plus gros consommateur d'« ex » de la Commission est Google : Transparency International en a dénombré 115 parmi les ex-fonctionnaires.

lobbying de Bruxelles (G +) a été fondé par d'anciens porte-parole de la Commission Santer qui ont fait fortune grâce à cette lucrative activité[1]. Ça, c'est pour la partie émergée de l'iceberg, car il s'agit uniquement de ceux qui se sont inscrits dans le registre officiel des lobbyistes des institutions communautaires[2]. Et que dire de ceux qui multiplient les conflits d'intérêts alors qu'ils sont encore en fonction ? Ainsi, une dizaine de députés européens siègent dans des conseils d'administration de grandes entreprises qui pratiquent du lobbying à Bruxelles[3]. C'est notamment le cas de Guy Verhofstadt, le président du groupe libéral, ancien Premier ministre belge et grand fédéraliste devant l'Éternel, qui émarge dans pas moins de sept conseils d'administration (dont le groupe maritime belge Exmar et la société d'investissement Sofina) pour un minimum de 12 000 euros par mois en plus de son salaire d'eurodéputé… Il n'y a peut-être pas conflit d'intérêts direct, car il faut le prouver, mais avouons que cela fait tache.

Face à ces dérives, les institutions communautaires sont embarrassées, personne n'ayant manifestement l'intention d'insulter l'avenir. Ainsi, la Commission n'a jamais condamné et encore moins empêché un directeur général ou un commissaire de pantoufler dans le privé : on peut par exemple citer le

---

1. Les cabinets de lobbying recrutent aussi beaucoup d'anciens journalistes qui ont également de plantureux carnets d'adresses…
2. Un tel registre n'existe pas, par exemple, en France…
3. Des cas révélés par Corporate Europe Observatory et LobbyControl, deux ONG particulièrement efficaces pour débusquer le mélange des genres.

commissaire allemand Martin Bangemann passé chez Telefonica alors qu'il était encore membre de la Commission Santer, le Belge Karel De Gucht désormais chez ArcelorMittal, ou la Luxembourgeoise Viviane Reding rémunérée par Agfa-Gevaert et Nyrstar tout en étant députée européenne. Or, commissaires et députés jouissent de très confortables indemnités de transition et de retraite qui les mettent à l'abri du besoin. Et plus le mandat a été long, plus le montant augmente[1].

Barroso chez Goldman Sachs

On a encore eu la preuve de cette coupable compréhension avec l'affaire Barroso : la première réaction d'un porte-parole de l'exécutif européen a même été de trouver « légitime » que son ancien patron se

1. Pour les commissaires, l'indemnité de transition, versée durant trois ans, représente de 40 à 65 % de leur traitement, selon la durée de leur fonction, sachant qu'un commissaire gagne 21 000 euros brut par mois et le président 26 000 euros. Ils ont aussi droit à de généreuses retraites : un commissaire ayant exercé un mandat de cinq ans a droit à une pension à vie à partir de l'âge de soixante-cinq ans à hauteur de 21,375 % de son dernier traitement de base (soit 55 000 euros par an). Le taux annuel d'acquisition de droits à pension d'un commissaire est de 4,275 %, et le maximum fixé à 70 % de son dernier salaire de base : pour atteindre un tel taux, il devrait rester en fonction seize ans et cinq mois, ce qui n'est jamais arrivé. Pour un député, le taux annuel d'acquisition est de 3,5 % par an de présence avec un maximum de 70 %. Ces retraites se cumulent avec celles perçues par ailleurs. Leur indemnité de transition représente un mois de salaire par année de présence versée pendant au maximum vingt-quatre mois.

recase chez GS. Face au tollé médiatique et politique, le porte-parole de Jean-Claude Juncker, Margaritis Schinas, a repris la communication en main, sans répéter ce qualificatif malheureux, mais a souligné que l'ancien Premier ministre portugais n'avait pas violé le code de déontologie adopté en 2011, justement sous Barroso, pour prévenir les conflits d'intérêts. De fait, il a soigneusement attendu l'expiration du délai de dix-huit mois après sa cessation de fonction, le 1er novembre 2014, pour signer son contrat de président « non exécutif » de GS. S'il l'avait fait avant, cela l'aurait obligé à demander l'avis d'un « comité d'éthique indépendant »[1]. Là, il a pu se contenter d'avertir par téléphone son successeur, Jean-Claude Juncker. Cependant, pendant ses dix-huit mois de latence, il n'est pas resté les bras croisés et a demandé au « comité d'éthique » de multiples autorisations pour siéger dans des conseils d'administration qu'il a à chaque fois obtenues.

Si le « code de déontologie » n'a pas été violé par l'ancien président, on peut penser qu'il a pris quelques libertés avec l'article 245 du traité sur le fonctionnement de l'Union européenne, prévoyant que les anciens membres de la Commission s'engagent à « respecter, pendant la durée de leurs fonctions et après

1. Il est composé de trois personnes nommées par la Commission. Actuellement, l'ancienne députée européenne Dagmar Roth-Behrendt (Allemagne), l'ancien juge à la Cour de justice européenne Christiaan Timmermans (Pays-Bas) et l'ancien directeur général à la Commission Heinz Zourek (Autriche). Soit trois personnalités issues de l'écosystème communautaire, ce qui n'est peut-être pas la meilleure idée.

cessation de celles-ci, les obligations découlant de leur charge, notamment les devoirs d'honnêteté et de délicatesse quant à l'acceptation, après cette cessation, de certaines fonctions ou de certains avantages ». Est-il « délicat » et « honnête » d'entrer au service d'une banque à l'origine de la crise des subprimes de 2007, qui a aidé la Grèce à dissimuler une partie de son déficit par des opérations de *swap* (tout à fait légales au demeurant), avant de spéculer contre la dette grecque, car connaissant de l'intérieur son caractère insoutenable. Cette manœuvre a entraîné toute la zone euro dans une crise sans précédent qui s'est réglée à coups de politiques d'austérité particulièrement violentes. Barroso dispose de renseignements d'initiés, tant sur la réglementation financière et bancaire mise en place depuis 2009 que sur la politique monétaire de la Banque centrale européenne (puisqu'il pouvait assister aux réunions de la BCE) ou sur les réformes mises en place en Grèce, qui pourraient s'avérer fort utiles pour une banque dont la spécialité est justement de s'enrichir avec de telles informations. « C'est une situation vraiment détestable », admet le député européen Alain Lamassoure (LR, Parti populaire européen), qui préside la commission d'enquête parlementaire sur l'évasion et la fraude fiscales, et qui fut l'un des grands défenseurs de l'ancien président. Le groupe socialiste du Parlement européen, qui a pourtant investi Barroso tant en 2004 qu'en 2009, a sorti l'artillerie lourde en demandant que GS « renonce à cette embauche » jugée « indécente, indigne et honteuse » et que la Commission ou le Conseil des ministres (statuant à la majorité simple) saisissent la Cour de justice européenne pour le priver de sa future retraite.

La réaction de Jean-Claude Juncker a été particulièrement lente, même s'il a vite reconnu en privé que Barroso avait commis une « faute » : « N'importe quelle banque, à la limite, mais pas celle-là ! » C'est de fait un symbole désastreux pour l'Union et une aubaine pour les europhobes, un président de Commission étant censé personnifier, bien au-delà de son mandat, les valeurs européennes qui ne sont justement pas celles de la finance débridée à la Goldman Sachs. Comme l'a souligné Pierre Moscovici, l'actuel commissaire chargé des affaires économiques et monétaires, « en cette période de crise, où le populisme veut dynamiter l'idée européenne et l'institution qui l'incarne, le recrutement de Barroso par Goldman Sachs choque et alimente les attaques contre la Commission ».

Barroso absous

C'est finalement le 25 juillet que Juncker se décide à prendre ses distances en lâchant, sur France 2, un faible : « Je ne l'aurais pas fait », même si « M. Barroso a respecté toutes les procédures qui sont prévues ». Il faut dire que François Hollande, le chef de l'État français, y a été fort en dénonçant, quelques jours plus tôt, le 14 juillet, un comportement « personnellement et moralement inacceptable ». Sous la pression, Juncker décide que Barroso sera traité non plus comme un ancien président avec un accès privilégié à son ancienne institution, mais comme un simple lobbyiste, et de saisir le « comité d'éthique ». Dans un courrier glacé adressé à son successeur, José Manuel Durão Barroso tempête, considérant comme « sans fondement et complètement imméritées » les critiques qui lui ont été adressées. Pour lui, ces décisions « sont discriminatoires à [son] égard et contre Goldman Sachs ». Pas moins. Au passage, on apprend qu'il n'a pas été embauché (à quel plantureux salaire ? Mystère) pour s'occuper du Brexit, comme on l'a d'abord cru, mais pour donner « des conseils liés aux affaires de la banque avec ses clients », une fonction qui est bien plus large et donc potentiellement génératrice de nombreux conflits d'intérêts.

Le « comité d'éthique » l'absout le 31 octobre 2016 comme on pouvait hélas le craindre, et en dépit d'un appel signé par 150 000 citoyens et une mobilisation sans précédent des fonctionnaires européens furieux de se voir mis dans le même panier que leur ancien patron (une pétition a recueilli 3 000 signatures). Il juge simplement que « M. Barroso aurait dû être conscient et informé qu'en agissant ainsi, il déclencherait des critiques et risquerait de nuire à la réputation de la Commission et de l'Union en général ». Bref, il « n'a pas fait preuve du bon jugement que l'on pourrait attendre de quelqu'un qui a occupé un poste à haute responsabilité pendant de si longues années ». On en restera à cette remontrance, les États évitant de se saisir de la question, ce qu'ils auraient pu faire…

Cette décision est aussi révélatrice d'un conflit culturel au sein de l'Union. Dans une grande majorité de pays européens, on ne considère pas que le privé et le public sont deux mondes étanches. Alain Lamassoure le rappelle : « Dans les pays nordiques et ibériques, il est courant qu'un politique passe dans le privé, alors que dans les pays anglo-saxons, c'est la norme. Il n'y a qu'en France où le politique, c'est l'affaire d'une vie. Comme le disait Michel d'Ornano à propos de Geoffroy de Montalembert, un député dormant : "Il se présentera à l'Assemblée nationale jusqu'à sa mort, puis ensuite au Sénat." »

En revanche, on ne peut invoquer de conflit culturel à propos de Neelie Kroes, l'ex-commissaire à la concurrence puis à l'économie numérique, prise la main dans le sac des « Bahamas Leaks », fin septembre 2016. Selon des documents révélés par la presse, elle a présidé une société offshore établie aux Bahamas, un paradis fiscal réputé, entre juillet 2000 et octobre 2009, fonction qu'elle a « oublié » de déclarer lorsque la libérale batave a été nommée, en novembre 2004, commissaire à la concurrence. Un mensonge qui se double d'une faute morale, vu les fonctions qu'elle a exercées. Pour le « comité d'éthique », dans sa décision du 22 décembre 2016, la veille de Noël, Kroes a bel et bien « violé le code de conduite des commissaires », mais elle « ne peut pas être blâmée » si, comme elle l'affirme, « elle n'était pas [...] au courant qu'elle occupait toujours ce poste » au sein de ladite société. Voir la faible défense de l'ex-commissaire ainsi validée laisse sans voix : elle a, en effet, prétendu « ne pas avoir été au courant qu'elle a continué à figurer comme directeur de cette société », une activité « jamais exercée, ni rémunérée ». Bref, dirigeante de société offshore à l'insu de son plein gré... L'entre-soi. Le plus beau est qu'elle a malgré tout récolté un « blâme », mais pour une autre affaire dont on ignorait tout : elle a aussi « oublié » de déclarer à la Commission ses revenus 2015, qui auraient dû venir en déduction de son « indemnité de transition ». La mémoire lui est brutalement revenue au lendemain de la publication des « Bahamas Leaks ». Un blâme sans conséquence spéciale, bien sûr, alors qu'elle a très clairement fraudé. L'entre-soi encore.

Autant dire que ces deux scandales n'ont pas rehaussé la réputation de la Commission et celle de son président, Jean-Claude Juncker : condamnation tardive et emberlificotée, puis absolution en bonne et due forme ! Il faudra attendre le mois de novembre 2016 pour que Juncker annonce enfin un durcissement, léger, du code de conduite des commissaires, comme le réclamaient non seulement les ONG, la gauche européenne, mais aussi la médiatrice de l'Union[1]. Pourtant, le président de l'exécutif européen tenait l'occasion de montrer qu'il gérait son institution de façon politique, comme il le proclame depuis son élection, et ce, sans aucun coût pour lui, ces deux « ex » n'étant plus protégés par leur État respectif. En réalité, il s'est laissé emprisonner par l'institution qu'il dirige et qui a toujours préféré protéger les siens plutôt que l'idée européenne.

1. La période pendant laquelle les anciens présidents de la Commission devront demander l'autorisation du « comité d'éthique » avant d'exercer une autre fonction passe de dix-huit mois à trois ans. Et pour les commissaires, de dix-huit à vingt-quatre mois. Transparency International réclame cinq ans pour tout le monde.

Les « sournois bridés »

Il ne faut pas voir là un acte manqué, comme le montre la façon dont Juncker a couvert les dérapages de son commissaire chargé du numérique. Début novembre 2016, l'Allemand Günther Oettinger, s'exprimant officiellement devant une fédération patronale, à Hambourg, n'a pas hésité à qualifier les Chinois de « sournois bridés » (« *Schlitzohren und Schlitzaugen* »). Bien lancé, il a raconté que, lors du sommet UE-Chine, il a rencontré une délégation de « neuf hommes » (« du même parti, pas de démocratie ») qui étaient « tous peignés de gauche à droite avec du cirage noir »... Puis il a expliqué que les femmes ne pourraient accéder aux plus hautes fonctions entrepreneuriales sans les quotas imposés par une directive européenne dans les conseils d'administration, s'est indigné que l'on puisse verser une retraite aux mères de famille et s'en est pris au mariage homosexuel qui sera « bientôt imposé » en Allemagne. Enfin, il a taclé la Wallonie, « une micro-région gérée par des communistes », qui venait de retarder de quelques jours la signature du CETA, le traité commercial avec le Canada, ce qui « n'est pas acceptable ».

Oettinger n'en était malheureusement pas à son coup d'essai. Ainsi, en septembre 2011, en pleine crise grecque, celui qui était alors responsable de l'énergie dans la Commission Barroso avait proposé « de mettre en berne, devant les bâtiments de l'Union européenne, les drapeaux des mauvais élèves en matière de dette. Cela serait certes un symbole, mais cela aurait un effet dissuasif »... Athènes a apprécié, on s'en doute. Puis, en septembre 2014, il a semé la consternation parmi les députés européens, lors de son audition de confirmation comme commissaire chargé du numérique, en montrant l'étendue de son ignorance du domaine qu'il allait gérer : « Avec la technologie, vous ne pouvez pas exclure tous les risques. Je vais vous donner un exemple. Cela peut paraître un peu, hum... à demi-sérieux. Il y a eu récemment de nombreuses célébrités qui se sont plaintes que des photos dénudées apparaissent sur internet. Je ne peux juste pas le croire ! Si une star est assez stupide pour faire une photo d'elle nue et l'envoyer sur le web, elle ne peut pas attendre de nous qu'on la protège. On ne peut pas protéger entièrement les gens de leur bêtise. » Il n'avait manifestement pas compris la différence entre un piratage et une publication volontaire... Une sortie qui ne l'a pas empêché d'être confirmé par un Parlement peu regardant dès lors qu'il s'agit d'un allié politique de la chancelière.

Mais après ses propos racistes, on s'attendait à ce que Juncker sévisse, même si l'intéressé s'est excusé sans pour autant regretter sa sortie qui a suscité un tollé et même entraîné une protestation officielle de la Chine. Or, il l'a couvert en les qualifiant de « maladresse »... Quelques jours plus tard, nouvelle affaire : on apprend qu'Oettinger a voyagé de Bruxelles à Budapest, le 18 mai 2016, à bord de l'avion privé d'un lobbyiste allemand proche de Vladimir Poutine, Klaus Mangold, consul honoraire de Russie du Land de Bade-Wurtemberg dont Oettinger a justement été le ministre-président jusqu'en 2009, avant d'être envoyé à Bruxelles. Tout cela, pour dîner avec le Premier ministre Viktor Orbán à l'occasion d'une conférence sur la numérisation du secteur automobile. Bien que les règles interdisent aux commissaires de recevoir des cadeaux d'une valeur de plus de 150 euros, Oettinger n'y a pas vu malice. Il a même omis de déclarer qu'il avait voyagé avec un lobbyiste, ce qu'il était tenu de faire. Devant le tollé, le gouvernement hongrois affirme, mi-novembre 2016, avoir lui-même suggéré au commissaire d'emprunter l'avion de Mangold et avoir payé les frais exposés. Là où l'affaire se corse, c'est que Mangold conseille aussi Budapest dans l'accord signé en janvier 2014 avec la Russie pour la construction de la centrale nucléaire de Paks II financée par un prêt de 10 milliards d'euros accordé par Moscou. Un dossier qu'Oettinger connaît bien, puisqu'il était à l'époque commissaire à l'énergie de Barroso. Or, Margrethe Vestager, la commissaire à la concurrence de Juncker, a décidé, en novembre 2015, d'ouvrir une double enquête sur ce curieux contrat public, les règles de concurrence sur les marchés publics semblant ne pas avoir été respectées. Et, au moment même où la presse demandait à la Commission de s'expliquer sur le voyage d'Oettinger, on apprenait le classement sans suite de cette enquête. Toutes ces casseroles n'ont pas empêché Juncker de le promouvoir, en janvier 2017, vice-président de la Commission chargé du budget, alors qu'il est membre d'une CDU allemande peu encline à la moindre solidarité financière et que de difficiles négociations budgétaires vont s'ouvrir avec les États membres en 2018.

« Faire la preuve d'Europe tous les jours »

Alors, tous pourris à Bruxelles ? En réalité, encore une fois, le problème de l'Union est qu'elle n'est que l'émanation des États membres. Ainsi, Neelie Kroes est le pur produit de la classe politique néerlandaise : politicienne madrée, c'est son gouvernement qui l'a désignée comme commissaire en 2004 et reconduite en 2009. Ancienne ministre des Transports, elle était connue pour sa proximité avec le monde des affaires (elle siégeait dans une douzaine de conseils d'administration : Volvo, Lucent, Thales, MMO2, Nederlandse Spoorwegen NV, Ballast Nedam, Royal P & O Nedlloyd NV, etc.) et même les mafieux (*via* son proche ami, Jan-Dirk Paarlberg, un promoteur immobilier sulfureux). Son goût pour l'argent n'avait pas de secret pour les Néerlandais et n'embarrassait manifestement pas ce peuple à la morale si sourcilleuse. Certes, le Parlement européen, qui a entériné cette nomination, a bien tenté d'obtenir, en 2004, son remplacement, mais Barroso a refusé tout net, soutenu par la majorité de droite. Le Parlement et la Commission auraient-ils dû enquêter plus avant ? Sans doute, sauf qu'ils n'ont aucun pouvoir d'investigation de quelque nature que ce soit, les États y ont veillé. Bruxelles ne peut pas laver plus blanc que blanc et n'a d'autre choix que de s'en remettre aux gouvernements. D'ailleurs, les Pays-Bas n'ont jamais mis en cause politiquement ou pénalement Neelie Kroes : ils n'ont même pas été capables de découvrir l'existence de la fameuse société offshore. Ce qui ne dédouane pas les dirigeants communautaires : informé des liens troubles qu'entretenait Kroes avec le monde de l'argent, Barroso aurait pu la nommer à un poste moins exposé que la concurrence et le Parlement n'aurait pas dû relâcher la pression. Mais c'était prendre le risque de se fâcher avec un pays supplémentaire, alors que l'Italien Rocco Buttiglione, proche de Silvio Berlusconi, venait d'être renvoyé à Rome, et surtout offrir une victoire supplémentaire à la gauche… L'Union, c'est aussi de la politique politicienne de bas étage.

Ce que montre en réalité l'affaire Kroes, qui n'a pas failli dans ses fonctions de commissaire, jusqu'à preuve du contraire, est que la corruption morale est d'abord dans les États membres, la classe politique européenne n'étant que son reflet. Bruxelles n'est pas Washington, c'est-à-dire un État fédéral qui génère sa propre classe politique[1]. Si Jérôme Cahuzac, ancien ministre du Budget de François Hollande, avait été nommé commissaire, accuserait-on la Commission Juncker de ses fraudes fiscales, alors que l'État français a été incapable de les mettre au jour au point de le nommer ministre ? Alors oui, il faut s'indigner, mais ne pas se tromper de cible. C'est l'avidité des élites étatiques qui abîme la politique en général, et le projet européen par voie de conséquence. Il revient aux États et aux partis politiques nationaux[2] de faire le ménage chez eux et de n'envoyer à Bruxelles que des

1. Sauf à de rares exceptions comme l'Allemand Martin Schulz, président du Parlement européen de 2012 à 2016, qui a fait toute sa carrière à Bruxelles.

2. Ce ne sont pas les partis européens qui décident de la composition des listes électorales, mais les partis nationaux puisque le scrutin européen est organisé dans le cadre national.

personnalités irréprochables. Aussi européen soit-il, était-ce une bonne idée que les conservateurs du PPE aient désigné comme tête de liste Jean-Claude Juncker au lieu de choisir le plus terne, mais incontestable, Michel Barnier ? L'Union peut-elle se permettre de mortelles polémiques sur l'action de l'ancien Premier ministre du Grand-Duché en matière d'évasion fiscale, son action à la tête de la Commission souffrant de son comportement passé, même s'il n'a strictement rien fait d'illégal[1] ? Ou encore, était-il bien nécessaire que Mariano Rajoy, le Premier ministre conservateur espagnol, nomme à la Commission son protégé, Miguel Arias Cañete, qui a tout au long de sa vie allègrement mélangé intérêts privés et publics ? Était-il bien judicieux que Juncker lui confie le portefeuille de l'énergie et du changement climatique vu son pedigree ?

L'Union n'a d'autre choix que de faire avec qui on lui envoie. Pour éviter des dérapages et sous la pression des ONG, mais aussi des Nordiques plus sensibles à la morale publique que les pays latins ou d'Europe de l'Est, elle a mis en place, au fil du temps, des règles d'éthique qui en font un modèle par rapport à de nombreux États. Le porte-parole de l'exécutif européen, Margaritis Schinas, n'a pas eu tort de rappeler en pleine tourmente Barroso que, même encore insuffisantes, elles ont au moins le mérite d'exister,

---

1. Comme Premier ministre, il a défendu les intérêts de son pays, même si on peut le regretter. Et il est loin d'être le seul : les Pays-Bas, la Belgique, l'Irlande ou la Grande-Bretagne, *via* leurs propres paradis fiscaux, ont fait bien pire que le Luxembourg.

« contrairement à d'autres organisations internationales et à la plupart des États membres où l'on a vu des dirigeants passer directement du service de l'État au secteur privé ». Une allusion directe à l'ex-chancelier allemand Gerhard Schröder qui, dès le lendemain de sa défaite aux élections de 2005, a été nommé à la tête du consortium chargé de la construction du gazoduc germano-russe Nord Stream en mer Baltique, dont l'actionnaire majoritaire était Gazprom. Un conflit d'intérêts majeur, puisque c'est le gouvernement Schröder qui avait signé le contrat et s'était même porté garant d'un prêt d'un milliard d'euros audit Gazprom. Une allusion aussi à tous ces dirigeants qui, dès la fin de leur mandat public, ont émargé aux conseils d'administration de nombreuses entreprises et ont multiplié les conférences grassement payées alors qu'ils perçoivent toujours de l'argent public (de Tony Blair, ancien Premier ministre britannique, à Nicolas Sarkozy ou François Fillon).

La vie politique des États membres est pleine de ces conflits d'intérêts et de ces mélanges des genres, mais personne ne demande pour autant leur destruction comme le font les europhobes à chaque faux pas de Bruxelles. C'est pour cela que les institutions communautaires ont le devoir d'être « exemplaires », affirme Pascal Lamy, car « il faut faire la preuve d'Europe tous les jours, alors qu'on n'exige pas la même chose dans nos États, qui ont une légitimité autrement plus forte ». Jean-Claude Juncker a donc eu tort de ne pas sévir contre les anciens et actuels membres de la Commission qui ont dérapé et raison d'aller plus loin dans le durcissement des règles d'éthique afin d'interdire tout conflit d'intérêts, mais aussi pour décourager ceux qui voudraient venir à Bruxelles en dissimulant une partie de leur CV.

Des élus europhobes pris la main dans la caisse

Le Parlement européen a lui aussi dû faire le ménage dans ses pratiques. Car une partie des élus avait une fâcheuse tendance à considérer l'argent public comme le leur. La bataille a été longue pour imposer des règles. Il a fallu, pour y arriver, qu'un statut des députés soit enfin adopté afin que tous les élus soient rémunérés de la même façon et non plus payés comme leurs collègues nationaux. Car ce système donnait lieu à des disparités importantes de salaires qu'on laissait les élus combler en piochant librement dans la caisse[1]. Depuis, les frais sont davantage contrôlés (ce n'est pas encore parfait) et surtout, les règles concernant les assistants parlementaires ont été clarifiées. Ainsi, il n'est plus possible d'employer à ce poste les « conjoints des députés ou leurs partenaires stables non matrimoniaux ou leurs parents, enfants, frères et sœurs[2] », comme c'est déjà le cas en Allemagne ou aux États-Unis. Le but est non seulement d'éviter le népotisme, mais aussi les emplois

1. Le statut des députés est entré en vigueur en juin 2009. En 2016, l'indemnité parlementaire s'élève à 6600 euros net. Les frais sont très généreusement couverts.

2. Décisions du bureau du Parlement européen des 19 mai et 9 juillet 2008.

fictifs, beaucoup d'eurodéputés ayant, dans le passé, utilisé ce moyen pour mettre dans leur poche une partie des 20000 euros qu'ils reçoivent chaque mois pour rémunérer leurs assistants. Et pour contrôler le tout, cet argent est directement géré par le Parlement.

Ce qui n'empêche pas les abus, notamment dans les partis europhobes : ainsi, Marine Le Pen, la présidente du Front national, a embauché comme assistant son compagnon, Louis Aliot, entre 2011 et 2014, date à laquelle il a été élu député européen. Un emploi à temps partiel payé 5000 euros brut, alors qu'Aliot était par ailleurs vice-président du FN et conseiller régional du Languedoc-Roussillon. Une rémunération pour le moins généreuse. Finalement, le Parlement a renoncé à demander le remboursement des sommes versées, car Aliot avait été recruté comme assistant local en France, où cette pratique n'est nullement interdite. Et cela permet tous les détournements, comme vient une nouvelle fois de le rappeler le scandale de l'embauche par le candidat des Républicains à l'élection présidentielle de 2017, François Fillon, de son épouse Penelope comme assistante parlementaire : elle aurait touché la coquette somme de 500000 euros entre 1998 et 2007 puis à nouveau en 2012 pour un emploi qui, selon plusieurs médias, n'est pas avéré… Selon Mediapart, l'Assemblée nationale française a rémunéré 52 épouses, 28 fils et 32 filles de députés en 2014, soit 115 députés sur 577 dont le président, Claude Bartolone. En Grande-Bretagne, ce sont un quart des députés qui emploient un membre de leur famille.

En revanche, Marine Le Pen va devoir rembourser 340 000 euros pour avoir fourni des emplois fictifs d'assistants accrédités à Bruxelles à sa directrice de cabinet, Catherine Griset, et à son garde du corps, Thierry Légier. De même, une enquête est en cours pour savoir si vingt-quatre des assistants parlementaires du FN (sur soixante-trois) exercent un emploi réel à Bruxelles ou en France, alors qu'ils sont soit élus locaux, soit membres de la direction du parti… Le FN n'est évidemment pas le seul parti dans ce cas : toutes les formations, en particulier la France insoumise qui fait aussi l'objet d'une enquête, ont des assistants fantômes, mais dans de moindres proportions, les contrôles étant de plus en plus fermes. Et c'est tout à l'honneur du Parlement[1]. En revanche, rien n'est prévu pour l'après-mandat, aucun « comité d'éthique » équivalent à celui de la Commission n'existe afin d'éviter les conflits d'intérêts. « L'élu du peuple » reste encore largement intouchable.

De même, les institutions communautaires ont mis en place un contrôle des lobbies (entreprises, ONG, syndicats, etc.) qui doivent désormais s'identifier sur un registre et ne peuvent plus faire de cadeaux aux députés,

1. Autre exemple de détournement : l'UKIP, le parti de Nigel Farage, a utilisé une partie de la dotation versée à son groupe politique (Alliance pour la démocratie directe en Europe), soit 172 600 euros, pour financer sa campagne électorale lors des législatives de 2015. Le Parlement a donc exigé le remboursement de cette somme. Philippe Lamberts, le coprésident du groupe Les Verts, a épinglé le fait que l'UKIP se soit « affranchi des règles alors même que son leader Nigel Farage est le premier à dénoncer la corruption des élites et le gaspillage de l'argent des contribuables ». On ne saurait mieux dire.

commissaires et fonctionnaires. Mieux, les commissaires doivent déclarer toutes les rencontres qu'ils ont avec des groupes d'intérêts. Une réglementation dont on cherche vainement la trace dans un pays comme la France…

Incompétence et absentéisme

La morale des élites européennes est une chose, leur compétence en est une autre. Combien de députés européens font-ils le travail pour lequel ils sont payés ? Faut-il citer quelques noms d'eurodéputés furtifs parmi les Français, comme ceux de Rachida Dati, ex-ministre de la Justice, Michèle Alliot-Marie, ex-ministre de la Défense, Vincent Peillon, ex-ministre de l'Éducation, Marine Le Pen, patronne du Front national, ou Jean-Luc Mélenchon, leader du Front de gauche ? Et combien de commissaires ont l'intelligence et le talent nécessaires pour se retrouver à ce niveau de pouvoir ? Une dizaine ? C'est bien le maximum sur une commission composée de vingt-huit personnes choisies par des États de tailles très différentes qui ne disposent pas souvent des candidats adéquats pour un tel poste. La même question se pose pour la Cour de justice : Malte a-t-elle vraiment sous la main trois juges de haut niveau compétents en droit européen pour siéger au Tribunal et à la Cour ? On peut sérieusement en douter, et ce, sans mépris pour les petits pays. Ne parlons même pas de la médiocrité des présidents du Conseil européen, que ce soit le Belge Herman Van Rompuy ou son successeur, le Polonais Donald Tusk, d'aimables notaires de province surpayés (et ça n'est vraiment pas gentil pour les notaires de province), ou encore de la baronnesse Catherine Ashton, qui fut entre 2009 et 2014 ministre des Affaires (qui lui étaient) étrangères de l'Union[1].

Néanmoins, et en dépit de tout ce que je viens de décrire, le vrai problème de l'Union est ailleurs. Il est au sein du Conseil européen des chefs d'État et de gouvernement, désormais composé de dirigeants sans conviction qui n'osent plus assumer l'Europe qu'ils construisent jour après jour, laissant ainsi le champ libre aux eurosceptiques et aux europhobes. Le philosophe hongrois Gáspár Miklós Tamás a la dent dure, mais comment lui donner tort ? « Partout en Europe, les personnalités au pouvoir sont irresponsables, inconscientes, conformistes, ignorantes, bornées et myopes. […] Il n'y a jamais eu ni en France ni en Grande-Bretagne de gouvernement à l'esprit aussi étriqué que ceux qui dirigent actuellement ces pays. Dans cette vallée de larmes, des moulins à paroles bons à rien, comme le Premier ministre italien Matteo Renzi, sortent du lot[2]. » Depuis le départ du « triangle magique » François Mitterrand, Helmut Kohl et Jacques Delors, l'Union est orpheline de dirigeants d'envergure qui non seulement connaissent l'histoire de l'Europe et ce qu'ils lui doivent, mais sont capables de voir loin, ceux « qui gardent le sens

1. Son successeur, l'Italienne Federica Mogherini, fait, elle, le travail.

2. Entretien publié par le journal hongrois *Magyar Narancs* du 25 novembre 2016. Matteo Renzi a démissionné le 7 décembre 2016 après avoir perdu son référendum sur la réforme des institutions italiennes.

d'une tâche grandiose à travers les médiocrités quotidiennes[1] ».

Les heurs et malheurs du couple franco-allemand depuis 1995 témoignent de cet effondrement de l'intelligence, au sens de compréhension du monde. Jacques Chirac et Helmut Kohl ne se sont jamais entendus, l'annonce unilatérale de la reprise des essais nucléaires par le nouveau président français, en 1995, y était pour beaucoup. Leur incompréhension mutuelle était largement due au Français incapable de voir au-delà de l'Hexagone. Elle a soit accouché de compromis mortifères pour l'Union, comme le pacte de stabilité de 1996 qui pollue depuis vingt ans la zone euro, soit débouché sur des affrontements homériques, comme lors de la nomination du premier président de la Banque centrale européenne, en 1998, une humiliation du chancelier allemand qui explique en partie sa défaite aux législatives quatre mois plus tard[2]. Avec son successeur, Gerhard Schröder, les rapports ont été encore moins cordiaux, comme l'a montré la négociation finale du désastreux traité de Nice en décembre 2000[3], dont l'échec enclenchera la séquence

1. Raymond Aron, discours aux étudiants allemands, 30 juin 1952, Francfort.

2. Bonn pensait que Paris était d'accord pour que le Néerlandais Wim Duisenberg soit nommé comme premier président de la BCE. Or, au dernier moment, Chirac a essayé d'imposer Jean-Claude Trichet, le gouverneur de la Banque de France. Finalement, Wim Duisenberg s'est engagé à démissionner à mi-mandat, ce qui a été vu en Allemagne comme une atteinte à l'indépendance de l'institut d'émission.

3. Un récit détaillé de ce sommet est à lire dans *Les Maîtres de l'Europe*, Yves Clarisse et Jean Quatremer, Grasset, 2005.

menant au traité constitutionnel européen et à la catastrophe du référendum français de 2005. Entre Nicolas Sarkozy et Angela Merkel, il a fallu attendre la crise de la zone euro, en 2010, pour que le couple trouve une vitesse de croisière normale, mais au prix d'une abdication du chef de l'État français qui accepta de se mettre à la remorque de la chancelière. Un rôle assumé d'emblée par François Hollande : arrivé à Bruxelles en juin 2012 en proclamant qu'il allait « réorienter l'Europe », il en a immédiatement rabattu sur ses prétentions, à la fois par faiblesse de caractère et par conscience des problèmes économiques français. À tel point qu'il a presque totalement disparu de la scène européenne, promettant régulièrement tout au long de son quinquennat des propositions de relance de l'intégration qu'on n'a jamais vues venir. Hollande a atteint le sommet de l'inexistence européenne[1].

Madame « Nein »

Angela Merkel, elle, est devenue la femme forte de l'Europe, lorsque la crise de la zone euro a éclaté, en 2010, mais uniquement par abandon de ses partenaires. Sa force, en réalité, a été de toujours dire non

1. En cinq ans, il n'a pas reçu une seule fois en off les journalistes européens, alors qu'il déployait une activité frénétique auprès des confrères parisiens. Tous ses prédécesseurs avaient pris l'habitude d'expliquer loin des micros leur politique européenne afin d'être sûrs d'être bien compris, Nicolas Sarkozy les rencontrant à chaque sommet européen. Une anecdote qui en dit long sur la vacuité de la pensée européenne de François Hollande.

aux propositions qu'on lui soumettait. Or, vu la puissance économique et financière de l'Allemagne, il est impossible de passer outre son refus. Le rôle de ses partenaires, de la France en particulier, a consisté à la faire changer d'avis ou à adoucir les angles pour éviter la catastrophe, ce qui la faisait toujours apparaître comme le grand vainqueur des négociations. Car, de fait, elle a tout accepté ou à peu près, mais avec retard, à un coût faramineux pour les citoyens européens et en s'octroyant un droit de véto sur les décisions de la zone euro. Ainsi, après avoir rejeté tout plan européen d'assistance aux banques, Merkel l'a finalement ratifié, tout comme elle s'est résolue à voler au secours de la Grèce après avoir voulu l'éjecter de la zone euro. Ou encore, elle s'est ralliée à l'Union bancaire après l'avoir combattue[1]. On cherchera en vain une proposition positive de l'Allemagne depuis qu'elle est au pouvoir : le « non » est en fait devenu l'alpha et l'oméga de sa politique européenne. Sa devise pourrait être celle des Pays-Bas : « Je maintiendrai. » Son prédécesseur, le social-démocrate Gerhard Schröder, était aussi peu européen qu'elle, comme l'ont montré ses relations tendues avec son partenaire français, quitte à ce que son ministre des Affaires étrangères, l'écologiste Joschka Fischer, répare les dégâts. Ni Schröder ni Merkel n'ont vraiment porté une vision de l'avenir de l'Europe dépassant le cadre

1. La surveillance des grandes banques a été confiée à la Banque centrale européenne, moins suspecte de conflits d'intérêts que les banques centrales nationales. L'Union bancaire, c'est aussi un mécanisme de résolution des crises bancaires, un fonds de résolution alimenté par les établissements financiers et un « filet de sécurité », le Mécanisme européen de stabilité (MES).

de leurs intérêts nationaux. Leur seule permanence a été d'exiger une Europe plus démocratique, ce dont la France ne veut pas par peur de la supranationalité…

La politique européenne de la France est encore plus confuse et inconséquente si cela est possible : Chirac, venu de l'europhobie de circonstance[1], n'a jamais été un Européen de cœur. Il s'est contenté de gérer l'acquis ou, sans que l'on en comprenne la raison, de prendre des initiatives calamiteuses, comme l'abandon unilatéral du second commissaire pour les grands pays ou encore la rupture d'égalité avec l'Allemagne au sein du Conseil des ministres[2]. C'est à son insistance, en juin 2003, que l'ensemble des traités européens ont été joints au projet de traité instituant une Constitution pour l'Europe préparé par la Convention présidée par Valéry Giscard d'Estaing, un bref texte d'une soixantaine d'articles portant uniquement sur les institutions à l'image des Constitutions nationales. Pourquoi ? Parce que le chef de l'État a eu peur que la politique agricole commune ancrée dans le traité de Rome ait un rang inférieur et puisse donc être un jour remise en cause à la majorité des États et non plus à l'unanimité. Cette décision a été un drame, comme

1. Rappelez-vous son discours de Cochin de 1979 et sa dénonciation du « parti de l'étranger », en l'occurrence l'UDF proeuropéenne de Valéry Giscard d'Estaing.

2. Lorsque l'Allemagne était divisée et occupée, la France, encore un empire, a accepté qu'elle ait le même nombre de voix qu'elle au Conseil des ministres où siègent les États. Chirac a abandonné cette règle sous prétexte que l'Allemagne était plus peuplée alors que le siège de la représentation populaire est le Parlement européen. Ce déséquilibre explique aussi les dysfonctionnements actuels du couple franco-allemand.

l'avait pressenti Valéry Giscard d'Estaing, puisqu'elle a permis une contestation de ces politiques, alors même qu'un refus de ce texte consolidé n'aurait rien changé à l'état présent de l'Union. Voilà pourquoi Chirac a été incapable de gagner le référendum qu'il avait lui-même convoqué sur un texte qu'il avait préalablement rendu contestable. Un vrai coup de génie.

Médiocrité à tous les étages

On retrouve cette même vista chez Nicolas Sarkozy : intergouvernementaliste convaincu, il a tout fait pour renforcer le rôle du Conseil européen. Angela Merkel, d'abord peu favorable à cette évolution, l'a finalement acceptée lorsqu'elle s'est aperçue que cela donnait un poids déterminant à son pays, notamment dans les domaines économique, financier et monétaire. Quand les Français l'ont enfin compris, il était trop tard pour redonner du pouvoir à la Commission, seul organe à même de tamiser la brutalité de la défense des intérêts étatiques. Nicolas Sarkozy espérait un condominium franco-allemand sur l'Europe, il a dû se contenter d'accepter une domination allemande.

Cette médiocrité n'est pas propre aux dirigeants franco-allemands. On cherche en vain d'autres responsables dans l'Union ayant un projet à proposer : que le couple franco-allemand soit aux abonnés absents ou pas, seule la défense de leurs intérêts nationaux guide leurs partenaires. Tous ces « chefs » semblent se retrouver à Bruxelles par habitude, sans avoir une idée claire de ce qu'ils viennent y faire. Surtout, comment prétendre gérer l'Europe lorsqu'on y consacre en tout et pour tout entre quatre et dix jours par an ? Imagine-t-on une présidence américaine fonctionnant au même rythme ?

Ces dirigeants sont même incapables d'expliquer ce qu'ils font ensemble. On cherchera en vain une analyse censée de la crise grecque de leur part : pourquoi le pays a-t-il été incapable d'honorer sa dette, pourquoi fallait-il le financer, quels étaient les risques pour les banques des autres pays, pourquoi des faillites bancaires auraient-elles été dramatiques pour les citoyens français ou allemands, pourquoi fallait-il imposer une cure de rigueur à Athènes ? Autant de questions qu'aucun dirigeant n'a jamais abordées devant son peuple, sans doute parce que la plupart d'entre eux ne savaient pas vraiment pourquoi ils avaient pris telle ou telle décision vu la technicité de la matière. On a la désastreuse impression que l'Union est dirigée par des gens qui ne savent pas ce qu'ils font et qui font ce qu'ils ne comprennent pas. Quand on entend certains candidats à la présidentielle française réclamer que le pouvoir revienne au Conseil européen alors que c'est le cas depuis longtemps ou encore demander une réforme de la directive sur les travailleurs détachés qui est déjà sur la table, on ne peut qu'être accablé par tant d'incompétence. C'est sans doute pourquoi ils sont parfaitement incapables d'assumer leurs décisions. À les entendre à chaque retour dans leur capitale, ils ont combattu comme des lions contre tous ces méchants Européens et ils ont soit triomphé, soit capitulé, mais avec les honneurs… La plupart des gouvernements et des partis de gouvernement passent leur temps à critiquer Bruxelles, ce bouc émissaire bien commode, joignant leurs voix à celle des europhobes, sauf lorsqu'il s'agit de gagner un référendum. Et là il est trop tard, comme on l'a vu en Grande-Bretagne.

Le poisson pourrit par la tête

Comment dès lors s'étonner que ces dirigeants européens envoient à Bruxelles des personnalités à leur image ? Qui a nommé Jacques Santer, Romano Prodi ou José Manuel Durão Barroso à la tête de la Commission ? Qui a envoyé à Bruxelles Édith Cresson, Martin Bangemann, Neelie Kroes ou Günther Oettinger ? Qui décide des noms des députés européens ? La promotion de Barroso mérite qu'on s'y arrête, car elle résume à elle seule cette démission collective du Conseil, l'organe qui revendique le pouvoir suprême dans l'Union.

En juin 2004, Chirac et Schröder soutiennent la candidature du Premier ministre belge Guy Verhofstadt, un excellent choix pour le coup, mais Tony Blair, le Premier ministre britannique, pose son veto, soutenu *mezza voce* par les pays d'Europe de l'Est, à la fois parce que le Belge est trop fédéraliste et surtout parce qu'il s'est opposé à la guerre en Irak. Blair souffle alors le nom de Barroso, quarante-huit ans, Premier ministre du Portugal depuis 2002, afin de sortir du blocage. L'homme a de quoi hérisser le couple franco-allemand : ancien président des étudiants maoïstes (MRPP) pendant la révolution des Œillets, brutalement passé à droite (PSD) à vingt-quatre ans, c'est un atlantiste militant, formé à l'université de Georgetown à Washington. C'est lui qui a organisé le fameux sommet des Açores de 2003 avec les États-Unis, l'Espagne et la Grande-Bretagne, au cours duquel la guerre à l'Irak fut déclarée. Pire : il a ensuite joué un rôle trouble dans le transfert des prisonniers vers Guantanamo, laissant les avions de la CIA emprunter les aéroports et l'espace aérien portugais. À la surprise de Blair, ni Chirac ni Schröder n'ont fait barrage, sans doute par peur de déclencher une crise. Le chef de l'État français a simplement estimé que c'était un bon choix, car il parlait français…

Résultat, Blair a réussi à placer un homme lige à la Commission. Et Barroso l'a payé en retour, notamment en s'opposant à toute régulation du système financier, au plus grand bonheur de la City. Il s'est aussi illustré pendant la campagne référendaire française de 2005 en défendant jusqu'au bout la première mouture de la directive Bolkestein libéralisant la prestation de services, ce qui a alimenté la campagne des opposants au traité constitutionnel européen, un texte dont les Britanniques ne voulaient justement pas. Pourtant, alors que la crise financière ravage le monde et que l'Europe tangue dangereusement, il est reconduit sans problème à son poste en juin 2009, l'Espagne et le Portugal, dirigés à l'époque par des socialistes, le soutenant par « solidarité ibérique ». On a bien lu : « solidarité ibérique ». Nicolas Sarkozy n'a rien vu à y redire, indifférent au sort de la Commission, celle-ci n'ayant aucun rôle propre à jouer selon lui. Quant au Parlement européen, il soutiendra Barroso à nouveau à une très large majorité (socialistes compris, sauf, en particulier, la délégation française), et ce, en dépit d'une campagne menée par Daniel Cohn-Bendit, le coprésident du groupe vert, et… Guy Verhofstadt, devenu président du groupe libéral.

C'est sous le règne de Barroso, aussi long que celui de Jacques Delors, que la Commission a été ravalée au rang de simple secrétariat, son président assumant d'être « au service des États » et non de l'intérêt général européen censé transcender les intérêts nationaux. Ce refus de faire jouer à l'exécutif le rôle qui est le sien explique en grande partie les errements européens dans la gestion de la crise de la zone euro. Seul élément positif de ce second mandat, le Portugais s'est montré plus régulateur, mais parce que les États, vaccinés par la crise financière, voulaient davantage contrôler les marchés. Sur le fond, en réalité, il n'a pas changé : toujours aussi atlantiste et libre-échangiste, c'est lui qui a personnellement convaincu les capitales, en réussissant à réduire la France au silence, de se lancer dans la négociation du TTIP ou TAFTA, l'accord de libre-échange avec les États-Unis, un projet qui a alimenté l'euroscepticisme continental, jusqu'au moment où Donald Trump, le président américain, l'a enterré en janvier 2017 en même temps que son grand frère, le TPP (Trans-Pacific Partnership).

Indifférence, ignorance, aveuglement idéologique, voilà le cocktail détonant qui conduit à la tête de l'Union des femmes et des hommes qui n'y ont pas leur place. Le poisson pourrit par la tête, dit le dicton populaire. Le Conseil européen en offre une brillante démonstration.

Chapitre VII
« L'EUROPE SE MÊLE DE TOUT »

« 80 % des lois qui sont appliquées et qui sont votées par les députés (nationaux) sont en réalité seulement enregistrées parce que ce sont des directives européennes », dénonce régulièrement Marine Le Pen, la présidente du Front national. En clair, les parlements ne sont plus que des chambres d'enregistrement de ce qui se décide à Bruxelles. Ce pourcentage faramineux n'est pas une invention des europhobes, il est donné par les fédéralistes eux-mêmes. En 1987, Jacques Delors, alors président de la Commission, annonçait fièrement que déjà « 30 % de la législation belge est d'origine communautaire et [...] ce chiffre devrait passer à 60 % dans les dix ans qui viennent ». En 1988, il va encore plus loin : « Vers l'an 2000, 80 % de la législation économique, peut-être même fiscale et sociale, sera décidé par les institutions européennes. » Soit le taux donné par Marine Le Pen. Le site web du ministère de la Justice est un peu plus pingre en affirmant que « la proportion du droit communautaire dans le droit français est comprise entre 60 % et 70 % des textes nouveaux ». Une proportion que l'on retrouve dans tous les États membres : « 70 % de notre production législative vient de l'Union européenne », assène ainsi, en 2009, le député européen finlandais Carl Haglund. 60 ou 80 %, ne chipotons pas : le droit purement national est réduit à la portion congrue, entre 20 et 40 % seulement selon les sources. De la taille des cages à poules au déficit public en passant par l'interdiction des nitrates, les normes de production des fromages, les spécifications techniques des véhicules ou encore le taux de TVA applicable dans la restauration, l'Europe s'infiltre dans les moindres détails de la vie quotidienne des peuples. Un « super-État bruxellois » tatillon, intrusif, bureaucratique, dicte bien aux États leur modèle de société.

*

Comment contester que la Communauté économique européenne des débuts n'est plus qu'un lointain souvenir ? Rebaptisée « Union » en 1993, l'Europe s'est dotée en quelques années de compétences nouvelles : politique sociale, politique structurelle (aides financières aux régions pauvres), politique monétaire, justice, immigration, police, affaires étrangères, défense, culture, recherche, éducation – la liste semble sans fin. Mieux, dix-neuf pays partagent désormais la même monnaie, l'euro, et la Banque centrale européenne (BCE) le dispute en puissance à la Réserve fédérale américaine. Avec la crise de la zone euro, l'Union a mis en place une Union bancaire en confiant la surveillance des grandes banques à la BCE, créé un mécanisme européen de stabilité doté de 700 milliards d'euros afin de venir en aide aux pays attaqués par les marchés et considérablement renforcé la coordination des politiques budgétaires nationales. Une Europe qui est passée en vingt ans de douze à vingt-huit États membres. Bref, l'Europe, c'est l'Union, et Bruxelles gouverne l'Europe !

Pourtant, cette marche en avant d'apparence si irrésistible n'est, en grande partie, qu'un faux-semblant : une partie non négligeable des compétences – et donc du droit – demeure en réalité du ressort étatique. Tout ne se décide pas à Bruxelles, tout ne passe pas à la moulinette communautaire, tant s'en faut. L'Union, en dépit des progrès réalisés, est toujours cantonnée à l'accessoire, le marché unique qui n'est rien d'autre qu'une zone de libre-échange organisée. Jean-Louis Bourlanges, après vingt ans passés au Parlement européen, peut à bon droit affirmer que « 90 % des politiques et 98 % des financements restent nationaux ». « Qu'il s'agisse de l'éducation et de la recherche, du droit du travail et de la protection sociale, de l'organisation administrative du territoire, de la justice et de la police, de la défense et de la politique étrangère et même, malgré Maastricht, des politiques budgétaires et fiscales, l'essentiel du pouvoir reste dans les États. » Autrement dit, le droit européen est cantonné, pour l'essentiel, à la périphérie des souverainetés nationales.

Les escabeaux et les chevaux roumains

Ainsi, la proportion de « lois venant de Bruxelles » n'est pas de 80 %, mais seulement de 20 % en moyenne sur une période de vingt ans, une proportion qui a même tendance à diminuer en dépit des compétences nouvelles[1]. Le chiffre varie bien sûr selon l'activité législative globale des pays : il va de 12 % en France, pays où on légifère à tout propos, mais aussi en Finlande ou aux Pays-Bas, à 35 % en Espagne. Une réalité que plus aucun universitaire ne conteste aujourd'hui, mais qui n'empêche pas eurosceptiques et fédéralistes européens de citer régulièrement en chœur les fameux « 80 % » de Jacques Delors, les uns pour dénoncer le « super-État bruxellois », les autres pour se réjouir des avancées de l'intégration. Si les premiers sont dans leur rôle, qui est de déformer la réalité pour tuer l'idée européenne, les seconds se comportent comme les « idiots utiles » des europhobes en refusant de voir qu'ils alimentent les peurs des citoyens face à un pouvoir perçu comme lointain, apatride, technocratique.

Les politiciens, y compris ceux des partis de gouvernement qui participent à l'élaboration de la politique européenne, n'hésitent pas à alimenter cette angoisse. Un exemple ? Michèle Alliot-Marie, tête de liste UMP dans le Sud-Ouest pour les élections européennes, n'a pas hésité à accuser l'Union, le 13 mars 2014, de vouloir « prendre une directive pour empêcher les enfants de moins de dix-huit ans de

1. Voir notamment *Notre Europe*, ouvrage collectif dirigé par Nicole Gnesotto et Michel Rocard, Robert Laffont, 2008, avec mon article : « Est-ce Bruxelles qui nous gouverne ? » ; *The Europeanization of Domestic Legislatures – The Empirical Implications of The Delors' Myth in Nine Countries*, par Sylvain Brouard, Olivier Costa et Thomas König, Springer, 2012 ; « L'UE et ses normes : prison des peuples ou cages à poules », Yves Bertoncini, Institut Jacques Delors, *Policy Paper*, n° 112, 2014.

grimper sur les escabeaux », de quoi jouer sur la colère des maraîchers de sa région, qui emploient beaucoup de jeunes de seize à dix-huit ans, contre ce texte européen totalement absurde. Le problème est que cette « information », reprise en boucle par les médias, est totalement fausse. Si l'interdiction du travail posté en hauteur pour les mineurs existe bien, on la doit non pas à l'imagination fertile d'un eurocrate, mais à celle, encore plus délirante, d'un technocrate français. En effet, c'est le décret n° 2013-915 du 11 octobre 2013 relatif aux travaux interdits et réglementés pour les jeunes âgés de moins de dix-huit ans qui a inséré dans le Code du travail l'article D.4153-30. Le texte prévoit qu'il « est interdit, en milieu professionnel, d'affecter les jeunes à des travaux temporaires en hauteur lorsque la prévention du risque de chute de hauteur n'est pas assurée par des mesures de protection collective ». Certes, parmi les « visas » du décret, on trouve bien une référence à une directive européenne du 22 juin 1994 modifiée en 2007 relative « à la protection des jeunes au travail ». Mais on y cherchera en vain une référence aux escabeaux. Dans son annexe II, il est simplement prévu que les jeunes ne devront pas être exposés à des « travaux comportant des risques d'effondrement », ce qui, convenons-en, est de bon sens et surtout ne vise nullement le travail en hauteur... D'ailleurs, aucun autre pays européen n'a transposé dans son droit interne cette directive comme l'a fait la France. Dans cette affaire, c'est la folie réglementaire hexagonale qui a atteint de nouveaux sommets et non une ingérence fantasmatique de l'Europe...

Et lorsque ce ne sont pas les politiciens qui taillent un costume trop grand à l'Europe, ce sont les médias. Début 2013, l'affaire des lasagnes Findus contenant de la viande de cheval éclate. Très rapidement, il s'avère qu'elle a frauduleusement remplacé le bœuf dans ces préparations provenant de Roumanie. Aussitôt, une rumeur se répand dans certains journaux français : c'est en application d'une norme communautaire que la Roumanie, par une loi de 2008, aurait interdit sur ses routes nationales la circulation de carrioles tirées par des chevaux. Conséquence : des dizaines de milliers d'équidés envoyés à l'abattoir. La fraude n'est pas européenne, mais elle a été facilitée par l'adoption d'une norme absurde, ce qui revient au même !

Mais voilà : l'Union n'a aucune compétence en matière de Code de la route et plus généralement en matière de droit pénal. Elle peut tout au plus proposer des mesures de coordination, mais en général l'échec est au bout du chemin au nom du « principe de subsidiarité » (cela a été le cas pour l'harmonisation des vitesses sur les autoroutes).

Les seuls textes qui pourraient avoir un rapport avec l'interdiction des carrioles en Roumanie sont des « lignes directrices sur la sécurité routière, non obligatoires, non juridiques, qui indiquent des vitesses minimales et maximales sur les routes nationales et autoroutes pour limiter les accidents », comme l'a alors expliqué un porte-parole de la Commission. « Dès lors, a-t-il poursuivi, il est possible – sans certitude – que certains véhicules aient été ainsi retirés de certaines routes. Mais nous n'avons rien imposé et n'avons jamais visé les carrioles ni demandé qu'on mange ces pauvres bêtes. Il s'agit là d'une simple supposition sur ce qui a pu se passer, car ce qui est sûr, c'est qu'il n'y a rien dans les textes de l'Union qui vise les carrioles. » Le plus beau dans cette affaire est qu'aucune loi roumaine n'a jamais interdit les véhicules hippomobiles... Bref, dire qu'il y a beaucoup de fantasmes sur le supposé interventionnisme européen est en dessous de la vérité. Même quand l'Europe est absente, elle est néanmoins là.

Qui décide quoi ?

Toute la difficulté, lorsqu'on veut tenter d'y voir plus clair dans le pourcentage de la législation nationale impactée par l'Union, tient d'abord au fait que le droit ne se prête guère à ce genre de pesée. Toutes les lois n'ont pas la même importance ni la même nature : un texte interdisant la peine de mort tient en une ligne, une directive européenne fixant les normes techniques à respecter lors de la construction des ascenseurs afin qu'ils puissent être exportés dans toute l'Union occupe des dizaines de pages. Autrement dit, les chiffres doivent être traités avec la plus extrême précaution.

Un autre moyen pour mesurer l'influence de l'Europe est de déterminer où se décide la politique de la nation : dans les capitales ou à Bruxelles ? Sur le plan budgétaire, les choses sont claires : le budget de l'Union reste plafonné à 1 % du PIB communautaire (soit environ 158 milliards d'euros en 2017) et les États ont clairement affirmé, depuis le milieu des années 90, qu'il n'était pas question d'aller au-delà. De même, les gouvernements de la zone euro ne se sont toujours pas entendus sur la création d'un budget de la zone euro pour améliorer la convergence économique et venir au secours des pays attaqués par les marchés. Les institutions communautaires n'ayant ni la compétence[1] ni la légitimité politique pour leur forcer la main, autant dire que l'action budgétaire reste presque totalement du ressort des États membres, tant au niveau des impôts et des dépenses publiques qu'à celui de l'ampleur des redistributions.

Cette souveraineté budgétaire quasiment intacte est d'ailleurs un échec majeur de l'Union économique et monétaire. En dépit de la fédéralisation de la politique monétaire, la partie « union économique » est largement restée un vœu pieux. Malgré le traité de Maastricht de 1992 et le « pacte de stabilité et de croissance » de 1997 qui prévoient que le déficit public ne doit pas dépasser 3 % du PIB et la dette publique 60 % du PIB, les États ont gardé un large contrôle de leur politique budgétaire. L'élaboration purement nationale des budgets en témoigne, même si la concertation s'est renforcée depuis la crise de la zone euro avec la création du « semestre européen », qui permet à la Commission de rendre un avis préalable à l'adoption des budgets. Mais on reste largement dans

1. L'essentiel des ressources du budget européen dépend d'une contribution de chaque État, et non de ressources propres, qui est négociée tous les cinq ans, ce qui leur permet de garder le contrôle des cordons de la bourse.

un théâtre d'ombres, les États ne tenant leurs promesses que si cela leur plaît. Ainsi, contrairement à ce que prétendent les europhobes, la limite du déficit public à 3 % du PIB[1] n'est pas le carcan décrit, aucun pays n'ayant jamais été sanctionné pour ne pas l'avoir respecté. La France en est le meilleur exemple : elle dépasse ce plancher quasiment sans discontinuer depuis 2002 (sauf en 2006 et 2007) et ne revient dans les clous qu'en 2017, avant de le percer à nouveau en 2019, crise des Gilets jaunes oblige.

Les États ont aussi gardé la haute main sur la fiscalité directe : seules relèvent de l'Union l'harmonisation *a minima* décidée à l'unanimité dans les domaines de la fiscalité de l'épargne, où le secret bancaire a fini par être éliminé, et la lutte contre la concurrence fiscale dommageable en matière d'impôt sur les sociétés. Certes, la fiscalité indirecte fait partie des compétences communautaires (TVA et accises), mais l'unanimité rend l'harmonisation d'une rare difficulté. De même, les politiques sociales et celles de l'emploi dépendent presque uniquement des États, ce qui est normal, dès lors que le levier budgétaire reste actionné par eux seuls.

Enfin, le droit et la procédure pénale, le droit et la procédure civile, le droit de la famille[2], le droit commercial, le droit administratif ou encore le droit

1. En 2015, le déficit public français est de 77,4 milliards d'euros, soit 3,5 % du PIB.

2. Le droit européen a, en revanche, harmonisé les règles de droit international privé européen, c'est-à-dire celles qui permettent de déterminer le droit national applicable à une situation juridique qui présente des aspects plurinationaux (comme un mariage mixte).

constitutionnel sont autant de domaines où l'influence du droit communautaire est inexistante ou très marginale. Il en est de même pour la fonction publique, l'organisation de la justice, la police, la défense, la politique étrangère, l'éducation, la recherche, le logement, l'audiovisuel ou encore la culture. Bref, tous les domaines majeurs de l'action publique restent au niveau national.

Une abondance de textes européens en trompe-l'œil

Côté européen, l'abondance de textes (les fameuses « 50 000 pages de lois européennes », cliché médiatique convenu) ne doit pas tromper. Si, au 31 décembre 2016, 281 directives et 364 règlements communautaires étaient en vigueur[1], la plupart de ces textes sont en réalité des harmonisations de normes techniques destinées à éliminer les obstacles aux échanges. Ainsi, l'achèvement du marché intérieur proposé par Jacques Delors en 1985 dans son « livre blanc » a nécessité l'adoption de près de 300 directives techniques pour permettre aux marchandises, aux capitaux, aux services et aux hommes de circuler librement et de ne plus se heurter à des barrières protectionnistes déguisées (rappelez-vous l'époque où toutes les voitures vendues en France devaient avoir des phares jaunes...).

1. Le nombre de textes a été réduit à la suite d'un travail de codification. Ainsi, au 31 décembre 2006, on comptait encore 711 directives et 5 293 règlements...

Logiquement, depuis 1993, date de l'achèvement du marché unique, l'activité législative de l'Union décroît régulièrement.

En outre, sur les 65 directives et règlements adoptés en codécision par le Parlement et le Conseil en 2016[1], rares sont ceux qui ont une importance politique majeure. Ces dernières années, ils ont été surtout concentrés sur les questions bancaires (Union bancaire, mais aussi réglementation du secteur financier) et fiscales (lutte contre la fraude et l'évasion fiscales), crises financières mondiale et de la zone euro obligent. On en veut pour preuve que l'essentiel de l'activité normative du Parlement européen et du Conseil des ministres relèverait, en France, du pouvoir réglementaire, c'est-à-dire du gouvernement : ainsi, seulement un quart du total des directives transposées en droit français a nécessité une loi, le reste l'ayant été par décret[2]. Pas besoin d'une loi pour fixer la taille des cages à poules ou les spécifications techniques des ascenseurs.

L'activité normative de l'Union est principalement concentrée dans quelques secteurs, ceux où l'Union a des compétences : la moitié des règlements et des directives adoptés depuis vingt ans concerne l'agriculture et un quart le marché intérieur[3]... Par voie de conséquence, la proportion de normes européennes dans les lois nationales est comprise entre 30 et 40 %

1. 33 textes ont été abrogés dans le même temps. En 2015, 56 textes ont été adoptés et 48 abrogés.

2. Dans Bertoncini, art. cité.

3. *Ibid.*

dans les domaines agricole, bancaire, financier et environnemental, et entre 20 et 30 % dans l'énergie, les transports, la santé ou encore le commerce extérieur[1].

Le malaise des États centralisés face à l'Europe

Cette supposée omniprésence de l'Union est ressentie avec une intensité particulière en France et au Royaume-Uni. Dans ces deux pays, on a le sentiment que les leviers des politiques publiques sont désormais à Bruxelles et que le niveau national est condamné à faire de la politique sans les politiques[2]. Un débat que l'on ne retrouve pas, ou du moins pas dans les mêmes proportions, dans les États où le pouvoir n'est pas concentré entre les mains de l'exécutif, mais réparti entre de nombreuses instances ou contre-pouvoirs afin de garantir les droits des minorités politiques ou des régions[3]. En Allemagne, État fédéral, les citoyens savent qu'il y a des domaines qui relèvent des communes, d'autres des Länder, de l'État fédéral ou de l'Union et que chacun agit dans sa sphère de compétence, soit exclusivement, soit concurremment. L'Union n'est pas vue comme un super-État intrusif, mais comme un moyen d'agir de façon plus efficace à plusieurs lorsque cela est nécessaire. En revanche, en

1. Une proportion calculée entre 1986 et 2005 dans huit pays, *in* Brouard, Costa et König, *op. cit.*
2. Distinction proposée par Vivien A. Schmidt, *La Démocratie en Europe*, La Découverte, 2010.
3. On oppose les régimes simples aux régimes composés.

France, État jacobin et unitaire, et même en Grande-Bretagne, en dépit de sa récente fédéralisation, le pouvoir est pyramidal : l'autorité est exercée d'en haut et irradie le reste de l'édifice. Dès lors, instinctivement pour les citoyens de ces pays, l'Union, organe supranational, donc « au-dessus » de l'État, a forcément le dernier mot en tout. Un défaut de perception, certes, mais qui explique pourquoi les Français et les Britanniques cherchent toujours automatiquement l'Europe derrière chaque décision nationale. C'est aussi ce qui explique pourquoi le Brexit l'a emporté : l'argument du « retour de la souveraineté » n'aurait pas eu le même écho en Allemagne, en Belgique, en Italie ou en Espagne, des États fédéraux...

Pourtant, le traité de Lisbonne de 2007 expose clairement la répartition des compétences entre l'Union et ses États membres afin de dissiper tout malentendu. L'Union n'a de « compétences exclusives » que dans cinq domaines[1] : l'union douanière, la politique de concurrence, la politique monétaire, la politique commerciale commune et la conservation des ressources biologiques de la mer. Les « compétences partagées » entre l'Union et les États sont citées de façon non exhaustive : le marché intérieur, l'agriculture et la pêche, l'environnement, la politique sociale (uniquement dans quelques domaines[2]), l'environnement, la protection des consommateurs, les transports, les réseaux transeuropéens, l'énergie, l'espace de liberté, de sécurité et de justice, etc. Il y a aussi des « compé-

1. Voir chapitre II.
2. Article 153 du traité sur le fonctionnement de l'UE.

tences d'appui », celles où l'action de l'Union vient appuyer celle des États : protection de la santé, industrie, culture, tourisme, coopération administrative, etc. Enfin, le traité de Lisbonne a introduit la possibilité de réduire les compétences de l'Union[1] : c'est un symbole fort, puisqu'il était acquis jusque-là que l'extension des compétences de l'Union était infinie.

Cette répartition des compétences montre comment l'Union fonctionne. Il n'y a un principe d'autorité supérieure, au sens où les Français l'entendent, que dans les domaines où elle se voit attribuer, par les États, une compétence. Celle-ci est rarement exclusive, le plus souvent concurrente. Dans ce dernier cas, c'est lorsque les États décident de faire passer dans la machinerie communautaire un sujet que l'Union devient exclusivement compétente, mais seulement pour ce sujet. Autrement dit, il n'y a pas un sommet de la pyramide, mais deux pyramides, une grande, l'État, une petite, l'Union, avec chacune leur sommet, dont les bases se confondent partiellement. L'Europe n'est présente qu'à cette intersection. Ce que les États fédéralisés comprennent instinctivement, puisque c'est ainsi qu'ils fonctionnent, alors que les États centralisés ont le plus grand mal à se mouvoir dans cet univers étranger et qu'ils ressentent donc comme illégitime.

1. Article 48 du traité sur le fonctionnement de l'UE.

L'Europe fait semblant

Pour ne rien arranger, l'intégration communautaire est davantage une apparence qu'une réalité : l'Europe s'agite, mais elle fait surtout semblant. Par exemple, non seulement sa compétence fiscale est limitée à la fiscalité indirecte et à celle des entreprises, mais la règle de l'unanimité empêche tout rapprochement sérieux des politiques nationales. De même, les traités européens comportent un titre consacré à la « politique sociale ». Mais l'Union n'a pas son mot à dire dans les domaines des salaires, du droit syndical, du droit de grève, du droit de lock-out (fermeture temporaire de l'entreprise décidée par le patron). Elle peut simplement adopter à la majorité qualifiée des normes minimales en matière de protection de la santé et de la sécurité des travailleurs, de conditions de travail, d'information et de consultation des travailleurs, de lutte contre les discriminations et l'exclusion sociale et de modernisation des systèmes de protection sociale. Les autres compétences citées ne le sont que pour mémoire, l'exigence de l'unanimité paralysant leur exercice. L'Union intervient là encore à la marge.

Il n'empêche : avide de donner l'impression qu'elle compte, la Commission a un commissaire chargé de la fiscalité et un autre de « l'emploi et des affaires sociales ». Des portefeuilles qui ne servent pas à grand-chose, si ce n'est à permettre aux eurosceptiques de pointer leur inaction : regardez, l'Europe ne veut ni de l'harmonisation fiscale, ni de l'harmonisation sociale. Alors qu'en réalité, ce sont les États qui bloquent et peuvent ainsi faire porter le chapeau à la Commission… L'exécutif européen devrait avoir le courage de supprimer ces fonctions et les directions générales chargées de ces dossiers afin de renvoyer la balle dans le camp des États membres.

Elle en est, hélas, bien incapable et elle tombe dans tous les pièges tendus par les États. Ainsi, en 2000, les chefs d'État et de gouvernement ont adopté un très ambitieux agenda lors du Conseil européen de Lisbonne visant à faire de l'Union « l'une des économies les plus compétitives du monde à l'horizon 2010 », pas moins. Le problème est que la quasi-totalité des mesures citées relevait en réalité des seuls États membres. Pour dire les choses autrement, l'Union n'était que la spectatrice de l'agenda de Lisbonne : les gouvernements ont même refusé que la Commission publie régulièrement un tableau de bord des réformes accomplies et restant à accomplir. Pourtant, depuis seize ans, qui n'a pas entendu parler de cet agenda qui laisse croire que l'Union a la capacité de relancer la croissance et de créer des emplois ?

Au lieu de dénoncer cette escroquerie, la Commission s'en est faite la complice. Elle aurait pu faire un coup d'éclat en refusant de surveiller sa mise en œuvre sans compétences supplémentaires : un traité social aurait pu compléter Lisbonne, ce qui aurait enlevé quelques arguments aux antieuropéens. Avec la lutte contre le réchauffement climatique, devenu en 2007 l'objectif prioritaire de l'Union, on assiste à la répétition du même scénario : la Commission n'a pas exigé les moyens institutionnels pour le mettre en œuvre…

Une Ferrari avec un moteur de 2CV

Cette politique du faux-semblant est générale : on parle de « politique étrangère commune » alors qu'elle n'existe que sur quelques dossiers très précis. Jacques Delors lui-même, pour le coup, s'était battu, en vain, contre cette appellation lors des négociations du traité de Maastricht, en 1991 : il aurait préféré que l'on parle d'actions communes de politique étrangère. Résultat : dès que les États ne partagent pas la même analyse, les médias titrent sur la « division de l'Europe ». Sur la « défense européenne », ses progrès millimétriques – qui ont des raisons historiques[1] – suscitent les quolibets des Européens eux-mêmes. Pour l'asile et l'immigration, c'est exactement la même chose : des normes minimales, mais pas question de mettre en commun l'essentiel, l'attribution du statut de réfugié et l'admission au séjour alors que les frontières intérieures ont disparu. C'est comme si chaque État américain était maître d'accepter qui il voulait sur son territoire…

Si on ajoute à cela la propension des États à communautariser les échecs nationaux et à nationaliser les succès européens, on comprend mieux la frustration qu'engendre la construction communautaire : elle semble être partout, alors qu'elle n'est souvent nulle part. L'appareillage institutionnel européen accroît cette vision déformée de ce qu'est l'Union. Comme le souligne justement Jean-Louis Bourlanges, « l'Union

1. Voir chapitre I.

s'est dotée de tous les attributs d'une organisation fédérale démocratique : un gouvernement supranational, la Commission ; une chambre des États, le Conseil ; une assemblée supranationale élue au suffrage universel, le Parlement ; une Cour de justice et une banque centrale. Il ne lui manque qu'une chose, les compétences correspondantes. Elle est donc surdimensionnée institutionnellement ». Bref, pour reprendre une image chère à Jacques Delors, l'Union est une Ferrari dotée d'un moteur de 2CV. Et la voiture est conduite par vingt-huit États qui ne sont pas d'accord sur la destination et la vitesse…

Chapitre VIII

L'EUROPE EST ULTRALIBÉRALE

L'Europe n'a pas été fondée pour les peuples, mais au bénéfice des entreprises avides de profits. Depuis 1957, l'Union poursuit patiemment son travail de déconstruction des frontières protectrices afin que les marchandises et les capitaux puissent circuler librement dans le marché unique, mais aussi dans le monde entier au nom d'un libre-échange fanatique : elle n'est que le cheval de Troie d'une mondialisation destructrice d'emplois. Elle favorise le dumping social et fiscal entre les États, démantèle les services publics, détruit le monde paysan comme le montre le taux affolant de suicides (plus de 700 en 2016 en France), détricote le modèle social européen. Bref, elle a imposé l'ultralibéralisme au nom de la concurrence libre et non faussée, son mantra. Des politiques qui ne peuvent être modifiées, même si les gouvernements le voulaient, puisqu'elles sont gravées dans le marbre des traités. « François Mitterrand a confié l'essentiel de l'explication : "Après moi, il n'y aura plus de grand président. Ce sera l'Europe. La mondialisation. Il n'y aura plus que des comptables et des financiers."

Nous y sommes. Ce qu'il n'a pas dit, mais qu'il ne pouvait ignorer, c'est que ce seraient des socialistes français qui déchaîneraient le tsunami de la finance dérégulée, façonneraient la mondialisation libérale, en déclenchant l'engrenage libéral de l'Europe, celui prévu dans le traité de Rome », affirme ainsi Aquilino Morelle[1], ancien conseiller de François Hollande, qui résume ce que pense une partie de la gauche française, celle du non au traité constitutionnel européen lors du référendum de 2005. Un diagnostic partagé par l'extrême droite française, très proche de la gauche de la gauche sur les questions européennes et sociales : Marine Le Pen dénonce ainsi « l'Europe de Bruxelles », ce « carcan étouffant et destructeur » qui impose « l'ultralibéralisme et [le] libre-échange, au détriment des services publics, de l'emploi, de l'équité sociale et même de notre croissance économique »[2]. Pour elle, « la question, aujourd'hui, c'est de savoir si on se soumet à l'Union européenne, à l'austérité, à l'effondrement du système de protection sociale, à une politique déflationniste telle qu'elle est exigée par l'Europe[3] ».

*

Ce procès en « ultralibéralisme » de l'Union, incarné par « la concurrence libre et non faussée », qui est au fond une mise en cause des mérites de

1. *Le Monde* du 7 février 2016.
2. Discours prononcé le 6 janvier 2011 lors du congrès du Front national, à Tours.
3. *Le Parisien* du 8 janvier 2017.

l'économie de marché, est une spécificité hexagonale : nos partenaires ont des difficultés à comprendre ce goût français pour les grands débats théoriques et quasi théologiques. Car, même si cela risque de constituer un choc pour certains, oui, c'est exact, l'Union regroupe des pays qui ont en commun la démocratie et l'économie de marché. Mais une économie sociale de marché comme l'affirment les traités européens car l'Union concentre la moitié des dépenses sociales de la planète. La France, faut-il le rappeler, a dans ses principes fondateurs le respect de la propriété privée et l'interdiction des corporations, pierres angulaires du capitalisme moderne, sans que cela ne fasse jamais débat ! Elle est un pays libéral depuis la Révolution française[1], révolution bourgeoise par excellence, une économie de marché fonctionnelle, et même ultralibérale avant-guerre, au point que le capitalisme français, par sa brutalité sans limites jusqu'au Front populaire, révulsait la Grande-Bretagne et l'Allemagne, ces pays ayant largement précédé la France dans la création d'un filet social pour tous.

L'influence persistante du parti communiste sur l'idéologie française

Ces débats ont atteint un sommet d'absurdité lors du référendum de 2005 sur le traité constitutionnel européen, comme s'il s'agissait d'un choix entre deux modèles de société. Il faut sans doute y voir l'héritage

1. À l'exception de la période pétainiste (1940-1944).

d'un parti communiste autour duquel la vie politique française s'est organisée entre 1936 et 1981. La pensée de la gauche radicale, de la gauche du PS et de l'extrême droite (depuis que le Front national a quasiment adopté, sous l'influence de Marine Le Pen et de Florian Philippot, le programme économique du Front de gauche) reste largement marquée par ce mantra marxiste mal digéré selon lequel le marché est nécessairement une mauvaise chose alors que l'État est forcément bénéfique. Cette conviction que ce dernier a naturellement vocation à orienter et à organiser le marché a déteint sur la droite, du régime de Vichy au gaullisme triomphant, comme le montrent à la fois l'absence d'un vrai parti libéral, présent dans tous les autres pays européens, et la planification d'après-guerre, même si elle n'était qu'incitative à la différence de sa grande sœur soviétique[1]. Mais les conservateurs français ne se sont jamais débarrassés d'une certaine mauvaise conscience à l'égard de l'économie de marché qui reste entourée d'un halo sulfureux. Ainsi, en juin 2007, lors de la négociation du traité de Lisbonne, Nicolas Sarkozy, chef de l'État français, a bataillé pour que soit biffé de l'article 3, énumérant les buts de l'Union, « la concurrence libre et non faussée », car il fallait « tenir compte du vote négatif des Français ». Finalement, la mention se retrouva dans le protocole « sur le marché intérieur et la concurrence », qui a la même force obligatoire que le traité, lequel précise que le marché intérieur « com-

1. Il faudra attendre le début des années 90 pour que la planification meure de sa belle mort.

prend un système garantissant que la concurrence n'est pas faussée »...

Surtout, si un pays souhaitait instaurer une économie étatisée, nul ne pourrait s'y opposer, l'Union n'étant pas un empire contraignant : libre à lui, dans ce cas, de la quitter et de mener sa vie. Bref, ce débat sur l'ultralibéralisme supposé de l'Union qui imposerait à une France soumise des politiques dont elle ne voudrait pas relève du fantasme pur et simple. Les principes qui gouvernent l'Union sont en réalité ceux qui gouvernent la France.

Une Europe de gauche avec des gouvernements de droite

La gauche de la gauche, lorsqu'elle réclame une « autre Europe », caresse en réalité la chimère d'une Union qui mettrait en œuvre une politique dite de gauche (c'est-à-dire, au minimum, planifiée, keynésienne et sans politique de concurrence) alors qu'il n'existe aucune majorité politique ni en France ni en Europe pour ce faire. Il suffit de regarder la composition du Conseil européen, aux deux tiers dominé par les conservateurs et les libéraux, ou du Parlement européen... Surtout, la gauche de gouvernement est tout aussi attachée au principe de l'économie de marché que la droite, les nuances se trouvant dans la façon dont elle doit fonctionner. Cette gauche cultive une seconde illusion : elle croit qu'il est impossible de faire de la politique dans l'Union, comme si les textes imposaient une seule voie, sans possibilité d'en varier.

Or, c'est exactement le contraire : avec le même traité, elle a pu pendant longtemps refuser de réglementer les marchés financiers avant, à partir de 2008, de mener la politique exactement inverse, l'Union étant même devenue la zone du monde où les contraintes pesant sur les marchés et les banques sont les plus fortes.

Enfin, reprocher son libéralisme à l'Union est pour le moins étrange à l'heure où les Britanniques viennent de voter en faveur du Brexit justement pour échapper à l'hyper-réglementation de Bruxelles. Or, comment l'Union peut être ultralibérale de ce côté de la Manche et ultra-étatisée de l'autre ? La réalité est qu'elle est une zone qui organise la régulation des marchés, non seulement en fixant des règles, mais aussi en intervenant si nécessaire. Elle n'est pas ultralibérale, elle est libérale à l'image de ses États membres, mais sociale-libérale ou, si l'on préfère, ordolibérale : un moyen terme entre l'économie planifiée et le laisser-faire. L'Union n'a pas été bâtie sur la croyance que la main invisible du marché se suffisait à elle-même.

Ce n'est pas un hasard si le patronat s'est longtemps opposé à la construction communautaire : il était contre la CECA, notamment en Allemagne, il n'était pas favorable à la CEE. Car les entreprises avaient pris l'habitude de faire ce qu'elles voulaient en Europe (constitution de monopoles ou d'oligopoles, ententes sur les prix ou la répartition du marché, etc.) sans que les pouvoirs publics n'y trouvent à redire, l'État se comportant même souvent en relais zélé du capital. C'est ce système qu'au lendemain de la Seconde Guerre mondiale, Jean Monnet a voulu briser en introduisant, dans le projet de CECA, des « règles de bonne conduite » afin de réguler la concurrence. Le président (imaginaire) du Conseil, Émile Beaufort, joué par Jean Gabin, dans le film *Le Président*, résume à merveille les deux conceptions de l'Europe qui s'opposaient alors, celle du marché organisé contre celle du capitalisme débridé : « Tout le monde parle de l'Europe. Mais c'est sur la manière de faire cette Europe que l'on ne s'entend plus. C'est sur les principes essentiels que l'on s'oppose. Pourquoi croyez-vous, messieurs, que l'on demande au gouvernement de retirer son projet d'union douanière ? Parce qu'il constitue une atteinte à la souveraineté nationale ? Non, pas du tout. Simplement parce qu'un autre projet est prêt. [...] Et ce projet, je peux d'avance vous en dénoncer le principe. La constitution de trusts horizontaux et verticaux et de groupes de pression qui maintiendront sous leur contrôle non seulement les produits du travail, mais les travailleurs eux-mêmes. On ne vous demandera plus, messieurs, de soutenir un ministère, mais d'appuyer un gigantesque conseil d'administration[1]. »

Briser les konzerns, instrument de la puissance allemande

Émile Beaufort a sans doute travaillé avec Jean Monnet. Dans ses *Mémoires*, le père de l'Europe raconte que « le problème [en 1950] était de briser

1. *Le Président* d'Henri Verneuil, 1961. Les dialogues sont, bien sûr, de Michel Audiard.

les concentrations excessives dans la sidérurgie et les charbonnages de la Ruhr où les anciens konzerns (trusts) qui avaient fait la puissance militaire du Reich se reconstituaient tout naturellement. Les Américains, les premiers, s'y étaient attaqués depuis de longs mois. Leur philosophie économique et politique n'admettait pas les instruments ni l'exercice de la domination chez eux et chez les autres. Ils exigeaient que l'organisation unique de vente du charbon allemand, le fameux Deutsche Kohle-Verk Gesellschaft (DKV), perdît sa structure de monopole et que les industries de l'acier ne possédassent plus les mines de charbon. Cette mesure d'apparence technique, à laquelle ne s'intéressait pas l'opinion, et très peu les syndicats eux-mêmes, touchait directement aux fondements de la puissance en Allemagne et en Europe. Aucune forme d'équilibre ne pouvait revenir sur le continent si les magnats de la Ruhr étaient en mesure de gérer dans leur intérêt la source principale du charbon nécessaire à leur industrie comme à celle de leurs voisins. L'insécurité, génératrice d'asservissement ou de conflit, régnerait à nouveau en France si les propriétaires du coke de la Ruhr recommençaient à contrôler, en dosant leurs livraisons, la production de nos hauts-fourneaux. Les cartels, entre eux, s'accommodaient de cette situation et administraient la pénurie. Les peuples n'en accepteraient pas les conséquences. McCloy[1], plus que tout autre, s'était fait le champion de la décartellisation. Il avait auprès de lui un jeune professeur de Harvard, Robert Bowie,

1. John McCloy, haut commissaire des États-Unis en Allemagne.

qui passait pour le meilleur spécialiste de la législation antitrust que les États-Unis appliquaient chez eux aussi rigoureusement que des règles morales. » Car, on l'oublie volontiers, le contrôle du marché est né outre-Atlantique, dès le XIXe siècle (*Sherman Antitrust Act* de 1890 puis *Clayton Antitrust Act* de 1914) : les Américains ont toujours considéré, contrairement à l'Europe, que le marché n'avait pas naturellement raison et qu'il fallait le réguler, surtout lorsqu'il devenait monopolistique ou oligopolistique (ce qui fut le cas, entre autres, dans le pétrole – démantèlement de Standard Oil –, le tabac – American Tobacco – ou encore, plus tard, dans les télécommunications – ATT).

Les articles antitrust du traité n'ont pas été faciles à accepter par Bonn. Il a fallu que Konrad Adenauer, le chancelier allemand, mette tout son poids dans la balance pour balayer les réserves de ceux qui voyaient là, à juste raison, un moyen de brider la puissance allemande[1]. En France, la réaction des sidérurgistes ne fut pas moins réservée, quasiment pour les mêmes raisons : les héritiers du « Comité des forges » considéraient que le marché devait être organisé par les producteurs eux-mêmes et à leur bénéfice exclusif, comme il l'avait été par le Cartel international de l'acier entre les deux guerres, dont le nom affichait clairement le but, puis, après guerre, par le Comptoir des produits sidérurgiques, une organisation professionnelle héritée de Vichy… Les charbonnages étaient tout aussi hostiles mais ils ont été nationalisés, et ses dirigeants ne

1. La sidérurgie allemande fut partagée entre vingt-huit entreprises distinctes.

pouvaient pas vraiment s'opposer de front au gouvernement français.

La partie du traité CECA interdisant les abus de position dominante, les ententes et les aides d'État faussant la concurrence, règles qui ont ensuite été reprises à l'identique dans le traité de Rome de 1957, « avaient été rédigés par Bowie avec un soin méticuleux », poursuit Jean Monnet. « C'était une innovation fondamentale en Europe, et l'importante législation antitrust qui règne sur le marché commun trouve son origine dans ces quelques lignes pour lesquelles je ne regrette pas de m'être battu quatre mois durant. Robert Bowie, une fois sa mission terminée ici, rentra aux États-Unis où s'étendit sa réputation universitaire. »

Organiser la concurrence entre les États et les entreprises

Voilà donc l'origine de « la concurrence libre et non faussée » : cette règle a été voulue par les dirigistes d'après-guerre et imposée aux libéraux allemands (incarnés par le ministre de l'Économie Ludwig Erhard) afin de briser la puissance allemande, mais aussi les cartels français des « maîtres des forges ». Son but était donc double : réguler la concurrence sur le marché, mais aussi entre les États[1]. Soit l'exact contraire de l'ultralibéralisme, car l'absence de droit

1. Olivier Fréget, *La Concurrence, une idée toujours neuve en Europe et en France*, Odile Jacob, 2015.

de la concurrence, c'est une concurrence sans droit, la loi de la jungle, le désarmement unilatéral des pouvoirs publics face aux puissances de l'argent. Tous les pays européens l'ont parfaitement compris depuis cinquante ans puisqu'ils ont introduit dans leur propre ordre juridique interne des règles équivalentes pour réguler les activités économiques se trouvant hors du champ de compétence de l'Union.

Cette opposition des milieux patronaux français, habitués à vivre confortablement à l'abri de barrières protectionnistes, se répéta lors de la négociation du traité de Rome. Mais le gouvernement socialiste de Guy Mollet estimait que la France devait s'ouvrir. Car, pour se reconstruire, elle avait besoin d'importer énormément de matières premières et d'énergie et, pour importer, il fallait exporter, donc obliger les industries à être plus compétitives, et ainsi contribuer à accélérer le redressement économique français[1]. L'idée de Guy Mollet était qu'il fallait d'abord libéraliser progressivement les échanges dans un espace géographiquement limité, à l'abri de l'union douanière européenne, avant de s'ouvrir ensuite aux vents du large, une fois l'économie française à niveau. Le patronat de l'époque serait fort surpris de découvrir que, soixante-dix ans plus tard, on lui impute la création d'une Europe « ultralibérale »...

---

1. C'est pour cette raison que Pierre Mendès France s'est opposé au traité de Rome : pour lui, la France devait d'abord achever son redressement économique avant de s'ouvrir. Le général de Gaulle, qui l'avait lui aussi combattu, décida, une fois revenu au pouvoir en 1958, de le mettre en œuvre. Pari gagnant.

On peut certes critiquer la politique de concurrence telle qu'elle est appliquée par la Commission, sous le contrôle vigilant de la Cour de justice européenne. Elle a en particulier une fâcheuse tendance à retenir une définition très étroite du « marché pertinent » : pour juger si une concentration ou une fusion nuit à la concurrence, elle se limite trop souvent au seul marché européen, voire à une partie du marché[1], alors que la concurrence est mondiale. Il est clair qu'avec la Commission Microsoft, Apple, Google ou Amazon n'auraient sans doute pu voir le jour dans l'Union : sa rigidité a interdit l'émergence de champions européens, car elle estimait qu'un monopole européen était nuisible en soi. On l'a à nouveau vu avec le véto, en février 2019, à la fusion entre les géants du rail européen Alstom et Siemens. Pour la Commission, la concurrence chinoise sur le marché de la très grande vitesse ne menacera pas l'Europe avant cinq ou dix ans, un argument étrange puisqu'en termes industriels, cette période de temps est demain. Et lorsque les Chinois seront là, il sera trop tard. Néanmoins, on peut mettre à son actif sa lutte contre les abus de position dominante qui a fait plier Boeing, General Electric ou encore Microsoft : on oublie souvent que le droit de la concurrence européen s'applique dans le monde entier dès lors qu'une entreprise vend ses produits en Europe. C'est aussi cela la puissance européenne.

De même, on peut difficilement lui reprocher d'interdire les cartels qui visent à augmenter les prix au

---

1. Par exemple, la Scandinavie pour la fusion des constructeurs de camions Volvo et Scania qui s'est heurtée à un véto en 2000.

détriment des consommateurs. Ou de surveiller étroitement les aides d'État[1] : elles coûtent de l'argent aux contribuables, favorisent une entreprise aux dépens de ses concurrentes et donc au final menacent l'emploi, et enfin jouent au détriment des pays les plus pauvres, seuls les États riches pouvant largement aider leurs producteurs. Mais, contrairement à une légende tenace, le contrôle de Bruxelles est loin d'être une entrave à la capacité d'intervention des États dans l'économie, comme peuvent en témoigner les champions européens des aides d'État que sont l'Allemagne et, loin derrière, la France qui, à elles deux, notifient plus de la moitié des aides européennes[2]. En 2014, par exemple, les États membres ont été autorisés à aider leurs entreprises à hauteur de 101 milliards d'euros (dont 39,5 milliards pour l'Allemagne et 15,5 milliards pour la France) auxquels il faut ajouter 41 milliards pour le rail (dont 9 milliards pour l'Allemagne et 14 milliards pour la France). Et la Commission n'a mis son veto qu'à 1,8 milliard d'euros d'aides jugées illégales[3]. On

1. Toutes les aides d'État ne doivent pas être notifiées préalablement à la Commission. Il faut qu'elles dépassent 200 000 euros sur trois ans et qu'elles ne soient pas considérées d'emblée comme compatibles (aides destinées à promouvoir un projet d'intérêt européen, aides à finalité régionale, aides destinées à remédier à une perturbation grave de l'économie, etc.). Environ trois quarts des mesures représentant deux tiers des montants sont exemptées.

2. Les aides d'État représentent 2,08 % du PIB de la Lettonie, 1,63 % pour la Hongrie, 1,4 % pour la Tchéquie, 1,36 % pour l'Allemagne, 1,24 % pour la Finlande et 0,73 % pour la France (chiffres 2014).

3. Les chiffres sont variables selon les années : en 2008, la Commission a demandé aux États de récupérer auprès de leurs

mesure là à quel point la Commission est ultralibérale… Ajoutons que c'est par le biais du contrôle des aides d'État que Bruxelles a réussi à condamner, en 2016, Apple, qui jouit d'un régime fiscal très favorable en Irlande…

La concurrence nuit-elle aux services publics ?

Les contempteurs de la « concurrence libre et non faussée » estiment aussi qu'elle est la cause de la libéralisation des secteurs auparavant sous monopole public et des services publics[1] ainsi que de la privatisation des entreprises publiques. C'est vrai et faux à la fois, comme souvent. En effet, le mouvement de privatisation ne doit rien à l'Union, les traités européens précisant bien que le régime de possession du capital n'est pas son affaire. En revanche, il est tout à fait exact que lorsqu'une société publique française, par exemple, se livre à des acquisitions d'entreprises dans d'autres pays européens, elle doit pouvoir être concurrencée sur son propre terrain. Sinon, il serait trop facile pour Air France, la SNCF, la RATP ou EDF de faire leurs courses dans toute l'Union tout en jouissant des avantages d'un marché protégé chez eux. Dans ce cas, soit les autres pays adopteraient des lois empêchant de telles acquisitions (l'Italie a failli

---

entreprises 2,89 milliards d'euros, mais, en 2010, seulement 41 millions d'euros. Le chiffre de 2016 sera faramineux à cause d'Apple : l'exécutif européen estime que l'entreprise américaine devra rembourser « jusqu'à 13 milliards d'euros »…

1. Les deux notions se recoupent mais ne sont pas identiques.

le faire pour empêcher l'entrée d'EDF sur son sol), soit le monopole public disparaît pour permettre la réciprocité. C'est aussi vrai dans le domaine des marchés publics : soit on ouvre tous les marchés publics à la concurrence européenne, soit aucun.

En clair, l'internationalisation des marchés conduit à la disparition des monopoles publics, disparition à laquelle les États ne se sont jamais opposés, bien au contraire : ils savaient qu'il fallait en passer par là pour maintenir une qualité de services, les budgets nationaux ne suffisant plus à la tâche. En outre, il ne faut pas négliger le fait que les collectivités locales, mais aussi les consommateurs, sont demandeurs d'une telle ouverture afin de ne plus être prisonniers d'un seul prestataire qui dicte sa loi (notamment dans le rail). En clair, si l'on veut jouer sur le marché européen, il faut ouvrir son propre marché. Dès lors qu'un monopole disparaît, la logique conduit à la privatisation de l'entreprise publique historique : pourquoi maintenir l'État au capital d'une entreprise, qui ne pourra éponger ses pertes qu'après un contrôle de la Commission puisqu'il s'agit d'une aide gouvernementale, alors que des sociétés privées fournissent les mêmes services ? En ce sens, le marché européen conduit bien à la disparition des entreprises publiques.

En revanche, il n'en va pas de même des services publics : les États sont toujours totalement libres d'imposer de telles obligations aux entreprises privées. Cependant, il faut reconnaître que l'idéologie dominante au Conseil européen, au Parlement et à la Commission n'est clairement pas favorable au secteur public. En témoigne la longue bataille, toujours pas terminée, pour que l'Union adopte une directive sur les « services d'intérêt général » reconnaissant que le droit de la concurrence ne peut s'appliquer à certains secteurs. Pourquoi ? Tout simplement parce qu'il n'y a qu'en France que service public rime avec efficacité. Dans la plupart des autres pays européens, et notamment dans les pays anciennement communistes, cela n'est absolument pas le cas.

Mais, comme dans tout système politique, l'application de la politique de concurrence variera selon le titulaire du portefeuille à la Commission et la composition du collège : elle pourra être plus ou moins inflexible à l'égard des aides d'État, des cartels ou des fusions. La libérale néerlandaise Neelie Kroes (2004-2009) n'a, par exemple, quasiment interdit aucune fusion, se concentrant plutôt sur les ententes, à la différence du très activiste Mario Monti (1999-2004) qui a fini par se faire taper sur les doigts par la Cour de justice européenne pour avoir mis son véto sans raison suffisante à une série de fusions.

L'Union, un espace réglementé

En outre, si l'Union était un espace de non-droit où les entreprises étaient libres d'agir à leur guise, elle ne produirait pas autant de normes. Or elle est une organisation fondée sur la règle et la production législative afin à la fois de résoudre par cette voie pacifique les conflits d'intérêts entre États qui, autrefois, recouraient à des moyens autrement plus violents, mais aussi d'organiser la concurrence entre les entreprises dont les intérêts sont souvent repris à leur compte par leurs gouvernements. C'est pour cela que l'Europe se caractérise par un environnement réglementaire touffu qui hérisse les vrais libéraux, dont les Britanniques qui en ont tiré la conséquence en partant. La première politique de l'Union, tant en terme budgétaire que de production législative, reste la politique agricole commune (PAC) qui, vue du Brésil, d'Australie, de Nouvelle-Zélande ou des pays d'Afrique, a tout du Gosplan soviétique. Les réformes des années 1990-2000 ont mis fin aux prix garantis afin de briser le productivisme effréné d'aliments de mauvaise qualité (rappelez-vous les montagnes de beurre et de viande, les lacs de lait) et ont davantage lié l'agriculture européenne aux demandes du marché, mais elle reste l'une des plus protégées et réglementées de la planète, notamment en matière de normes de qualité, sanitaires et phytosanitaires destinées à protéger la santé des consommateurs.

C'est aussi le cas de l'environnement qui impose de fortes contraintes aux entreprises : obligation de recyclage, contrôle des produits chimiques dont l'innocuité doit être démontrée, qualité des eaux, limitation de la consommation du matériel électrique ou de la contenance des chasses d'eau (eh oui, elles consomment énormément d'eau potable), émissions polluantes des usines et des véhicules, lutte contre le changement climatique, dans tous les secteurs du jeu l'Union est un exemple pour le reste de la planète. Et il ne faut pas imaginer que ces normes pourraient être adoptées dans le seul cadre étatique : elles existent seulement parce qu'elles sont identiques dans l'Union et donc ne nuisent pas à la concurrence entre entreprises, toutes placées sur le même plan.

Dans tous les domaines où l'Union a des compétences, elle intervient pour réglementer[1], à la grande fureur des entreprises mais aussi des europhobes qui se comportent souvent en « idiots utiles » du capitalisme débridé. On peut ainsi citer la limitation des charges d'itinérance (lorsqu'on utilise son téléphone à l'étranger), l'alignement des frais de virement bancaire au sein de la zone euro sur les virements nationaux, l'harmonisation des normes techniques et de sécurité des matériels, l'agrément des médicaments, etc. Dans un monde ultralibéral, on laisserait les entreprises vendre ce qu'elles veulent en comptant sur le marché pour rectifier leurs erreurs : si une voiture explose, on peut imaginer effectivement que les consommateurs s'en détourneront, mais à quel prix ? Ce n'est pas la voie choisie par l'Union.

Interventionnisme étatique européen

Les fonds structurels qui ont instauré, en 1988, une solidarité financière entre pays riches et régions pauvres sont un autre exemple démontrant que l'Europe n'est pas ultralibérale : aujourd'hui, les pays d'Europe de l'Est reçoivent jusqu'à 4 % de leur PIB par an en aides communautaires, comme cela a longtemps été le cas de l'Irlande, du Portugal, de l'Espagne ou de la Grèce. La France a même été, jusqu'au milieu des années 80, bénéficiaire net du budget de l'Union,

1. Voir chapitre VII.

à une époque où la principale dépense était l'agriculture. Précisons ici que le raisonnement en termes de solde net, imposé par la Grande-Bretagne, ne rend pas compte de la réalité : ainsi, l'aéroport d'Athènes, construit en grande partie grâce à des fonds européens, a été réalisé par des entrepreneurs allemands. Jacques Delors avait l'habitude de dire que les Français avaient construit les autoroutes espagnoles sur lesquelles roulaient des camions allemands transportant des machines à laver suédoises… En clair, tout le monde bénéficie de cette politique de redistribution qui n'est nullement à fonds perdus.

Galileo, le GPS européen, est un autre exemple de l'interventionnisme « étatique » européen. Sous la pression britannique, allemande, suédoise, autrichienne ou encore néerlandaise, l'Union a certes d'abord tenté, lorsque l'idée a été lancée en 1999, de convaincre le privé d'investir dans ce gigantesque projet nécessaire à son indépendance stratégique. C'est seulement en 2007, face à l'incurie du privé, que le commissaire aux transports de l'époque, le Français Jacques Barrot, a mis fin à cette plaisanterie qui a fait prendre sept ans de retard à Galileo, et l'a entièrement financé sur fonds communautaires. Finalement, le GPS européen est entré, partiellement, en fonction fin 2016.

Et que dire de la monnaie unique ? Dans un monde « ultralibéral », on laisserait chaque État disposer de sa propre monnaie, les marchés adorant jouer les petites devises les unes contre les autres. On a oublié aujourd'hui ce qu'était une crise monétaire qui faisait chuter la valeur d'une monnaie sans qu'on le souhaite et perturbait les échanges : cela se chiffrait en points de croissance perdus, en inflation, voire en récession comme en 1982-1983, 1992-1993 et 1995[1]. La Grande-Bretagne, depuis le Brexit, renoue avec l'incertitude monétaire, la livre sterling ayant perdu entre 10 et 20 % de sa valeur selon les devises… Aujourd'hui, l'euro empêche les secousses monétaires entre les pays qui l'ont adopté : il faut imaginer le choc qu'aurait encaissé le franc français lors de la crise financière de 2007-2008, ce qui aurait accru la gravité de la récession. La monnaie européenne a permis une réduction sans précédent des taux d'intérêt à court, moyen et long termes, la France empruntant aujourd'hui quasi gratuitement sur les marchés, ce qui ne lui était jamais arrivé. Mieux, la politique de la Banque centrale européenne, qui a ouvert grand le robinet à liquidités pour enrayer la crise de la dette publique due à un surendettement de certains États, mais aussi un risque de déflation, a montré tout l'intérêt de disposer d'une devise mondiale devenue la seconde monnaie de réserve de la planète concurrente du dollar. Aucune banque centrale nationale – *a fortiori* celle d'un État jugé économiquement fragile comme la France – n'aurait pu mener une telle politique sans risque de voir les marchés fuir un pays dont la devise perdrait ainsi de sa valeur à cause de cette création monétaire, avec pour conséquence une hyperinflation et au final une catastrophe économique[2].

---

1. Dans *Ces hommes qui ont fait l'euro*, Plon, 1999, livre que j'ai écrit avec Thomas Klau, vous pourrez lire un récit détaillé de ces crises monétaires destructrices.

2. Une économie ouverte ne peut contrôler sa monnaie (seule la Chine et la Corée du Nord peuvent le faire au prix que l'on connaît). Une monnaie qui perd de sa valeur permet pendant un temps de gagner des parts de marché à l'exportation,

Le renforcement de la zone euro, avec la création d'un mécanisme européen de stabilité doté de 750 milliards d'euros – qui a vocation à se transformer en Fonds monétaire européen – afin d'aider les États à éviter la faillite et d'une Union bancaire organisant une surveillance indépendante des banques[1] et leur faillite ordonnée, montre à quel point l'Union n'est pas un terrain où le marché est libre d'agir à sa guise.

---

mais très rapidement les prix des intrants (énergie, matières premières, pièces détachées, etc.) augmentent justement à cause de la baisse de la monnaie d'achat, ce qui annule l'effet bénéfique (on ne peut parler de dévaluation que dans le cadre d'un système de change organisé comme l'était le système monétaire européen). Le seul moyen d'empêcher cet effet est de mettre en place une politique d'austérité et d'accroître rapidement la compétitivité des entreprises. De plus, l'augmentation des prix des importations aggrave l'inflation et diminue le pouvoir d'achat des ménages et des entreprises. Pour ne rien arranger, la banque centrale est obligée d'augmenter ses taux d'intérêt pour défendre la valeur de sa monnaie, ce qui renchérit le coût des emprunts pour les opérateurs économiques. Quant aux emprunts d'État, leur coût explose aussi, les prêteurs voulant se prémunir contre l'inflation… Enfin, si un État s'engage dans une guerre des monnaies, il prend le risque de voir ses partenaires commerciaux adopter des mesures de rétorsion (droits de douane) pour éviter une concurrence jugée déloyale. Bref, c'est pour toutes ces raisons que la monnaie unique a été créée : le marché unique n'aurait pas résisté longtemps à des fluctuations monétaires importantes (la couronne danoise est rattachée à l'euro et toutes les autres monnaies européennes veillent à rester dans une marge étroite de fluctuation par rapport à l'euro).

1. La BCE surveille les grandes banques en lieu et place des banques centrales nationales qui ont souvent fermé les yeux sur les dérives de leur système bancaire, comme l'a montré la crise financière.

Un libre-échangisme théologique

Le dernier élément à charge des contempteurs de l'Union est le libre-échange[1]. Sur ce point, il est impossible de leur donner tort : il y a, à la Commission, mais aussi dans les États membres, puisque la première ne peut strictement rien faire sans les seconds, une véritable religion libre-échangiste qui confine souvent au fanatisme. On a aujourd'hui du mal à se souvenir que l'Europe a d'abord été une union douanière. L'idée fondatrice du Marché commun, comme on l'appelait en 1957, était que les États membres supprimaient entre eux les barrières douanières existantes pour commercer librement, mais que, vis-à-vis de l'extérieur, de fortes protections demeuraient. À la fin des années 80, la déconstruction des frontières intérieures a peu à peu gagné les frontières extérieures au nom d'une idéologie mondialiste qui s'est imposée d'elle-même, sans aucun débat démocratique préalable. Le raisonnement est simple, voire simpliste : le commerce, c'est l'enrichissement et la paix, puisque plus on commerce, plus on se développe et moins on a intérêt à se faire la guerre.

En fait, beaucoup de monde à Bruxelles, gagné par l'hubris procurée par le succès du marché intérieur, a pensé que le modèle européen, c'est-à-dire le cocktail démantèlement des frontières/règlement des conflits par la loi/force de l'exemplarité, pouvait être étendu au reste de la planète. Bref, la mondialisation a été

1. Le dumping social et fiscal sera abordé dans le chapitre IX.

pensée et le reste largement comme le stade suprême de l'Union qui aurait vocation à devenir une ONU qui a réussi. Personne ne s'est posé la question des répercussions économiques et politiques d'une telle ouverture des frontières sur les peuples européens, pas plus, d'ailleurs, qu'il n'a été permis de s'interroger sur les conséquences de l'élargissement à l'Est. Tous ceux qui osaient critiquer ce mouvement se faisaient taxer d'« égoïsme », voire de « néocolonialisme », parce qu'ils refusaient aux autres peuples les bénéfices du libre commerce. Puisque l'ouverture est nécessaire, car forcément bonne, elle ne peut être que bénéfique : le type même de raisonnement circulaire théologique qu'il est difficile de briser. « L'Union a la volonté de bien faire, de montrer le bon chemin par l'exemple quelles que soient les conséquences sur le plan intérieur », reconnaît un haut fonctionnaire de la Commission.

Résultat : en une vingtaine d'années, l'Union est incontestablement devenue la championne du libre-échangisme. Quelques exemples ? 90 % (en volume) de ses marchés publics sont ouverts à la concurrence étrangère, alors qu'aux États-Unis ils ne le sont qu'à hauteur de 32 % (28 % pour le Japon, 16 % pour le Canada). Elle n'a pas hésité à confier le lancement de la plupart de ses satellites Galileo à Soyouz, une entreprise d'État russe, en lieu et place d'Arianespace, et ce, après avoir un temps envisagé de les confier à la Chine dont l'industrie spatiale est totalement subventionnée. On cherchera d'ailleurs en vain la trace d'un *Buy European Act*, qui obligerait les États ou collectivités publiques à acheter d'abord européen, comme cela se fait aux États-Unis depuis 1933, ou en Chine. De même, lorsqu'en 2000 Pascal Lamy, alors commissaire chargé du commerce, a négocié l'entrée de la Chine à l'Organisation mondiale du commerce, il n'a pas vu le danger que représentait ce dragon endormi, persuadé qu'il se concentrerait sur les produits à basse valeur ajoutée. Quinze ans plus tard, Pékin concurrence les pays occidentaux dans tous les secteurs du jeu, y compris la très haute technologie. L'erreur de l'Union ? Avoir accepté d'entrer en compétition avec un pays qui ne respecte aucune règle du jeu, qu'elles soient concurrentielles, monétaires, environnementales ou sociales, et qui refuse toujours d'ouvrir son marché intérieur. Là aussi, l'Union espérait que la Chine suivrait son exemple. On a vu plus intelligent dans l'histoire des relations internationales. Il a fallu attendre septembre 2016 pour que Jean-Claude Juncker reconnaisse enfin que l'Union avait trop longtemps fait preuve de « naïveté » en matière commerciale, c'est le moins qu'on puisse dire. « Bêtise » aurait sans doute été un mot plus adapté.

Cela étant, il faut nuancer les reproches que l'on adresse à l'Union. Une chose est de désarmer face à des concurrents qui ne respectent pas les règles, une autre est de promouvoir un libre-échangisme équilibré, car le commerce est nécessaire et même bénéfique si l'on en juge par le niveau de développement atteint par l'ensemble de la planète. Que 500 millions de Chinois soient sortis de la misère absolue, que l'extrême pauvreté n'ait jamais été à un aussi bas niveau dans le monde et que les famines aient quasiment disparu ne sont pas des éléments que l'on peut passer par pertes et profits.

La création de l'OMC, en 1993, voulue par les Européens est un acquis indubitable, notamment parce qu'elle a permis l'adoption de règles minimales, mais aussi parce qu'elle a mis fin à l'unilatéralisme américain : avant l'OMC, les États-Unis appliquaient leur droit commercial au reste du monde sans que personne n'ose protester. Désormais, ils doivent passer par l'Organe de règlement des différends (ORD) de l'OMC et ils perdent plus souvent qu'à leur tour. De même, à la suite de l'échec du multilatéralisme (cycle de Doha), en 2006, l'Union s'est lancée dans la négociation de traités commerciaux bilatéraux qui sont des succès. Comme l'a souligné Karel De Gucht, ancien commissaire au commerce, grâce à « l'accord avec la Corée du Sud de 2011, nos exportations ont augmenté de 7 milliards d'euros alors que leurs exportations vers l'Union ont baissé. C'est même la première fois en quinze ans que nous avons un surplus avec la Corée[1] ».

En revanche, on peut sérieusement s'interroger sur les accords dits de « nouvelle génération » qui visent non seulement à diminuer les droits de douane, désormais historiquement bas, mais surtout à harmoniser, dans certains secteurs, les normes techniques, sanitaires, phytosanitaires ou juridiques entre les signataires. Car leur portée n'est pas d'une grande clarté. Notamment, nul n'est certain que l'Union restera maître de ses politiques publiques à partir du moment où elles touchent des secteurs harmonisés. La question

1. *Libération* du 29 octobre 2013.

est d'autant plus délicate que ces textes instituent des tribunaux arbitraux, donc une justice privée qui applique dans le secret son propre droit, afin de trancher les litiges entre investisseurs et États : n'y a-t-il pas un risque qu'elle condamne les États qui auraient adopté des normes plus protectrices que celles prévues par le traité, ce qui occasionne des coûts supplémentaires pour les entreprises ? Ce sont ces incertitudes qui ont mobilisé une partie de la société civile européenne contre le projet de TTIP, l'accord commercial Union-États-Unis, mais aussi contre le CETA, son grand frère conclu avec le Canada[1]. La Commission a d'ailleurs été contrainte d'amender le CETA afin d'instaurer une justice arbitrale publique, transparente, avec un double degré de juridiction, pour essayer de rassurer les opinions publiques, ce qui montre bien qu'il y avait un problème. Reste que l'idée de créer l'équivalent du marché intérieur européen avec l'ensemble de la planète, alors qu'il n'existe absolument pas le même degré de convergence et surtout de confiance, semble être pour le moins contestable : modifier des normes à vingt-huit est déjà compliqué, mais alors à vingt-huit avec les Japonais, les Canadiens ou les Américains… Créer des usines à gaz, braquer les populations à qui on a oublié d'expliquer ce qui se tramait, et cela pour le seul plaisir d'être un bon élève de la mondialisation, le jeu en vaut-il la chandelle ?

---

1. Donald Trump, le président américain, s'étant retiré du TPP, l'accord transpacifique négocié par son prédécesseur, Barack Obama, le TTIP est donc *de facto* enterré. Le CETA, signé en octobre 2016, doit encore être ratifié par une quarantaine de parlements (européen, nationaux et subnationaux).

D'autant que le libre-échangisme pose des défis redoutables dans les sociétés occidentales : en effet, les secteurs immédiatement impactés par un accord commercial sont généralement ceux qui sont les moins compétitifs et emploient les personnes les moins formées. Certes, à terme, les industries ou les services compétitifs et à haute valeur ajoutée en profiteront. Mais c'est tout le problème : les effets destructeurs sur les moins qualifiés sont immédiats et irrémédiables, alors que leurs bénéfices sont différés et diffus. Cette vérité économique, qui n'a jamais été politiquement assumée, a des conséquences redoutables sur le tissu social et politique, comme le montrent la progression fulgurante des parties démagogiques en Europe ou l'élection de Donald Trump aux États-Unis.

Il y a pourtant des moyens de limiter les effets pervers du libre-échangisme sans sombrer dans le protectionnisme, dont l'histoire et les études économiques ont montré qu'il n'est pas tenable, ne serait-ce que parce qu'il déclenche un cycle sans fin de mesures de rétorsion. L'instauration d'une « préférence européenne » pour les acteurs publics est une possibilité tout comme l'utilisation ferme des instruments de défense commerciale. Certes, et contrairement à une légende tenace, l'Union ne reste pas l'arme au pied face aux pratiques déloyales de ses concurrents. Elle est, avec les États-Unis, le Brésil, l'Inde, et la Chine, l'un des principaux utilisateurs de ces instruments[1],

1. 32 cas d'antidumping ouverts depuis 2009 par les États-Unis, 29 pour l'UE, 57 pour le Brésil, 80 pour l'Inde, et 25 pour la Chine.

même si elle a recours moins fréquemment à l'antisubvention que les États-Unis[1], ce qui semble paradoxal alors qu'elle est particulièrement vigilante en matière d'aides d'État. Au regard du nombre total de mesures en vigueur, l'Union se situe au troisième rang des utilisateurs de l'antidumping (derrière les États-Unis et l'Inde) et au deuxième rang de l'antisubvention (derrière les États-Unis). Reste qu'en dépit du retentissement médiatique de certains cas (comme les panneaux solaires ou l'acier chinois), elles concernent moins de 0,25 % de la valeur totale des importations de l'Union, ce qui reflète l'usage modéré qu'elle en fait.

Mais l'Union semble enfin avoir compris que le vent a tourné et qu'il faut renforcer les défenses face à l'agressivité du reste du monde. Elle a ainsi décidé, fin 2016, après trois ans de blocage par les États membres, d'augmenter fortement les droits antidumping et antisubvention : désormais, les droits de douane ne seront plus limités à 20 ou 30 % du prix du produit, mais pourront atteindre, comme aux États-Unis, des niveaux bien plus élevés, ce qui devrait décourager les mauvais élèves de la mondialisation[2]. La Commission a aussi proposé de resserrer les mailles de sa législation

1. 12 cas contre 21.

2. La règle dite « du moindre droit », instaurée par le règlement européen du 22 décembre 1995, imposait que le droit de douane soit proportionnel au dommage subi par les entreprises. Désormais, les droits pourront être punitifs comme aux États-Unis où ils atteignent 200 %. Les libre-échangistes comme la Grande-Bretagne, la Suède, l'Irlande ou les Pays-Bas se sont opposés jusqu'au bout à cette réforme.

afin de pouvoir continuer à se défendre contre les pratiques anticoncurrentielles de la Chine, qui est depuis la mi-décembre 2016, après une période de transition de quinze ans, considérée comme une « économie de marché » par l'OMC : elle ne peut donc plus figurer sur une « liste noire » de pays qu'il est plus facile de sanctionner. Aussi, à l'avenir, pour analyser les distorsions de concurrence, l'Union ne prendra pas seulement en compte les prix sur le marché intérieur (qui, en Chine, ne correspondent à rien), mais aussi les politiques publiques et l'influence de l'État, la prédominance des entreprises publiques, la discrimination en faveur des entreprises nationales ou encore l'indépendance du secteur financier. Et l'administration de la preuve par les entreprises européennes sera facilitée. « Avec cette méthode, le niveau des droits antidumping qui frappe la Chine sera équivalent au niveau actuel », affirme la Commission.

On le voit donc, l'ultralibéralisme de l'Union est largement fantasmé et, lorsqu'il est avéré, il n'est que le résultat d'un consensus politique dominant au sein des États membres. Lorsqu'il évolue, l'Union évolue aussi.

Chapitre IX

« L'EUROPE NE S'OCCUPE PAS DES VRAIS PROBLÈMES »

Pourquoi l'Union réglemente-t-elle les conditions de conservation des denrées alimentaires dans les roulottes des marchés, mais laisse le contrôle de ses frontières extérieures aux États ? Pourquoi dispose-t-elle d'une armée d'eurocrates surpayés, mais pas du moindre soldat pour aller se battre contre les islamistes radicaux ? Pourquoi traque-t-elle les aides d'État aux entreprises alors qu'elle se moque que les gouvernements se livrent à une concurrence fiscale et sociale destructrice du modèle social européen ? On cherchera en vain sa politique étrangère, ses forces armées, son FBI, sa justice, sa CIA ou sa NSA, sa politique d'immigration et d'asile, etc. Ce géant économique et commercial est un nain politique et diplomatique. Ce n'est pas d'un numéro de téléphone qu'elle a besoin, c'est d'une ligne téléphonique qui la relie à ses citoyens et au reste du monde. Voilà l'Europe dont on ne veut plus : capable de réglementer la taille des chasses d'eau, mais incapable d'affronter les grands défis du monde moderne.

*

L'accusation est largement fondée. L'Union est effectivement absente de la plupart des domaines régaliens, à l'exception notable de la politique monétaire pour les pays de la zone euro. Et cela, pour une raison simple : ce sont les États membres qui décident des domaines qu'ils attribuent à l'Union puisqu'ils ont la compétence de la compétence[1]. Même si certains d'entre eux sont prêts à aller plus loin dans l'intégration communautaire, tout changement dans les domaines d'intervention de l'Union doit se décider à l'unanimité. L'Europe s'étant construite par le bas, c'est-à-dire en instaurant des « solidarités de fait » dans des domaines techniques précis[2], elle se retrouve aujourd'hui prise à son propre piège : le régalien est resté du domaine quasi exclusif des États membres, alors que l'Union est cantonnée presque exclusivement à l'accessoire au moment où les citoyens attendent d'elle qu'elle agisse là où les pays sont démunis. Elle est dans la situation exactement inverse des États fédéraux où les grandes compétences régaliennes sont au centre.

Peut-il en être autrement ? On peut en douter : la Convention européenne de 2002-2003, qui a préparé le projet de traité constitutionnel européen (TCE), a montré qu'il n'y avait plus d'appétence pour de nouveaux partages de souveraineté : mis à part quelques domaines techniques, le TCE puis le traité de Lisbonne ne contiennent aucune innovation sur ce point pourtant majeur. Ce n'est que sous la pression des crises que de nouveaux transferts ont, depuis, eu lieu :

1. Voir chapitre VII.
2. Voir chapitre I.

Union bancaire à la suite de la crise de la zone euro, ou contrôle des frontières extérieures pour faire face à l'afflux des réfugiés. Le problème est qu'en agissant ainsi, les États règlent la crise précédente, mais refusent d'anticiper au nom de leur souveraineté.

Le refus de la CED, un suicide national et européen

C'est le rejet par l'Assemblée nationale française, en 1954, du projet de Communauté européenne de défense (CED), qui explique pourquoi il n'y a toujours aucune défense européenne[1]. Ce véritable suicide politique a eu de lourdes conséquences pour l'Hexagone et l'Europe : alors que l'armée européenne aurait été dirigée par la France et aurait assuré des débouchés à son industrie militaire renaissante[2], ce sont les Américains qui se sont emparés de l'espace laissé libre. Depuis soixante-dix ans, par l'intermédiaire de l'OTAN, ils assurent la sécurité du Vieux Continent et lui vendent leur matériel, notamment grâce à la standardisation des armements décidée dans le cadre de l'Alliance et à la formation des cadres européens à West Point[3]. Le refus de la CED n'a non seulement pas empêché le réarmement allemand voulu

1. Voir chapitre I.
2. Avant sans doute une intégration européenne, comme on l'a vu bien plus tard avec Airbus pour les avions civils, les hélicoptères et maintenant le transport militaire (A400M).
3. L'Union de l'Europe occidentale (UEO), censée pallier le rejet de la CED, est restée une coquille vide.

par Washington et que craignaient les « anticédistes » (gaullistes et communistes), mais a précipité son adhésion à l'OTAN. Le retrait de la structure militaire intégrée, décidée en 1966 par le général de Gaulle parce qu'il n'avait pas obtenu la création d'un directoire entre les États-Unis, la Grande-Bretagne et la France pour diriger l'Organisation, achève d'isoler Paris. Il est désormais définitivement acquis que les affaires militaires européennes relèvent de Washington.

La France, au lendemain de la chute de l'Union soviétique, en 1990-1991, a cherché à sortir de son splendide solipsisme stratégique : la dévaluation de l'importance de la force de frappe nucléaire, l'explosion du coût des matériels, l'importance grandissante des coûteuses opérations extérieures en lieu et place de la défense statique du territoire, le tout sur fond de baisse des budgets militaires, l'ont amenée à essayer de créer une défense européenne afin de lui donner les moyens d'action correspondant à ses ambitions stratégiques. En vain. Car 1954 et 1966 ont durablement marqué les esprits : tout ce qui vient de l'Hexagone reste perçu comme une volonté d'affaiblir l'Alliance atlantique et de rétablir une hégémonie perdue. En outre, les Français ont répétitivement commis la même erreur : pour eux, la seule armée sérieuse est britannique, ce qui les a poussés à décliner avec mépris les propositions allemandes de coopération militaire. Or, tous ces accords passés avec Londres se sont perdus dans les sables, les Britanniques n'ayant aucune réelle volonté non seulement de créer une défense européenne, mais de travailler avec les Français au risque de déplaire au grand frère américain. Les accords franco-britanniques de Saint-Malo de 1998[1], censés marquer le renouveau de la défense européenne, tout comme les accords de Lancaster House de novembre 2010 sur une coopération militaire étendue[2], ou encore le fameux projet de porte-avions franco-britannique[3], sont emblématiques d'un aveuglement certain. Paris a été jusqu'à réintégrer, en 2009, sous la présidence de Nicolas Sarkozy, la structure militaire de l'OTAN afin de montrer patte blanche à la Grande-Bretagne et à ses alliés : il s'agit bien de constituer un pilier européen au sein de l'Alliance, pas de la concurrencer, pour que les Européens puissent traiter les crises qui ne manqueront pas de se manifester dans son environnement proche et dans

1. Jacques Chirac et Tony Blair ont convenu que « l'Union doit avoir une capacité autonome d'action, appuyée sur des forces militaires crédibles, avec les moyens de les utiliser et en étant prête à le faire afin de répondre aux crises internationales », mais sans remettre en cause le rôle de l'OTAN. L'Union n'interviendra que « lorsque l'Alliance en tant que telle n'est pas engagée » et « devra pouvoir recourir à des moyens militaires adaptés (moyens européens préidentifiés au sein du pilier européen de l'OTAN ou moyens nationaux et multinationaux extérieurs au cadre de l'OTAN) ».

2. Nicolas Sarkozy et David Cameron ont signé deux traités militaires, dont un dans le domaine du nucléaire, et se sont dits « déterminés à jouer un rôle leader en matière de sécurité et de défense » afin de « faire face ensemble à de nouveaux défis tels que la prolifération des armes de destruction massive et des missiles balistiques, le terrorisme, les cyberattaques… ». Ils s'engagent donc à disposer de « capacités de défense robustes, qui puissent être déployées rapidement et puissent agir ensemble et avec un grand nombre d'alliés ».

3. Étude lancée en 2003, projet suspendu en 2009 et abandonné en 2013. Coût pour la France : 200 millions d'euros, selon la Cour des comptes, alors que dès 2005 il est apparu qu'il n'y avait aucune entente possible entre Londres et Paris.

lesquelles les Américains ne voudront pas forcément s'engager directement.

Le mirage de la défense européenne

Tout cela n'a débouché que sur peu de chose : ainsi, le sommet d'Helsinki de décembre 1999 s'est engagé à mettre sur pied d'ici à 2003 une force d'intervention rapide de 50 000 à 60 000 hommes capables de se déployer en trois mois pendant un an dont on attend encore la mise en place. En décembre 2016, les Européens en sont encore à promettre la création d'un état-major permanent européen à Bruxelles... Certes, une Agence européenne de défense a été mise en place, mais elle ne recouvre aucune réalité programmatique. Bref, en 2017, soixante-trois ans après le non français à la CED, la défense européenne est toujours dans les limbes.

Or l'environnement international est désormais bouleversé : la Grande-Bretagne a décidé de quitter l'Union, ce qui enterre définitivement les rêves hexagonaux d'une alliance privilégiée avec Londres, et, surtout, l'administration de Donald Trump, renouant avec l'isolationnisme de l'entre-deux-guerres, ne considère plus le maintien de l'OTAN comme une priorité. La France est désormais dangereusement isolée : elle est la seule puissance nucléaire, le seul membre permanent du Conseil de sécurité de l'ONU et l'unique force militaire crédible en Europe, tous les autres pays ayant largement désarmé. Et cela ne devrait pas durer longtemps, le vieillissement de ses matériels l'obligeant soit à faire un considérable effort budgétaire dans les années à venir, soit à abandonner toute ambition militaire. Certes, Berlin a annoncé une augmentation de son budget militaire pour se rapprocher de l'objectif otanien de 2 % du PIB, mais il ne portera pas ses fruits avant une dizaine d'années. Surtout ses militaires manquent cruellement d'expérience au combat vu les réticences de la société allemande à renouer avec tout ce qui pourrait évoquer le militarisme nazi… En clair, il y a urgence à bâtir une défense commune qui permettra une mutualisation des moyens (considérables mis bout à bout) et une consolidation des industries de défense[1]. La CED, le retour ?

Une politique étrangère fantomatique

1954 a non seulement fait prendre soixante-dix ans de retard à l'Europe dans le domaine de la défense, mais aussi dans celui de la politique étrangère qui était l'un des volets de la CED. La France n'est pas seule responsable il est vrai : le rejet, en 1962, du plan Fouchet[2] de coopération politique, à partir d'une idée de relance proposée par le général de Gaulle en 1960, qui aurait pu marquer

1. Les Vingt-Huit consacrent environ 250 milliards d'euros à leur défense contre 560 milliards pour les États-Unis. Faute de mutualisation des moyens, ce qui duplique des moyens inutiles, l'Union ne pèse en réalité que 15 % des moyens américains. Des chiffres cités par Guy Verhofstadt dans *Le Mal européen*, Plon, 2006.

2. Du nom de Christian Fouchet, un haut fonctionnaire français qui a présidé les travaux d'une commission intergouvernementale sur l'Union politique.

le début d'une politique étrangère, est à mettre au débit des partenaires de la France, du Benelux au premier chef. En effet, ces trois pays craignaient une subordination des communautés existantes (CECA, CEE et EURATOM) au Conseil des gouvernements imaginé par le chef de l'État français pour traiter, à l'unanimité, des questions politiques et notamment de relations extérieures et de défense. Pour Bruxelles, Amsterdam et Luxembourg, le Conseil serait vite devenu une structure d'appel des décisions prises au sein des instances communautaires, ce qui signifiait l'enterrement du rêve fédéral au profit d'une simple confédération[1]. Pragmatique, Jean Monnet n'était pas sur cette longueur d'onde, estimant qu'une structure de coopération politique dans des domaines régaliens pouvait parfaitement coexister avec les structures intégrées des communautés. Cette méfiance profonde vis-à-vis de la France, soupçonnée, pas totalement à tort, de vouloir se débarrasser des Américains et d'en finir avec le fédéralisme, a durablement enterré toute coopération dans le domaine des affaires étrangères.

Il faudra attendre trente ans et le traité de Maastricht de 1992 pour que « l'Union politique », lointain écho du plan Fouchet, trouve enfin sa place. Pour la première fois, en effet, les affaires étrangères sont – très prudemment – inscrites dans le champ européen. Encore le chancelier Kohl a-t-il dû tordre le bras du président Mitterrand, qui voulait bien faire main basse sur le mark, la force allemande, mais ne rien concéder en matière de politique étrangère, le

1. Un plan qui s'est *de facto* réalisé aujourd'hui, puisque le Conseil européen est bien une instance d'appel…

point fort de la France, l'un des seuls pays, avec les États-Unis, à disposer de représentations diplomatiques dans l'ensemble du monde. Les concessions françaises ont d'ailleurs été minimales.

Une Europe qui se rêve en grande Suisse

Vingt ans de plus et trois traités supplémentaires seront nécessaires pour faire accepter aux États que toutes les compétences touchant les relations extérieures et réparties entre le Conseil des ministres et la Commission soient enfin placées sous l'autorité d'un unique « haut représentant de l'Union européenne pour les Affaires étrangères et la politique de sécurité »[1]. Un titre à rallonge dû aux Britanniques, qui ont profité du non français au TCE pour biffer le nom plus simple de « ministre des Affaires étrangères de l'Union », trop évocateur d'un État. C'est en 2009 qu'un corps diplomatique européen voit enfin le jour, le Service européen pour l'action extérieure (SEAE)[2], qui donne les moyens à l'Union d'avoir des contacts avec l'extérieur sans passer par les États membres. Mais comme toutes les décisions continuent à se prendre à l'unanimité au

---

1. C'est le traité de Lisbonne de 2007, entré en vigueur en 2009, qui introduit ces innovations. Le « haut représentant » est élu par le Conseil européen des chefs d'État et de gouvernement et est en même temps vice-président de la Commission afin de lui donner autorité sur les commissaires chargés des dossiers touchant aux relations extérieures.

2. 3500 personnes et 139 délégations à l'étranger (hors Union européenne).

sein du Conseil des ministres des Relations extérieures[1], la diplomatie de l'Union se réduit au plus petit dénominateur commun, en clair à l'impotence. Et, pour ne rien arranger, il y a une forte défiance entre les pays qui ont encore une ambition globale, comme la Grande-Bretagne et la France, et qui savent la valeur de l'information, et ceux qui ont depuis longtemps abandonné toute velléité de peser sur le monde. D'où une réticence à partager du renseignement sensible avec Bruxelles…

Hormis le dossier iranien, les Vingt-Huit n'ont, de fait, pas beaucoup de points d'accord, ce qui débouche parfois sur des catastrophes, l'incapacité à agir pouvant aussi être préjudiciable. Ainsi, faute d'avoir défini une politique commune à l'égard de la Russie, pourtant son grand voisin – l'Est voulant « bouffer du Russe » pour se venger de quarante ans d'occupation, l'Ouest comprenant mieux les soucis de sécurité de Moscou –, les États ont donc laissé la Commission s'engager dans la négociation d'un accord d'association avec l'Ukraine qui ne pouvait qu'être perçu comme un acte d'agression par un Vladimir Poutine paranoïaque. En dépit des mises en garde du SEAE, cet accord a été conclu en 2013, ce qui a entraîné l'Ukraine dans une période d'instabilité dont elle n'est toujours pas sortie quatre ans plus tard : elle a perdu la Crimée, annexée par Moscou, et Poutine entretient une rébellion armée dans l'est du pays… Mais même à l'égard de pays lointains et sans enjeu de sécurité immédiate, l'Union est impotente, comme elle l'a à nouveau montré début 2019 en étant incapable de se mettre d'accord

1. Qui est présidé, c'est symbolique, par le haut représentant.

sur la reconnaissance de l'opposition au régime du président vénézuélien, Nicolás Maduro.

La France a parfaitement compris qu'elle ne pouvait pas compter sur l'Union, sauf à se résigner à l'inaction : les interventions en Libye, au Mali, en Centrafrique ou en Syrie, autant de zones où la sécurité collective de l'Europe est pourtant engagée, se sont décidées à Paris en liaison avec les États-Unis et la Grande-Bretagne et parfois contre l'Allemagne. Peut-il en être autrement ? Si les décisions se prenaient à la majorité qualifiée dans le cadre d'une politique étrangère devenue communautaire, l'Union disparaîtrait de la carte du monde, car, en dehors de la France, elle se rêve d'abord comme une grande Suisse apaisée. Autant dire que ni la politique étrangère, ni la défense européenne ne naîtront de mécanismes institutionnels comme par miracle après soixante ans de méfiance entre la France et ses voisins et une domination-soumission aux États-Unis.

Schengen, un espace de sécurité, pas d'harmonisation

La coopération dans les autres domaines régaliens a emprunté des cheminements tout aussi tortueux. Ainsi, ce n'est que parce que les États ont décidé, avec l'accord de Schengen de 1985[1], de créer un vaste espace de libre circulation que les questions d'immigration, d'asile et de

1. Signé au départ par l'Allemagne, la France et le Benelux, un accord qui faisait suite au traité franco-allemand de Sarrebruck de 1984 qui visait à supprimer les frontières entre les deux pays.

sécurité, ont commencé à être abordées au niveau européen : la suppression des contrôles fixes aux frontières internes implique en effet un renforcement et une harmonisation des contrôles externes. La chute du rideau de fer, en 1989, suivie par la guerre en ex-Yougoslavie (1990-1995), a accéléré la prise de conscience qu'un jour les Européens pourraient être confrontés à des migrations massives avec leurs cortèges de problèmes de sécurité. Pierre Joxe, alors ministre de l'Intérieur (1988-1991), m'avait expliqué, lors d'un déplacement à Rome, en 1990, qu'il était certain que des hordes de Polonais, de Russes, de Hongrois allaient envahir, tels des Barbares, l'Ouest européen et qu'il fallait donc organiser la « défense » de la CEE, aucun État n'étant en mesure de se débrouiller seul et encore moins la France située au bout du continent… Pendant quelques minutes j'ai cru qu'il plaisantait, mais ce n'était pas le cas.

Même si les douze ministres de l'Intérieur de l'époque avaient déjà pris l'habitude de travailler ensemble, d'abord au sein du « groupe Trevi » chargé de traiter des questions de sécurité (créé en 1976), puis du « groupe Ad hoc immigration » (créé en 1986, au lendemain de Schengen)[1], les négociations ont été rudes. Aucun pays n'était non seulement prêt à accepter de déléguer la moindre compétence au niveau européen, mais tout simplement à partager ses compétences avec un autre État même sans intervention de Bruxelles. Dans ces conditions, une construction d'ensemble

1. Comme il s'agissait d'enceintes intergouvernementales, la Commission n'était pas présente et aucun contrôle parlementaire n'existait, que ce soit au niveau européen ou national.

était impossible et c'est ce qui explique pourquoi les États ont fait le strict minimum pour permettre la libre circulation en priant pour que les rustines mises en place tiennent. Ils ont donc négocié, parallèlement à la convention d'application de Schengen, plusieurs traités : pays responsable du traitement d'une demande d'asile (convention de Dublin de 1990), harmonisation des conditions de délivrance des visas, organisation des contrôles aux frontières extérieures.

Mais « libre circulation » est un grand mot qui ne recouvre pas la réalité. La Convention d'application de Schengen, signée en 1990[1] et entrée en vigueur en 1995[2], n'a en réalité supprimé que les contrôles fixes (les fameuses guérites). Son objet véritable, qui n'a jamais été assumé par les gouvernements, d'où les malentendus actuels sur le soi-disant « désarmement » des États, était d'organiser une surveillance généralisée du territoire européen. Avec ce traité, des patrouilles, le cas échéant binationales, peuvent contrôler qui elles veulent sur une bande de vingt kilomètres de part et d'autre de la frontière. Surtout, c'est de Schengen que date l'obligation pour l'ensemble des ressortissants de l'espace de posséder une carte d'identité afin de permettre des vérifications à tout moment et en tout lieu. Un engagement que la Grande-Bretagne a toujours refusé de

1. Et donc notamment négociée par Charles Pasqua, ministre de l'Intérieur français entre 1986 et 1988, qui n'avait pas précisément la réputation d'être laxiste.

2. Sauf en France, les contrôles fixes à la frontière belge ayant été maintenus par Jacques Chirac pendant plusieurs années pour lutter contre le trafic de drogue en provenance des Pays-Bas, qualifiés de « narco-État » par le président de la République…

prendre au nom des libertés individuelles : comme aux États-Unis, lorsqu'une personne est admise sur le territoire, la carte d'identité n'est plus obligatoire. C'est une des raisons pour lesquelles elle n'a jamais adhéré à Schengen : Londres a fait plusieurs tentatives pour la rendre obligatoire, en vain. Autre innovation : les polices peuvent désormais poursuivre les délinquants sans tenir compte des frontières, une possibilité qui a longtemps été inimaginable[1]. Enfin, un fichier informatique géant a été créé, le SIS (système d'information Schengen), basé à Strasbourg, dans lequel se trouvent toutes les personnes autorisées à entrer sur le territoire, celles ayant fait l'objet d'un refus de visa ou d'un ordre de quitter l'espace, les individus recherchés, les voitures volées, les faux billets, etc. Bref, Schengen a transformé le territoire européen en une gigantesque frontière où chacun doit pouvoir justifier en permanence de son droit d'être présent.

À la suite de Schengen, pour accroître la coopération policière et judiciaire entre les États, les gouvernements ont créé, en 1999, Europol et Eurojust (basés à La Haye), deux structures d'échange de renseignements et de coordination des enquêtes dans le domaine de la criminalité transfrontalière[2]. Depuis, avec le développement du ter-

1. Le pouvoir d'arrestation a été refusé par la France : « Vous imaginez un policier en uniforme *feldgrau* frappant à la porte d'un habitant de Strasbourg en hurlant "Police allemande !" », s'amusait, en 1988, un haut fonctionnaire du ministère de l'Intérieur sous couvert d'anonymat.

2. Tout cet ensemble sécuritaire a finalement été intégré dans le droit communautaire par le traité d'Amsterdam (pour l'immigration, l'asile et Schengen) et de Nice (pour le reste), afin

rorisme, le système sécuritaire européen s'est développé, notamment avec la création, en 2003, d'Eurodac (fichiers des empreintes des demandeurs d'asile) ou encore, en 2016, du PNR européen (Passenger Name Recorder), qui recense les données des voyageurs aériens.

Où sont les FBI, CIA ou NSA européens ?

Une série de réalisations loin d'être négligeables, mais tout cela reste artisanal : Europol n'est pas le FBI, la CIA ou la NSA, Eurojust n'est pas une justice fédérale, l'admission au séjour et à l'asile ou le contrôle des frontières restent des compétences exclusivement nationales[1]. Dès la fin des années 80, François Mitterrand et Helmut Kohl ont appelé à la création d'un corps de gardes-frontières européen, et, depuis, chaque Commission a régulièrement tiré la sonnette d'alarme sur les imperfections du dispositif[2], mais il a fallu attendre 2016 et la crise des réfugiés pour que

---

d'instituer un contrôle démocratique minimal, par le Parlement européen, de ces structures interétatiques.

1. Seuls les conditions d'entrée et les droits minimaux reconnus aux ressortissants non communautaires, qu'ils soient ou non admis au séjour, ont été harmonisés.

2. Au début des années 2000, le commissaire à la justice et aux affaires intérieures de l'époque, le Français Jacques Barrot, avait relancé l'idée d'un corps de gardes-frontières européens et avait en outre proposé une harmonisation du droit d'asile afin d'éviter que les réfugiés cherchent à aller dans les pays les plus généreux. Ses propositions ont fini dans un tiroir, les États n'en ayant pas voulu.

les États s'y résolvent à reculons[1]. Car, comme d'habitude, ce n'est que sous la contrainte que les pays acceptent de partager leur souveraineté.

La logique aurait voulu que dès l'entrée en vigueur de Schengen, en 1995, le contrôle des frontières extérieures soit mutualisé (il ne s'agit même pas de fédéraliser), par exemple en envoyant dans les pays de la « ligne de front » les effectifs rendus disponibles par la suppression des contrôles fixes. Mais, voilà, à la fois par souci de protéger leur souveraineté et parce qu'ils considèrent qu'ils font partie d'un club de gentlemen, les États ont préféré se faire confiance ou, du moins, faire semblant de se faire confiance. Pourtant, chacun savait dès le départ que ni l'Italie (adhésion en 1990), ni surtout la Grèce (1992) n'avaient la capacité opérationnelle, si ce n'est la volonté, de contrôler leurs frontières extérieures. Ainsi, l'un des responsables du ministère de l'Intérieur français reconnaissait en 1990 que la Grèce, avec ses milliers d'îles, était un « cauchemar » et que jamais ce pays ne serait capable d'assumer ses obligations. Dès lors, il aurait fallu soit refuser son admission, soit la limiter au continent – mais Athènes y aurait vu une remise en cause de sa souveraineté sur ses îles –, soit, enfin, contrôler pour elle ses frontières. Même chose avec le système de Dublin : tous les États avaient conscience qu'il ne pouvait fonctionner que par beau temps et pas en cas d'afflux brutal. Or, rien n'a été prévu en cas de crise

1. Il ne s'agit que d'un premier pas puisqu'il ne compte pour l'instant que de 1500 personnes pour aider un pays à faire face à un afflux brutal.

grave. L'harmonisation préalable du droit d'asile (par exemple en instituant une cour d'appel européenne qui unifierait les jurisprudences nationales) aurait aussi été une nécessité, tout comme une coordination de l'admission au séjour et même de l'attribution de la nationalité : l'Union étant un espace commun, lorsqu'on ouvre les vannes quelque part, cela a immédiatement des conséquences sur ses voisins.

Une crise des réfugiés que personne n'a voulu prévoir

L'Europe adore répéter ses erreurs : ni la Grèce, ni l'Espagne, ni le Portugal, ni l'Italie n'auraient dû entrer dans l'euro, mais personne, que ce soient les États ou les institutions communautaires, n'a osé s'y opposer. L'élargissement à l'Est aurait dû être limité à quelques pays, mais personne n'a eu le courage de le dire. Jamais la Turquie n'aurait dû entamer des négociations d'adhésion alors qu'aucun pays, hormis la Grande-Bretagne, n'y était favorable. Le péché mignon des États, qu'ils soient ensemble ou seuls, c'est la lâcheté politique et ce n'est pas la Commission ou le Parlement européen qui ont les moyens d'aller à contre-courant puisque soit ils n'ont aucune compétence pour le faire, soit ils participent de la lâcheté ambiante. Si on ajoute à cela le souci des États de défendre en permanence leur souveraineté – envoyer des gardes-frontières en Grèce, c'est s'exposer à avoir des gardes-frontières étrangers chez soi ; aller enquêter dans les comptes publics d'un pays, c'est prendre le risque de se voir contrôler –, on aboutit à des catastrophes.

Car la crise des réfugiés était tout sauf imprévisible et pourtant personne n'a bougé. La guerre en Syrie a éclaté en 2011 et a entraîné le déplacement de plusieurs millions de personnes. Début 2015, les chiffres des arrivées *via* la Turquie ont commencé à augmenter avant d'exploser fin juillet. Chacun a regardé ailleurs, espérant que la Grèce s'occuperait du problème. Il n'en a bien sûr rien été, le gouvernement d'Alexis Tsipras n'avait aucune raison de faire du zèle : il venait de subir une humiliante défaite face à ses partenaires de la zone euro en n'ayant d'autre choix que d'appliquer un nouveau plan de rigueur alors même qu'il avait gagné le référendum condamnant la politique d'austérité. Il est même allé un tantinet plus loin en aidant les migrants et les réfugiés qui arrivaient en masse dans ses îles à gagner le continent afin qu'ils puissent continuer leur chemin vers l'Autriche, l'Allemagne ou la Suède (personne ne souhaitant venir en France...). Rapidement, les Hongrois ont été débordés et Viktor Orbán, le Premier ministre conservateur et nationaliste, a réagi à sa façon habituelle, c'est-à-dire avec brutalité. Quelques semaines après les premières vagues d'arrivées, il a érigé un mur de fil barbelé à sa frontière avec la Serbie avant de l'étendre à la Croatie. Celle-ci, puis la Slovénie, et la République de Macédoine ont suivi pour empêcher l'effet domino. Afin d'éviter un drame humanitaire, l'Allemagne a alors décidé d'accueillir sur son sol près d'un million de réfugiés et de migrants pris au piège.

La chancelière allemande, Angela Merkel, a agi sans aucune concertation avec ses partenaires, ce qu'ils lui ont reproché, Paris en particulier. Une réaction pour le moins curieuse, puisque l'admission au séjour n'est pas une compétence communautaire. Mais, confusément, les États ont bien conscience que la politique d'un partenaire de l'Union, même lorsqu'il exerce ses droits souverains, produit des effets chez eux. Au lieu de l'admettre en amont, ils ne le font qu'en aval, lorsqu'il est trop tard. Le résultat de cette crise est dramatique en termes politiques, les démagogues en ayant tiré des arguments électoraux, comme le montre la progression fulgurante de l'Alternative für Deutschland (AfD), un parti d'abord antieuro qui s'est recyclé avec succès dans la xénophobie.

L'Europe sociale rendue impossible par les élargissements

L'Union est impotente dans les domaines sociaux et fiscaux pour les mêmes raisons : le minimum, toujours. À peine élue chancelière, Angela Merkel, lors de son premier sommet à Bruxelles, en décembre 2005, a fait part aux journalistes de son étonnement de voir le social quasiment absent des compétences communautaires, alors que c'est l'une des premières préoccupations des citoyens[1]. Pour elle, cela rend intenable l'Union sur le long terme. On peut comprendre sa surprise, même si l'harmonisation sociale est plus facile à dire qu'à faire, tant les systèmes nationaux sont rigides et obéissent à des logiques différentes. Surtout, les États n'ont jamais vraiment eu envie de partager

1. Voir chapitre VII.

des politiques qui sont au fond le miel de la gouvernance économique, préférant laisser à l'Europe ce qui est désagréable, comme la suppression des barrières douanières ou l'ouverture à la concurrence.

La France a bien exigé, lors de la négociation du traité de Rome, que les Six harmonisent leurs charges sociales préalablement à la libération des échanges, car les siennes étaient (déjà !) les plus élevées, et ce, afin d'égaliser les conditions de concurrence. Mais elle a obtenu un simple parallélisme qui est resté lettre morte, personne n'ayant eu le désir de s'aligner sur elle. Pour le reste le traité de Rome s'est contenté de créer essentiellement un Fonds social visant à lutter contre le chômage et à favoriser la formation professionnelle. Il faudra attendre 1986 et l'Acte unique pour que l'action sociale de l'Europe s'étende à la santé et à la sécurité au travail. L'ancien syndicaliste Jacques Delors aurait bien voulu aller plus loin : pour lui, la contrepartie du marché unique, c'était l'Europe sociale. Mais il s'est heurté à l'intransigeance de Margaret Thatcher, la Première ministre britannique, pour qui cette préoccupation n'existait tout simplement pas.

C'est là l'un des grands loupés de l'histoire communautaire : puisque les Britanniques tenaient énormément à l'achèvement du marché unique, il aurait fallu aller à l'affrontement et le refuser sans Europe sociale minimale. Leurs partenaires referont la même erreur en 1992 avec le traité de Maastricht : la Grande-Bretagne a réussi à affaiblir, tout au long de la négociation, les articles sociaux avant de réclamer, lors du sommet de décembre 1991, un *opt out* (exemption), ce qui obligea les autres gouvernements à placer tout le chapitre, pourtant peu contraignant, dans une charte à part. Encore une fois, céder à Londres n'a pas été payant. Certes, Tony Blair, dès son élection en 1997, a levé cet *opt out*, mais le momentum pour aller plus loin était déjà passé : les pays nordiques, qui ont rejoint l'Union en 1995, ne veulent pas entendre parler d'harmonisation sociale par crainte de voir leurs standards élevés revus à la baisse, alors même qu'il s'agit simplement de créer des normes minimales pour empêcher le dumping social. Pis, ce camp du refus s'est renforcé avec le grand élargissement de 2004 : les pays d'Europe de l'Est s'opposent à ce que des minima leur soient imposés de peur de voir leurs avantages comparatifs rognés. On a donc laissé se constituer une alliance objective entre les Britanniques, les Nordiques, les pays de l'Est. Bien joué !

Un dumping social organisé par inadvertance

Certes, des progrès ont été réalisés dans les quelques domaines de compétence de l'Union : des normes minimales ici ou là, une coordination des régimes de sécurité sociale pour organiser la portabilité des droits[1], une reconnaissance mutuelle des diplômes, etc. Mais tout cela reste insuffisant pour parler d'Europe sociale. D'autant que l'élargissement à l'Est, c'est-à-dire à des pays très pauvres et donc ne partageant pas les mêmes

1. Si un Français va travailler cinq ans en Bulgarie, puis deux ans en Pologne, puis cinq ans en Belgique, avant de rentrer en France, il faut lui assurer une retraite équivalente à celle à laquelle il aurait eu droit en restant sur place. C'est un des nombreux exemples des problèmes que pose la mobilité.

standards sociaux que ceux de l'Ouest, a été tellement mal pensé qu'il a créé des problèmes que personne n'a vus ou voulu voir venir. La Commission et les États membres ont fait comme si l'acquis communautaire, prévu pour des pays de même niveau de développement, pouvait s'appliquer sans coup férir aux nouveaux venus, ce qui n'est évidemment pas le cas, comme le montre l'exemple des travailleurs détachés.

Un règlement de 1996 prévoit, en effet, qu'à condition de respecter les lois impératives de l'État d'accueil (salaire minimum, durée du travail...), un travailleur peut être détaché dans un autre pays pour effectuer une prestation de services temporaire[1] tout en restant soumis à son système social d'origine. Logique si l'on veut éviter qu'il se retrouve avec des bouts de droits dans toute l'Europe et surtout entre des pays ayant des niveaux de protection dissemblables. Avec l'élargissement, les différentiels sociaux sont devenus abyssaux : dès lors, les employeurs ont intérêt à avoir recours à de la main-d'œuvre détachée venant de Pologne, de Roumanie, de Bulgarie. Même à salaire égal, la différence de charges sociales peut atteindre 20 %. Le refus de prévoir les conséquences de l'élargissement, suivi de celui de voir le problème, a donné le sentiment à l'opinion publique de l'Ouest que ses travailleurs étaient directement concurrencés par ceux de l'Est, un dumping social organisé par l'Union[2]. Le casse-tête

1. Limitée à deux ans, mais renouvelable après une carence de deux mois.

2. Le nombre de travailleurs détachés est passé de 600 000 en 2007 à 2 millions en 2014 dans l'Union, la moitié des détachements étant à destination des pays à hauts revenus (Allemagne,

est que pour réviser le texte de 1996, il faut désormais surmonter l'opposition des pays d'Europe de l'Est… C'est chose faite depuis 2018, la France étant parvenue à convaincre certains d'entre eux de lutter contre les principaux abus : ils ont enfin compris que tout le système risquait de s'effondrer s'ils ne bougeaient pas.

Un dumping fiscal voulu par les États

Le loupé a été le même avec la fiscalité. Certes, il a fallu, pour faciliter la libre circulation des marchandises, harmoniser a minima certains impôts indirects (TVA et accises). Mais l'exigence de l'unanimité a empêché des progrès significatifs dans le domaine de la fiscalité des entreprises ou des capitaux, pourtant eux aussi très mobiles. Jacques Delors, au moment de l'Acte unique, a mené la même bataille que sur le social. Là aussi, en vain. « Je n'entendais pas laisser le vote majoritaire s'appliquer à la fiscalité que la Commission européenne aurait souhaité "harmoniser" » à l'occasion de la négociation de l'Acte unique de 1986, raconte Margaret Thatcher dans ses *Mémoires* : « La concurrence entre régimes fiscaux est bien plus saine que l'existence imposée d'un seul

---

Autriche, Belgique, France, Pays-Bas pour l'essentiel). Il y avait 286 000 travailleurs détachés déclarés en France en 2015 contre 25 500 en 2005. Tous les pays d'Europe de l'Ouest sont confrontés au même problème. Par exemple, en Belgique, ils sont passés de 106 000 en 2010 à 215 000 en 2015. Mais les pays récepteurs sont aussi des pays émetteurs : ainsi, la France envoie à l'étranger à peu près autant de travailleurs détachés qu'elle en reçoit. (Sources : Commission européenne, ministère des Affaires sociales français et belge.)

système. Elle oblige les gouvernements à maintenir un bas niveau de dépenses et de taxation, et les empêche d'alourdir le fardeau des réglementations, car s'ils ne le font pas, elle permet aux entreprises et aux contribuables de s'installer ailleurs. De toute façon, la possibilité pour un pays de fixer le niveau de sa fiscalité est un élément essentiel de sa souveraineté nationale. » La Dame de fer était loin d'être la seule à penser ainsi.

Résultat, là aussi, un dumping fiscal volontairement organisé par les États. Certes des progrès ont été accomplis dans quelques domaines sous les coups de boutoir de la crise financière de 2007 et grâce à la détermination de la Commission (fin du secret bancaire, transparence dans les rescrits fiscaux, c'est-à-dire en matière de régime fiscal dérogatoire accordé aux entreprises, etc.), mais cela reste très insuffisant. Si on veut une preuve de la mauvaise volonté des États, la voici : les « coopérations renforcées », qui permettent à quelques pays d'avancer plus vite dans certains domaines, n'ont débouché sur rien en matière fiscale. Il était pourtant question d'en faire une sur l'assiette de l'impôt sur les sociétés (ce qui est taxé), afin de comparer les taux réels, mais l'initiative s'est perdue dans les sables. L'Allemagne et la France ont annoncé qu'elles le feraient à deux, mais là aussi, leur bonne volonté n'a débouché sur rien. Bref, le dumping social et fiscal est bien le fruit de la volonté des États, pas de l'Union. Tous ces échecs montrent à quel point la collaboration volontaire entre États, tant vantée par les souverainistes, est un miroir aux alouettes.

Chapitre X

« IL FAUT UNE AUTRE EUROPE »

Il faut soit réformer, soit détruire cette Union dont les peuples s'éloignent jour après jour. Détruire, c'est la seule solution pour le Front national et pour le Front de gauche, preuve que le rejet de l'Union telle qu'elle est transcende les clivages politiques. Ils veulent, comme les autres partis dits « populistes » du Vieux Continent, bâtir une Europe des nations, celle des coopérations volontaires au coup par coup, et se débarrasser de la tutelle de Bruxelles. « Refonder » l'Union, une partie de la gauche de gouvernement y croit encore, même si pour cela il faut « casser la vaisselle » pour reprendre l'image du socialiste Arnaud Montebourg. Cela passe par une renégociation du traité de Rome afin de créer une Europe enfin démocratique, une Europe sociale et fiscale, une Europe protectrice, une Europe puissance.

*

Donc, le choix, selon les contempteurs de l'Union, serait entre l'apocalypse et le Grand Soir rédempteur d'où, dans les deux cas, naîtrait une « Europe nouvelle », celle dont chacun rêve, la seconde branche de l'alternative n'étant d'ailleurs pas exclusive de la première, c'est la beauté de la chose ! Face à la complexité et à l'insatisfaction suscitées par une Europe qui est la somme de multiples compromis entre des États souverains et de nombreuses crises (souvent mal résolues), le démagogue de droite ou de gauche propose des explications simplistes et des solutions tranchées. À l'entendre, l'Union serait un complot d'une élite apatride et cosmopolite visant à dissoudre les nations, à créer du chômage, à soumettre la France à l'Allemagne et le continent à la Chine et aux États-Unis… Bien sûr, « on » est contre l'Europe « telle qu'elle est », mais « on » reste européen. Le problème est que cela ne veut strictement rien dire : l'Europe, on ne la fait pas seul dans son coin, mais avec des partenaires qui n'ont pas forcément les mêmes idées que nous.

Au sein même d'un seul pays, s'entendre sur l'Europe qu'on souhaite n'est pas aisé. Rappelons-nous : après le « choc salutaire », promis par Laurent Fabius, à la suite du non de 2005 au traité constitutionnel européen (TCE), un nouveau projet européen allait naître des cendres de la campagne référendaire française. Il n'en a rien été : le rejet, qui agrégeait des mécontentements divers, dont une grande partie n'étaient même pas liés à l'Europe, n'a engendré aucune dynamique, les « nonistes » n'étant d'accord sur rien. Comment bâtir un projet commun à l'extrême droite, aux communistes, aux trotskistes, aux écologistes, au parti socialiste, etc. ? Ils n'ont d'ailleurs même pas persévéré, au-delà de quelques mois, à essayer de bâtir un projet alternatif et, lors de la présidentielle de 2007, aucun tenant du non ne figurait dans le tiercé de tête. La seule solution trouvée par Nicolas Sarkozy avant la présidentielle de 2007 pour sortir du blocage a été de proposer de reprendre les innovations institutionnelles du TCE, qui correspondaient au point d'équilibre de l'époque entre les États européens, dans un minitraité devenu celui de Lisbonne. Autant dire qu'il n'est pas simple de se mettre d'accord sur un projet qui réunit une majorité des 67 millions de Français d'abord, puis l'unanimité des partenaires de la France ensuite, sans pour autant finir par déplaire aux 67 millions de Français. « Casser la vaisselle », cela peut soulager un enfant colérique, ce n'est en aucun cas agir en politique responsable.

La table rase, un mythe français

Une sortie de la France de l'Union qui entraînerait sa disparition, puisqu'elle est l'un des deux pays, avec l'Allemagne, autour desquels elle s'est bâtie, participe de la fascination d'une partie de la France pour les grands mythes refondateurs hérités de la Révolution. La table rase, si séduisante, n'a pourtant jamais apporté dans l'histoire la stabilité, bien au contraire.

Le Frexit serait un saut dans un inconnu total, bien plus grand que celui que s'apprêtent à faire les Britanniques qui regrettent déjà d'avoir voté le Brexit : elle entraînerait l'effondrement de l'Europe et ouvrirait une période de troubles dont nul ne peut prédire l'issue. Au-delà même des conséquences géopolitiques lourdes qu'il provoquerait, on se demande vraiment ce que le pays aurait à y gagner. Le retour au franc, outre la tempête économique et financière qu'il déchaînerait[1], ne permettrait absolument pas de résoudre ses problèmes : les europhobes ont réussi le tour de force de faire de la monnaie nationale une sorte de grigri magique qui soigne toutes les maladies. Si cela était le cas, la France, mais aussi tous les pays de la planète, devraient être en parfaite santé. On se demande pourquoi la perte continue de la valeur du franc au cours de la seconde moitié du XXe siècle n'a pas fait d'elle la première puissance industrielle d'Europe, voire du monde. Il est vraiment étonnant que Renault n'ait pas supplanté VW, Audi, BMW en Allemagne avec le franc dévalué des années 80-90…

Les europhobes reprochent à peu près tout à l'euro, sans aucun souci de cohérence. Ainsi, lorsqu'il a perdu de sa valeur face au dollar (0,82 dollar pour 1 euro fin 2000), c'était une monnaie de singe à laquelle les marchés ne croyaient pas. Ensuite, pendant six ans, ils lui ont reproché d'être surévalué. Depuis qu'il est quasiment revenu à parité avec le dollar, on n'entend plus grand monde sur le sujet si ce n'est que « l'euro c'est mal » : au mépris de la réalité, ils affirment que la monnaie unique a été souhaitée par l'Allemagne et qu'il s'agit d'un instrument au service de sa puissance. En réalité, c'est la France qui l'a voulue pour en finir avec la domination absolue du mark sur l'Europe[2].

1. Voir note 2, p. 262, chapitre VIII.
2. *Il faut achever l'euro* raconte par le menu comment s'est passé ce hold-up sur la monnaie allemande.

De même, la politique monétaire a longtemps été jugée trop rigide : depuis 2015, elle est tellement accommodante, la BCE ayant ouvert grand le robinet à liquidités, que les taux auxquels se financent l'État, les entreprises et les ménages n'ont jamais été aussi bas dans l'histoire. Quant à la soi-disant « austérité » imposée par l'euro, entre la politique monétaire généreuse de la BCE et le déficit budgétaire français au-dessus des 3 % du PIB depuis dix ans, on se demande où elle est. La dette française continue d'ailleurs à gonfler régulièrement pour atteindre bientôt 100 % du PIB et ses dépenses publiques sont les plus élevées de l'OCDE !

Une France isolée, un atout ?

La question se pose donc : que pourrait faire de mieux la France sans l'euro ? Laisser filer la valeur de sa monnaie – le retour au franc serait précédé d'une fuite des capitaux sans précédent pour protéger la valeur des patrimoines monétaires – pour maximiser les profits à l'exportation à l'abri de barrières protectionnistes « intelligentes », comme le proclame le Rassemblement national (RN) ? C'est une vision magique de l'économie, une nouvelle fois : imaginer que les partenaires commerciaux de la France laisseraient entrer chez eux des marchandises bénéficiant d'un tel dumping monétaire, c'est prendre des vessies pour des lanternes ! En 1995, lorsque la lire italienne a une nouvelle fois dévissé, Jacques Chirac a menacé de rétablir des droits de douane sur les importations de viande bovine italienne… C'est exactement ce qui se passerait, la France n'étant pas un partenaire irremplaçable, à la différence de la Chine ou des États-Unis. En clair, très rapidement, les produits français se heurteraient à des barrières douanières, ce qui annulerait l'effet de la perte de valeur du franc.

En outre, au bout d'un moment, pour stopper la glissade du franc sur les marchés[1], la Banque de France n'aurait d'autre choix que d'augmenter les taux d'intérêt, et cela étranglerait l'économie française. Fini l'argent facile, on reviendrait à des taux élevés, comme dans les années 80 et 90. Sans compter le casse-tête de la dette publique et celle des entreprises : il faudrait la rembourser en euros forts, de quoi faire exploser les remboursements. Ou alors la rembourser en francs, mais cela serait une faillite : faillite de l'État et faillite des entreprises ayant emprunté sur les marchés… La conséquence ? Il serait impossible d'avoir accès aux marchés financiers pendant très longtemps, et il faudrait équilibrer le budget de minute en minute. Sans en arriver là, les coûts d'emprunt de la France s'envoleraient, les prêteurs voulant se prémunir contre l'inflation (une monnaie dévaluée importe de l'inflation puisque les biens importés sont plus chers). Mais, selon les défenseurs du retour au franc, cette augmentation du coût de l'argent serait une bonne chose, car cela contraindrait le gouvernement à mieux équilibrer

---

1. Marine Le Pen, la présidente du RN, affirme que 1 franc continuera à valoir 1 euro. Si elle arrime sa nouvelle monnaie à la monnaie unique, quel intérêt de l'abandonner ? Ou alors il ne s'agit que de la parité de départ qui tiendrait une microseconde avant que son cours ne s'effondre.

son budget : autrement dit, les souverainistes veulent la soumission de la France aux marchés… Bien sûr, dans ce tableau, on passe par pertes et profits la brutale perte de pouvoir d'achat des Français qui n'auraient pas eu la bonne idée de placer leurs avoirs monétaires en Allemagne ou dans la zone euro maintenue.

Hormis une catastrophe économique dont on ne voit pas comment elle pourrait être évitée, la France hors de l'Union pourrait adopter ses propres normes sanitaires et phytosanitaires, s'opposer à ce que les autres Européens aient accès aux soins de santé, rétablir les phares jaunes, économiser 8 milliards d'euros net de contribution au budget européen (le budget de la France est de près de 400 milliards d'euros), rétablir des monopoles publics en s'interdisant donc d'acheter des entreprises à l'étranger, ne plus collaborer avec les polices européennes. Vu le peu de compétences dévolues à l'Union[1], on a du mal à percevoir l'intérêt qu'aurait l'Hexagone à la disparition d'une Europe qui reste une zone de stabilité sans précédent dans l'histoire humaine. D'autant que le monde du XXIe siècle n'est plus celui de 1950 où la France était encore un empire, faut-il le rappeler ? La planète compte 7,4 milliards d'habitants et l'Occident voit son importance se réduire d'année en année. Alors, la France seule… L'appel à l'orgueil national, voilà ce que proposent les antieuropéens compulsifs, ce qui aurait autant d'effet sur le monde qu'un cautère sur une jambe de bois.

1. Voir chapitre VII.

Le mythe des coopérations interétatiques

Certes, ceux qui veulent détruire l'Europe affirment qu'il n'est bien sûr pas question de revenir à l'avant-guerre, ces temps où l'on réglait ses comptes par le fer et le feu. Cette fois, les États-nations ont tiré les enseignements de deux siècles d'histoire où le nationalisme était forcément d'exclusion et sont prêts à travailler librement ensemble sur le modèle de l'Union, mais sans ses contraintes. C'est promis, chacun sera gentil, ne cherchera pas à faire prévaloir ses intérêts nationaux et tiendra compte de ceux des autres. La preuve que de telles coopérations interétatiques peuvent fonctionner ? Airbus, Arianespace, le Cern, l'avion de combat européen, le Typhoon. Et puis ? Rien.

Car il n'en existe pas d'autres exemples dans le domaine industriel, fiscal, social, judiciaire, que ce soit en Europe ou hors d'elle. Lorsque les États-Unis ou la Chine ouvrent des projets industriels à des pays tiers, c'est parce qu'ils en sont les maîtres d'œuvre de bout en bout. Pour le reste, ce ne sont que de vagues collaborations intergouvernementales qui n'obligent à rien. L'échec des « coopérations renforcées » est là pour le prouver : alors que les États sont libres d'interagir volontairement, sans que les institutions communautaires n'interfèrent, dans à peu près tous les domaines qui ne relèvent pas de la compétence exclusive de l'Union, elles n'ont quasiment jamais été utilisées.

On oublie aussi qu'Airbus ou Arianespace n'ont été possibles que grâce à la confiance créée par la construction communautaire. Sinon, la méfiance traditionnelle entre États les aurait fait échouer : pourquoi partager du savoir-faire dans des domaines sensibles, savoir-faire qui pourrait être utilisé plus tard contre nous ? Ce n'est pas un hasard si le partenariat militaire franco-britannique n'a débouché que sur du vent, Londres ne s'étant jamais départie de sa défiance historique à l'égard de l'Union[1]. Et on veut faire croire que, lorsque les États auront fermé leurs frontières, que la libre circulation des Européens aura disparu, que la guerre commerciale et monétaire fera rage, des coopérations industrielles ou politiques naîtront comme par miracle ? Cette Europe des nations pacifiques et harmonieuses est un conte pour enfants. Le « choc » d'un effondrement de l'Union ne sera pas « salutaire », mais mortel.

D'ailleurs, même le général de Gaulle, le référent absolu des souverainistes, y compris pour un Front national pourtant fondé par des collaborateurs et des anti-gaullistes, ne croyait pas à cette Europe des nations. Son parti, le RPF, avait voté, à son instigation, contre le traité de Rome (et, avant cela, le général s'était opposé à la CECA et à la CED), mais il s'est empressé de l'appliquer dès son retour au pouvoir. Certes, il n'était pas fédéraliste, mais il savait que seule la mécanique communautaire pouvait vaincre les résistances des acteurs économiques nationaux au changement. La CEE était pour lui le seul moyen de moderniser la France : le protectionnisme, c'était la mort à petit feu. Comme nous l'avons vu, sa proposition d'union politique, le plan Fouchet, a été mal

---

1. Voir chapitre IX.

comprise par ses pairs qui ont péché par excès de zèle fédéraliste, car il ne s'agissait pas de détruire l'acquis communautaire, mais de le compléter[1].

En réalité, le seul moyen d'éviter les frictions que suscite inévitablement le nationalisme[2], celui-ci n'étant que l'affirmation de la supériorité d'une nation et le rejet du non-national[3], serait que les Européens acceptent qu'un pays exerce le leadership, comme les États-Unis l'ont fait durant soixante-dix ans. Tout le problème est là : qui sera aux commandes ? L'Allemagne ? La France ? Poser la question, c'est y répondre. Après les campagnes napoléoniennes et les deux guerres mondiales, personne n'est prêt à accepter un quelconque leadership en Europe. Lorsque certains europhobes imaginent, par exemple, un « euro du Nord » autour de l'Allemagne et un « euro du Sud » autour de la France, ils font preuve d'une ignorance de l'histoire et de la géopolitique qui dépasse l'entendement. Aucun pays du Sud n'acceptera que la France mène la danse. À chaque fois qu'elle a tenté de créer un « front sud » pour contrebalancer le poids de l'Allemagne, cela a été l'échec. Le dernier exemple en date est l'Union pour la Méditerranée imaginée par Nicolas Sarkozy qui excluait au départ Berlin. À l'arrivée, non seule-

---

1. Voir chapitre IX.
2. « Le nationalisme, c'est la guerre », a lancé François Mitterrand lors de son discours d'adieu au Parlement européen en janvier 1995 : « La guerre, ce n'est pas seulement le passé, cela peut être notre avenir. » Il est ici : http://jssnews.com/2009/04/27/discoursdefrancoismitterrand17011995/.
3. Il suffit de lire les 144 propositions de Marine Le Pen pour s'en convaincre : http://www.frontnational.com/le-projet-de-marine-le-pen/.

ment, il a dû accepter toute l'Union, mais son projet, mal engagé, est mort-né. La fin de l'Union, c'est une France sans allié, tout simplement, d'autant que le reste de l'Europe ne lui pardonnera jamais d'avoir causé un tel désordre : encore une fois, la France n'est pas la Grande-Bretagne dont le départ ne change rien à l'Union. Elle est au centre du projet européen, tout comme l'Allemagne. Cette dernière, puissance apaisée et sans ambition mondiale, peut d'ailleurs espérer tirer son épingle du jeu en cas de défection française, en fédérant un certain nombre de pays autour d'elle : le Benelux, l'Autriche, le Danemark, la Finlande, la Suède, la Slovaquie, voire la Pologne et l'Italie. Ce serait le retour des Empires centraux d'avant 1914… Ce n'est pas un hasard si Marine Le Pen et Jean-Luc Mélenchon sont des amis de Vladimir Poutine, le leader russe. Et on sait où mènent ces alliances de contournement.

Exagéré ? Peut-être, mais l'inconnu d'une explosion de l'Europe est tel que rien ne peut être exclu. Pour rassurer, les europhobes, qui sont pourtant anti-américains – bien que l'élection de Donald Trump brouille les lignes –, assurent que les États-Unis seront là pour nous empêcher de faire des bêtises si jamais des tensions apparaissaient. Ils affirment d'ailleurs que la paix en Europe, ce n'est pas l'Union, mais les États-Unis. Donc, si on comprend bien, les tenants de la souveraineté nationale sont en réalité favorables à une soumission aux États-Unis… Si l'affaire n'était pas si grave, on en rirait presque.

Imaginons une Europe parfaite

Détruire parce qu'on est en désaccord avec les politiques suivies est une réaction infantile : propose-t-on de détruire la France parce que la politique menée par François Hollande ou Emmanuel Macron déplaît ? Non, on vote pour un autre parti et on change de politique ou même de Constitution. Or, une autre politique est possible dans l'Union, on l'a vu dans les chapitres précédents, à condition de gagner les élections. Reste qu'il est clair que l'Union a de sérieux défauts de conception auxquels il faudra remédier sauf à encourager les démagogues qui s'en nourrissent.

Ce qui est, encore une fois, plus facile à dire qu'à faire comme l'a montré la Convention européenne qui a préparé en 2002-2003 le TCE. Composée de représentants des parlements européen et nationaux et des États, elle n'a abouti qu'à confirmer l'existant, sans innovations, si ce n'est à la marge[1]. Pire : les États, qui ont repris la main après la Convention européenne, puisqu'ils sont les maîtres des traités, ont biffé une partie des réformes proposées parce qu'elles allaient trop loin. En clair : l'équilibre actuel, aussi insatisfaisant soit-il, correspond au consensus des États souverains. Et il n'existe aucun moyen de leur passer par-dessus la tête.

La réforme parfaite est simple à imaginer puisqu'il suffit de s'inspirer des États fédéraux existants. Cette

1. Comme le changement du système de vote au sein du Conseil des ministres, la composition du Parlement européen, la création du poste de président du Conseil européen, etc.

Constitution rêvée pourrait être élaborée par une convention élue au suffrage universel, chaque pays ayant droit à un nombre d'élus tenant compte de sa population, mais avec une amplitude limitée de un à six par exemple. Le texte final serait soumis à un référendum transeuropéen et serait adopté si la majorité de la population représentant trois quarts des États membres votait en sa faveur[1]. Les autres devraient soit l'appliquer, soit quitter l'Union.

Cette Constitution européenne confierait quelques compétences très précises à l'Union, tout le reste relevant exclusivement des États membres : adieu les « compétences partagées » et les « compétences d'appui ». À l'inverse, les États ne pourraient pas intervenir dans le domaine de compétences fédérales. Parmi elles, la politique étrangère, la défense, l'accès au territoire européen, la criminalité transfrontalière qui serait poursuivie par une police européenne et jugée par des tribunaux européens, un filet social minimal, la politique monétaire, les grands travaux transeuropéens, la politique agricole. Il faudrait créer un budget européen alimenté par un impôt direct (une fraction de l'impôt sur le revenu national et de l'impôt sur les sociétés et sur les plus-values, par exemple) et

1. La Constitution américaine de 1787 avait prévu qu'elle entrerait en vigueur dès lors qu'elle aurait été ratifié par trois quarts des États fédérés, soit neuf sur treize. Pourquoi un tel chiffre ? Parce que quatre États y étaient opposés. New York, la Caroline du Nord et Rhode Island (qui a voté une première fois non par référendum) seront les trois derniers États à ratifier ce texte entré en vigueur à la mi-1788. La Loi fondamentale allemande n'a jamais été ratifiée par la Bavière, mais elle en accepte l'application sur son territoire.

des impôts indirects (comme aujourd'hui, une fraction de la TVA), ainsi qu'un Trésor européen qui pourrait faire appel aux marchés pour émettre des emprunts. Ce budget pourrait représenter 3 à 4 % du PIB européen contre 1 % à l'heure actuelle.

Comme l'Union fédérale aurait son budget, chaque pays serait alors libre de gérer son budget national comme il l'entend, à condition de respecter des règles minimales en terme de déficit, comme cela se fait aux États-Unis. Et s'il fait faillite, ce serait son problème, le budget de la zone euro n'étant là que pour servir d'amortisseur (*via* les grands travaux, la politique de défense ou le filet social).

D'un point de vue institutionnel, le Parlement de Strasbourg, qui disposerait du droit d'initiative législative, serait composé d'élus ne dépendant plus des partis politiques nationaux, mais des formations à l'échelle européenne. Sa composition respecterait davantage le principe « un homme, une voix ». Chaque citoyen aurait deux voix : un cinquième des députés seraient élus dans le cadre d'une circonscription européenne, les autres dans une circonscription régionale. Le colégislateur serait constitué d'un Sénat des États (de deux à quinze représentants selon la taille des pays élus au suffrage universel, par exemple). Ces deux instances éliraient, en accord, un président de la Commission libre de constituer son gouvernement. Le Conseil européen, cette boîte noire de la démocratie, disparaîtrait totalement. On pourrait aussi imaginer un président de la Commission élu au suffrage universel direct sans pouvoir de dissoudre le Parlement. Il ne pourrait lui-même être censuré que par le Sénat dans quelques rares cas (corruption, folie, etc.). Les juges à la Cour de justice européenne seraient proposés par le président de la Commission et confirmés par le Parlement et le Sénat, tout comme les membres du directoire de la BCE ou ceux de la Cour des comptes. Ainsi, on établirait une claire séparation institutionnelle entre l'Union et les États fédérés, qui n'existe pas aujourd'hui, d'où cette impression que l'Europe se mêle de tout, tout en étant impotente.

« Europe puissance » et « Europe espace »

Cette Europe fédérale ne pourrait évidemment concerner que les États de la zone euro. Pour reprendre une idée de Valéry Giscard d'Estaing, il y aurait à côté de cette « Europe puissance » une « Europe espace » qui serait seulement constituée du marché intérieur (à l'exclusion de toutes les autres politiques, sauf adhésion au coup par coup, comme pour Schengen). À côté des « États-Unis d'Europe », qui compteraient donc au maximum dix-neuf membres dans un premier temps, il y aurait un « Espace économique européen » (EEE), exactement comme aujourd'hui : les pays qui en seraient membres, comme la Norvège par exemple, ne participeraient pas au processus de décision et ne bénéficieraient du budget européen qu'à condition d'y contribuer.

On peut, bien sûr, imaginer toute une série de schémas institutionnels[1]. Mais le but doit être de

---

1. Guy Verhofstadt, ancien Premier ministre de Belgique et président du groupe libéral, se livre à l'exercice dans *Le Mal européen*, Plon, 2016.

clarifier afin de pouvoir répondre simplement à ces questions : qui fait quoi et qui est responsable devant qui ? Aujourd'hui l'Union est un joyeux mélange entre fédéralisme (des institutions communautaires décidant à la majorité sous le contrôle du Parlement européen) et intergouvernementalisme (les institutions nationales collaborant entre elles), entre compétences nationales et européennes. Le système européen n'est effectivement pas une « construction d'ensemble » comme l'avait annoncé Robert Schuman en 1950, et n'a pas la pureté, par exemple, de la Constitution américaine qui n'a quasiment pas été modifiée depuis deux siècles, sinon à la marge, alors que l'Union, en soixante ans d'existence, compte déjà sept traités au compteur.

Il ne faut donc pas s'étonner que les citoyens européens soient davantage avertis des subtilités de la vie politique américaine que de celle de l'Union : selon un sondage Eurobaromètre de mai 2015, une majorité de citoyens français ne sait pas que le Parlement européen est élu au suffrage universel. Cette ignorance signe une terrible faillite de l'enseignement, des médias et, bien sûr, des politiques. Est-il normal d'entendre des journalistes, censés être informés, expliquer que les députés européens n'ont aucun pouvoir et parler d'une nébuleuse « Bruxelles » faute de comprendre de quoi ils parlent ? Est-il normal d'entendre des politiques affirmer que c'est la Commission qui leur a imposé telle ou telle loi européenne alors qu'ils l'ont en réalité votée ?

Le problème est qu'une telle réforme d'ensemble est une sympathique utopie qui ne verra sans doute jamais le jour faute de courage politique : aujourd'hui, les gouvernements se contentent de gérer l'acquis, refusent de prendre le moindre risque, considèrent que l'inertie est une solution en soi. L'époque où François Mitterrand, Helmut Kohl et Jacques Delors ont imaginé et imposé l'euro est pour l'instant révolue : le temps des comptables est venu. Mais la médiocrité du personnel politique n'est pas seule responsable de l'état de l'Union. Le bricolage est inscrit dans l'ADN européen tout simplement parce que ce sont des États, souvent millénaires, qui sont à la manœuvre, et non un « peuple européen » qui n'existe pas – ou pas encore – en tant que corps constitué. Il est facile de rêver d'une Europe parfaite ou d'une France parfaite, seule dans son coin, mais infiniment plus difficile de la bâtir, les réalités nationales, historiques, politiques, diplomatiques ne pouvant être balayées d'un revers de la main. L'histoire de la construction communautaire montre que chacun a dû faire des compromis et a parfois agi, pour des raisons d'intérêt national, contre ses convictions profondes.

L'Europe est complexe, car les États se méfient les uns des autres

Ainsi la France, qui a toujours été profondément allergique à la supranationalité, d'où son opposition farouche à tout Parlement européen élu et doté de compétences, s'est-elle parfaitement accommodée d'une administration supranationale, comme la Haute Autorité de la CECA, ne dépendant d'aucun pouvoir politique. Même dans son projet de CED, elle n'avait pas prévu de créer un Conseil des ministres représentant les États membres pour contrôler l'armée européenne. Pourquoi ? Parce que sa tradition administrative est telle qu'un gouvernement d'experts n'est pas pour lui déplaire, surtout qu'elle sait que son expérience en la matière lui permettra de le dominer. C'est d'ailleurs pour l'éviter que les pays les plus fédéralistes, ceux du Benelux en l'occurrence, ont réclamé la création d'un Conseil des ministres, institution intergouvernementale par excellence, tant pour la CECA que pour la CED, où ils seraient présents en tant qu'État afin de veiller à leurs intérêts nationaux. Dans le cas de la CED, le Benelux a même torpillé l'idée d'un « ministre européen de la défense » de peur qu'il ne soit français pour l'éternité…

La France, lors de la négociation du traité de Rome, a retenu la leçon : elle a insisté pour que le vrai pouvoir soit donné au Conseil et non à la Commission, afin de limiter au maximum la supranationalité que prétendaient défendre les Beneluxiens. De même, si l'Allemagne s'est battue pendant cinquante ans pour démocratiser l'Union en confiant de vrais pouvoirs au Parlement européen, c'est pour des raisons de principe, mais aussi parce que avec son poids démographique (surtout après la réunification de 1990), elle y aurait une place prépondérante, alors qu'au sein du Conseil ou de la Commission, le principe d'égalité entre les grands États l'en empêchait[1]… Si la Commis-

---

1. Le principe d'égalité entre l'Allemagne et la France au sein du Conseil a été stupidement abandonné par Jacques Chirac dans le traité de Nice de 2001.

sion est à la fois chargée de proposer la législation puis de la mettre en œuvre, c'est parce que les États veulent pouvoir intervenir au stade de l'exécution *via* la « procédure de comitologie ». Reconnaître l'indépendance des agences d'exécution (agence du médicament, agence alimentaire, etc.), sur le modèle américain, les priverait d'une partie de leurs pouvoirs.

De même, si les politiques communautaires figurent dans les traités, ce qui fait hurler les partisans d'une « autre Europe » car elles sont « gravées dans le marbre », c'est parce que les États sont certes prêts à partager certaines compétences, mais pas à n'importe quelles conditions. Chacun exige qu'on entre dans les détails afin de ne concéder que le strict nécessaire et de limiter la marge de manœuvre des institutions communautaires. L'Union, encore une fois, n'est que la marionnette des États et aucun d'entre eux n'est prêt à accepter qu'elle lui échappe. Le jour où un président de la République française cédera la préséance au président de la Commission sur la scène internationale n'est pas près d'arriver.

C'est pour ces raisons que l'Union est complexe, à la fois dans son fonctionnement et dans la répartition des compétences : il faut que chaque État s'y retrouve et qu'il ait la certitude absolue que ses intérêts nationaux ne seront pas bafoués. C'est une affaire de confiance et elle se construit sur des décennies. Pourtant, tous les jours, ils ont la démonstration que ce qui fonctionne le mieux en Europe, ce sont les matières fédérales, comme la politique monétaire ou la concurrence. Mais qu'importe : la peur d'être malmené par ses partenaires est plus grande que la raison : le poids de l'histoire pèse lourd dans la construction communautaire.

Cinq minutes de courage politique

Entre la destruction et le saut fédéral, un moyen terme est possible. L'Union restera aussi complexe, mais son fonctionnement en sera amélioré. Certes, ces réformes risquent de susciter le blocage de l'un ou l'autre des Vingt-Huit. Mais rien n'empêche de conclure un nouveau traité entre les seuls membres de la zone euro, à condition, bien sûr, qu'ils soient tous d'accord, et de laisser les autres dans l'ancienne Union qui dépérirait lentement. Un tel plan avait été élaboré au lendemain du non danois à Maastricht en juin 1992 dans l'hypothèse où Copenhague aurait refusé de revoter. Placé devant un tel choix, nul doute que tout le monde embarquerait dans le bateau majoritaire.

Le premier point noir auquel il faut s'attaquer d'urgence est le Conseil européen. Le supprimer est impossible aujourd'hui, mais il faut lui rendre son rôle d'orientation en limitant ses réunions à deux ou trois par an maximum. Surtout, ses travaux doivent être publics : c'est l'avenir de l'Union qui se joue dans cette enceinte que personne ne contrôle et il n'y a aucune raison qu'elle travaille en secret. Cela obligera les États à prendre leurs responsabilités et à cesser d'affabuler sur ce qui s'est réellement passé.

Ensuite, la Commission doit être recentrée sur son rôle de conception, ce qui implique son démantèlement partiel. Les agences d'exécution doivent devenir indépendantes et la surveillance budgétaire (mais pas les sanctions) ainsi que la politique de concurrence confiées à des organes extérieurs, comme le propose Wolfgang Schäuble, le ministre des Finances allemand. Les commissaires, quinze au maximum, seront choisis par le seul président de la Commission, comme dans un gouvernement classique. La réforme de l'administration communautaire est une nécessité vu ses performances actuelles : le statut de fonctionnaire doit être abandonné au profit d'un statut de droit privé qui permettrait de se séparer des incompétents. Le recrutement de ces agents contractuels deviendra ainsi plus souple : outre le bagage technique nécessaire à un poste de juriste, par exemple, il faudra tester les connaissances de l'histoire communautaire et l'engagement européen. Une Commission recentrée sur ses tâches essentielles ne devrait pas compter plus de dix mille personnes surmotivées par leurs tâches. À partir de là, des salaires élevés ne seront plus choquants.

La répartition des députés européens entre les États membres doit aussi être sérieusement revue afin de se rapprocher de la règle démocratique de base : un(e) citoyen(ne) égale une voix. Une centaine de députés (sur 751) pourraient être élus dans le cadre d'une circonscription communautaire afin d'habituer les citoyens à voter en dehors de leur milieu national. Un parlement de la zone euro doit voir le jour afin de contrôler la Commission et l'Eurogroupe. Deux voies sont possibles : soit le Parlement européen limité aux seuls élus de la zone euro, soit un Parlement composé de représentants des parlements nationaux, ce qui, à l'heure actuelle, paraît plus raisonnable.

Les compétences communautaires pourraient être utilement élaguées et renforcées : davantage de pouvoirs dans les domaines sociaux et fiscaux, par exemple. De même, il faudrait préciser que les règles de concurrence doivent aussi s'apprécier au regard du marché mondial afin de permettre la constitution de champions européens. Le traité devrait instaurer une préférence communautaire qui s'imposerait à tous les contrats publics à condition que la différence de prix soit raisonnable[1].

Des réformes de bon sens qui ne seraient pas un bouleversement de l'acquis, mais permettraient de poursuivre l'œuvre entreprise il y a près de soixante-dix ans. Il ne faudrait que cinq minutes de courage politique pour y parvenir. Les élites nationales en seront-elles capables ?

À front renversé

L'élection d'Emmanuel Macron à la présidence de la République le 7 mai 2017 a ouvert une fenêtre d'opportunité totalement inattendue. Pour la première fois, un candidat à la magistrature suprême n'a pas

1. En janvier 2017, Airbus Safran Launchers a demandé à la Commission, à l'Agence spatiale européenne et aux États membres de s'engager à commander 35 lancements d'*Ariane 6* et Vega-C entre 2021 et 2026. C'est la seconde fois, après un appel similaire lancé par Arianespace début 2016, qu'un industriel européen demande ce qui s'apparente à un *Buy European Act*.

hésité à faire campagne drapeau européen à la main et en affichant de fortes ambitions pour l'Europe, alors que le sujet était considéré comme un repoussoir par l'ensemble des forces politiques et des médias. Le soir de sa victoire, il est apparu dans le cadre majestueux de la Cour du Louvre au son de l'hymne européen, l'Ode à la joie, tout un symbole. Dans un discours-fleuve à la Sorbonne, prononcé le 26 septembre 2017, le jeune président a détaillé ses propositions : fédéralisation de la zone euro (ministre des Finances, budget, parlement), défense européenne, harmonisation fiscale, réciprocité commerciale, etc.

Las : non seulement il n'a été soutenu ni par la Commission Juncker ni par le Parlement, mais presque tous ses projets se sont heurtés à une fin de non-recevoir polie d'une Allemagne dont l'allant européen a disparu avec le déménagement de la capitale de Bonn à Berlin. Pour elle, il est hors de question de fédéraliser la zone euro, puisque cela lui ferait perdre la position dominante qu'elle a acquise dans un système totalement intergouvernemental, de taxer les géants du numérique, car cela déplairait aux Américains ou encore de créer une circonscription européenne même limitée à quelques dizaines d'élus afin de donner au Parlement de Strasbourg une légitimité transnationale… Berlin a accepté de bâtir une Europe de la défense, mais seulement parce que la désertion américaine l'inquiète au plus haut point. Deux ans après son élection, Emmanuel Macron doit constater qu'il est seul : après avoir avec constance refusé le fédéralisme, la France est désormais quasiment le seul pays à le demander... Ironie de l'histoire que ce front renversé.

La messe est-elle dite ? Seule la France ne peut rien. Tout dépend désormais de la République de Berlin qui doit redécouvrir qu'elle a besoin de l'Europe autant que l'Europe a besoin d'elle. Mais le temps manque. Cette Union imparfaite fait le jeu des démagogues qui marquent des points à chaque élection au point d'accéder au pouvoir dans plusieurs pays, dont l'Italie, rendant ainsi problématique toute réforme ambitieuse. Les salauds de l'Europe, en d'autres mots nos élites nationales, vont-ils détruire le rêve européen par leur incapacité à voir au-delà de leurs intérêts politiciens immédiats ? On peut vraiment le craindre désormais.

Épilogue

ET SI L'EUROPE N'AVAIT PAS VU LE JOUR ?

1950. La guerre est terminée depuis cinq ans. Robert Schuman, le ministre des Affaires étrangères français, sait qu'il doit jouer serré. Homme des frontières, ce démocrate-chrétien lorrain, arrêté par la Gestapo en 1941 avant de s'évader, veut en finir avec la rivalité franco-allemande. Les circonstances internationales sont favorables. Les États-Unis, aux prises avec les Soviétiques, poussent au réarmement allemand et somment la France de préciser sa position sur l'intégration dans le concert des nations libres de la toute jeune République fédérale d'Allemagne, née en 1949. Le chancelier Konrad Adenauer a certes proposé, le 9 mars 1950, la création d'une Union franco-allemande avec parlement et nationalité uniques. Mais Schuman sait qu'un tel plan n'a aucune chance d'être accepté par une France qui se remet difficilement de l'humiliation de la défaite et de la collaboration.

Les forces hostiles à l'Allemagne sont puissantes : le parti communiste, bien sûr, qui redoute qu'elle ne serve de base à une agression contre l'Union soviétique. Dans l'Assemblée élue en 1946, les communistes sont la force principale (près de 29 % des voix). La droite est tout aussi méfiante, car elle craint le retour du militarisme allemand. Au sein même des démocrates-chrétiens du MRP, qui dirigent le gouvernement de centre gauche auquel appartient Schuman, la réconciliation franco-allemande divise. Ainsi, le président du Conseil, Georges Bidault, a été l'un des plus ardents défenseurs d'un démembrement de l'Allemagne (le plan Morgenthau abandonné en 1947), tout comme de Gaulle l'a été avant lui. Il est beaucoup plus atlantiste qu'européen et propose même, le 16 avril 1950, la création d'un Haut Conseil atlantique pour la paix dont seules les grandes puissances auraient fait partie et qui aurait été chargé de coordonner les efforts des deux rives de l'Atlantique en matière de défense et d'économie… L'idée tournera court, Washington n'ayant aucune envie de se lier les mains.

Schuman, lui, est favorable au plan de Jean Monnet qui propose de créer une communauté d'intérêts entre l'Allemagne et la France en confiant la gestion du charbon et de l'acier à une autorité européenne indépendante. Le patron du Quai d'Orsay sait qu'il peut compter sur le soutien de René Mayer, ministre de la Justice, et de René Pleven, ministre de la Défense nationale. Mais il craint qu'une annonce prématurée de son projet ne déclenche une levée de boucliers, en particulier à l'Assemblée. Tout doit donc reposer sur l'effet de surprise. Le 3 mai, il présente les grandes lignes de son projet au Conseil des ministres, se réservant d'en préciser le contenu le 9 mai suivant, juste après en avoir averti Adenauer et Bidault. Mais le président du Conseil a été prévenu des détails par des hauts fonctionnaires du Quai d'Orsay furieux d'avoir été tenus à l'écart de la préparation de ce plan : au lieu de passer au sujet suivant de l'ordre du jour, il bombarde de questions son ministre des Affaires étrangères. Schuman doit expliquer, la mort dans l'âme, les éléments concrets de son plan. Bidault a fait prévenir secrètement les principaux partis politiques des intentions de son ministre afin de torpiller le projet. À l'Assemblée, de retour de vacances depuis le 25 avril, on exige d'entendre Schuman. C'est la curée. Le caractère supranational du projet, comme il fallait s'y attendre, choque. Les gaullistes, qui n'ont pas d'élus, donnent de la voix de l'extérieur. De Gaulle dénonce un projet qui revient à confier les clefs de la souveraineté nationale à des technocrates non élus. Les industriels français, les « maîtres de forges » d'avant-guerre, inquiets des conséquences d'un marché libre, montent au créneau, tout comme la gauche et les syndicats qui craignent les conséquences sociales de cette Communauté économique du charbon et de l'acier.

Devant le tollé, Bidault pose la question de confiance. Le 22 mai, son gouvernement tombe, par 352 voix contre 230. C'est la crise. Le 25 juin, les troupes de la Corée du Nord communiste entrent en Corée du Sud. La tension internationale est à son comble. L'atlantiste Bidault constitue un nouveau gouvernement dont sont exclus l'aile proeuropéenne du MRP et les socialistes. Washington décide de se passer de l'accord de la France pour réarmer l'Allemagne, afin de faire face à la menace soviétique, et exige l'évacuation de la Ruhr et le règlement du statut de la Sarre. Bidault avale la couleuvre : il n'a ni l'envie ni les moyens de s'opposer à Washington. L'heure de l'Europe est passée.

L'Allemagne, comprenant qu'elle n'a rien à attendre d'une France revancharde, poursuit sa reconstruction à marche forcée sous l'aile des Américains et devient la première puissance économique et industrielle du Vieux Continent dès le début des années 60. La France, elle, reste un pays agricole replié derrière ses barrières protectionnistes. Pis, elle va s'empêtrer dans plusieurs guerres de décolonisation, contribuant à l'appauvrir et à l'isoler diplomatiquement. L'expédition de Suez, en 1956, sonne le glas de ses illusions sur sa place dans le monde. Le retour du général de Gaulle, en 1958, à l'occasion d'un véritable putsch, ne change rien à l'affaire : certes puissance nucléaire et membre du Conseil de sécurité, elle n'a plus d'empire et pas de marché commun pour permettre à son économie de se développer.

De Gaulle tente bien d'abaisser les barrières douanières en renouant avec l'Allemagne, mais le PC, la SFIO et les industriels s'y opposent. Son industrie végète et son agriculture continue son déclin, faute de marché pour vendre ses produits. Les Britanniques proposent, en 1960, la création d'une association européenne de libre-échange : tous les pays européens, sauf la France, l'Italie et les dictatures ibériques, acceptent. Ce grand marché donne un coup de fouet au commerce dont l'Allemagne et les pays nordiques profitent à plein. La France, elle, reste une économie planifiée qui accumule les retards technologiques. L'Hexagone laisse filer sa monnaie afin de relancer ses exportations, mais se heurte aux barrières douanières élevées de ses concurrents. De Gaulle joue alors les non-alignés et sort de la structure militaire intégrée de l'OTAN en 1966, accentuant l'isolement diplomatique de la France en Occident. Elle tente bien de relancer son industrie aéronautique et spatiale, grâce à l'aide d'ingénieurs allemands qu'elle a pu récupérer à la fin de la guerre, mais, en dépit de quelques succès, comme la Caravelle, elle manque de moyens et de marchés pour transformer ces essais. Paris propose aussi à Londres et à Bonn de lancer des coopérations industrielles, en vain : on se méfie de cette France non alignée et imprévisible. L'Allemagne, elle, encouragée et soutenue par les Anglo-Américains, récupère son savoir-faire dans le domaine aérospatial et renoue avec ses succès technologiques d'avant-guerre.

Lors de la chute du Mur, en 1989, l'Allemagne conforte son statut de nouvelle puissance européenne. En 1992, après l'effondrement de l'Union soviétique, elle parvient à convaincre les anciennes démocraties populaires, le Benelux et les pays nordiques de créer une « Europäische Union », c'est-à-dire une union politique, afin de stabiliser le continent. La France, approchée, refuse de s'y associer pour préserver son indépendance nationale et parce qu'elle sait que son économie n'y résisterait pas. Les transferts financiers que lui propose Berlin pour l'aider à faire face aux défis du grand marché sont même reçus comme une insulte. Le Royaume-Uni, solidement arrimé aux États-Unis, décline aussi la proposition de l'Allemagne. Dix ans plus tard, cette Union, organisée autour d'une « Europäische Kommission », d'un « Rat der Europäischen Union » et d'un « Europäisches Parlament » basés à Vienne, dont la langue unique est l'allemand, adopte comme monnaie unique l'euro-mark qui est géré par une banque centrale européenne basée à Francfort, principale place financière de l'Europe, loin devant la City de Londres.

La France riposte en essayant de créer une « Union méditerranéenne » qui serait dotée d'un euro-franc, mais le projet se perd dans les sables tant ses voisins du Sud se méfient d'elle et de ses rêves de puissance. Pourquoi se lancer dans une telle aventure au risque de déplaire à la puissante Allemagne et aux États-Unis, qui assurent la sécurité du Vieux Continent ? L'Italie, l'Espagne et le Portugal demandent, en 2005, leur adhésion à l'EU tout comme la Grèce. Mais Athènes se heurte au refus du chancelier Wolfgang Schäuble qui, méprisant, estime que sa place est plutôt aux côtés de la France et de la Turquie. Au début du XXIe siècle, la Chine, l'Inde, le Brésil et même l'Afrique ont émergé. Dans ce monde nouveau, l'Occident voit sa place se réduire inexorablement. Mais la France, elle, isolée, a déjà disparu de l'histoire, enfermée dans ses rêves de gloire passée. Sa jeunesse émigre massivement vers l'Est et les pays anglo-saxons pour échapper à ce qui est désormais le piège français. La paix règne en Europe, mais c'est une paix allemande.

2017. Cette uchronie cauchemardesque montre à quel point la construction européenne a été une succession de miracles. Qui aurait pu parier que Schuman réussirait à imposer son plan, que l'Europe se remettrait de l'échec de la CED, que la France finirait par accepter le traité de Rome et qu'elle serait même le principal moteur de l'intégration communautaire à la fin des années 80 ? Peu de monde. À chaque crise, on a prédit sa disparition et pourtant, soixante-dix ans plus tard, elle est toujours là. Sa construction est pénible, lente, insatisfaisante comme on a pu le voir au fil des chapitres précédents. Mais elle a apporté, n'en déplaise aux europhobes de tout poil, paix et prospérité à un Vieux Continent qui reste toujours l'un des pivots du monde moderne, ce que rien ne laissait présager en 1945. « L'Europe se fera dans les crises et elle sera la somme des solutions apportées à ces crises » constatait Jean Monnet, le pragmatique, dans ses *Mémoires*. L'Europe est la dernière utopie pacifiste du monde moderne et, pour cela, l'aventure mérite d'être poursuivie.

L'UNION EUROPÉENNE

Conseil européen des chefs d'État et de gouvernement

Décide à l'unanimité (sauf les nominations)
des orientations politiques mises en œuvre par les institutions

↓

Commission européenne

Monopole de l'initiative législative
Surveille l'application du droit européen
Autorité de la concurrence
Met en œuvre les politiques communes
Assure, avec la ministre des Affaires étrangères de l'UE,
les relations diplomatiques de l'UE
Négocie les accords avec les pays tiers

↙↗ ↖↘

Conseil des ministres

Les ministres représentant les États adoptent, avec le Parlement européen, la législation. Sauf dans quelques domaines, où ils décident seul.
Il donne des instructions à la Commission pour les négociations extérieures (commerce, etc.)

↔

Parlement européen

Seule institution élue au suffrage universel direct, il adopte avec le Conseil des ministres la législation européenne. Il a toujours le dernier mot.
Il contrôle la Commission.

***

Cour des comptes

Contrôle le budget communautaire

Cour de Justice

Cour suprême de l'Union qui contrôle l'interprétation et l'application des lois

LA ZONE EURO

Conseil européen des chefs de l'état et de gouvernement de la zone euro

Décide à l'unanimité des orientations de la zone euro

Eurogroupe

Les ministres des Finances de la zone euro adoptent les mesures de gestion proposées par la Commission

↔

Commission

Surveille l'application
du Pacte de stabilité
Propose des recommandations
à l'Eurogroupe
Propose des programmes d'austérité
pour les pays qui demandent l'assistance
financière de la zone euro

Mécanisme européen de stabilité

Organe géré par les États qui peut
mobiliser 750 milliards d'euros
de prêt pour aider un État
ou ses banques

***

Banque centrale européenne

Gère la politique monétaire
et l'Union bancaire

↓

Union bancaire

↓

Mécanisme de supervision unique (MSU)

↓

Conseil de résolution unique (CRU)

↓

Fonds de résolution unique (FRU)

*

Toute la législation propre à la zone euro est adoptée par les institutions de l'Union européenne selon la procédure normale

*

Table des matières

Photocomposition PCA

Achevé d'imprimer sur Roto-Page en avril 2019
par l'Imprimerie Floch à Mayenne
pour le compte des éditions Calmann-Lévy
21, rue du Montparnasse 75006 Paris

CALMANN LEVY s'engage pour l'environnement en réduisant l'empreinte carbone de ses livres. Celle de cet exemplaire est de :
1,2 kg éq. CO_2
Rendez-vous sur www.calmann-levy-durable.fr

PAPIER À BASE DE FIBRES CERTIFIÉES

N° d'éditeur : 6154398/01
N° d'imprimeur : 94265
Dépôt légal : avril 2019
Imprimé en France